KB168311

실전
면접
노트

롤로그

면접을 벽에 못을 박는 것이라고 하자. 당신에게는 하나의 못과 망치가 주어지고 한 번의 기회가 있다. 한 손으로는 못 대를 쥔 채 못 끝을 벽면의 과녁에 고정하고 다른 손으로는 망치자루를 단단히 부여잡는다. 못 머리를 망치로 두세 번 살짝 쳐서 벽의 강도와 못이 똑바로 들어갈 수 있을 건지를 가늠한다. 이제 한 두 번의 센 망치질로 못을 원하는 곳에 튼튼하게 박아 넣을 수 있을 것 같다.

그런데 아뿔싸, 너무 긴장한 나머지 처음 내리친 망치가 못 머리를 살짝 비켜나가며 못 대를 잡은 엄지손가락을 때린다. 못 머리에 망치를 정확히 겨누었으나 제대로 때리지

못할 수 있다는 두려움이 망치의 회전각을 어긋나게 했을 것이다. 고통을 참으며 반사적으로 내리친 두 번째 망치질은 이미 각도가 어긋나버린 못을 튕기며 애꿎은 벽에 상처만 남기고 말았다. 당신은 다친 손이 주는 아픔보다 찢겨진 벽지와 움푹 꺼져버린 벽이 못내 아쉽다. 이런 기회가 다시 오리라는 믿음이 없기에.

이 책은 항공사를 중심으로 기술한 면접 준비 안내서다. 채용도구로서의 발표와 인터뷰 그리고 토론이란 무엇인지, 어떤 콘텐츠를 어떻게 담아야하는지, 어떻게 효율적으로 연습해야 하는지를 충실하게 알려준다. 이 책을 읽는 이들의 마음엔 면접의 두려움은 사라지고 자신감이 가득하게 될 것이다.

ontents

PART 3 인터뷰 Interview

PART 4 토론 Debate

항공사 취업을 준비하는 청년들을 위한 안내서

- **면접의 추억**
- **긴장감을 자신감으로 바꿔라**
- **면접의 구성**

면접

Job Interview

1

PART

면접의 추억

　손목시계의 분침이 오전 11시 20분 앞에 멈춰있다. 눈을 감았다 뜰 때마다 맞은편 벽이 한 걸음씩 다가온다. 굳게 닫힌 방문이 금방이라도 벌컥 열리며 회색빛 벽에 기대놓은 접이식 의자에 위태롭게 앉은 나를 집어삼킬 것 같다. 우연인지 작년과 같은 상황이다. 11시, 세 번째 의자, 같은 복도. 기시감이 든다. 결과도 같을까? 두 번째니 다르겠지! 달라야지! 긍정적으로 생각해야지! 하지만 탈옥한 죄수가 지쳐 헤매다 감옥으로 스스로 돌아온 것 같은 기분이다.

　다음이 우리 조다. 예정보다 30분쯤 지연된다고 한다. 항공사인데 면접진행도 On-Time해야 되지 않나? 시간대는 좋지 않다. 면접관들이 배가 고파질 때. 하필 점심시간 직전에 배정이 되다니! 판사들이 배고플 때 심사를 받은 가석방 비율이 상대적으로 낮게 나왔다는 글을 본 기억이 난다. 자꾸 감옥, 죄수 따위가 비교가 되지? 머리 안에 불안이란 거미들이 이리저리 다니며 줄을 치고 있는 것 같다. 즐거웠던 일, 기분 좋았던 사건들을 떠올려야 하는데!

　여자, 남자가 각 셋이다. 앞 조가 여자 넷에 남자가 둘인 걸 보면 남녀 구성을 일부러 동수로 맞춘 것 같지는 않다. 대기실에서 나올 때

보니 남자 한 명은 외모가 출중하다. 키도 나보다 반 뼘은 더 크다. 나란히 선다고 생각하니 위축되는 기분이다. 기죽지 말자. 자신감 상실이면 끝이다. 모델 뽑는 곳이 아닌데. 그래도 서비스 회사라 외모를 중시하지 않을까?

다른 친구는 덩치가 있다. 헬스에서 어지간히 시간을 들이나 보다. 벌어진 가슴이랑 불룩한 어깨에서 단단함이 뿜어진다. 여자 셋은 다 준수한 외모다. 한결같이 촌스런 감청색 양장에 흰색 블라우스를 입었는데도 야무진 지성미가 드러나 보인다.

앞 조가 들어간 후 벌서듯 앉은지 10분이 넘었다. 문 열리길 기다리는 한편 문 열리는 소리에 심장이 떨어질 것 같아 이 상태가 지속되었으면 하는 마음도 있다. 허리가 아파온다. 무릎에 팔꿈치를 걸치고 고개라도 기대고 싶지만 다들 돌부처처럼 꼿꼿하다. 오른쪽 끝에 앉은 헬스보이는 자꾸 중얼거린다. 발표내용을 연습하겠지. 나도 준비했던 내용을 떠올려보지만 단어들이 바람 부는 거리에 마른 나뭇잎처럼 흩날린다. 몇 번째 문장 하나를 되풀이한다. 쫄지 마! 잘 될 거야! 할 수 있어! 심호흡을 한다. 천천히 숨을 들이쉬고 멈춘 다음 여덟까지 세고 천천히 뱉는다.

첫 순서가 PT 발표다. PT라곤 하지만 아무런 도구 없이 말로만 진행한다. 발표 준비에 1시간이

주어졌다. 유인물에서 얻은 정보와 자료를 정리한 메모를 보며 발표 얼개를 머릿속에서 그려본다. 헬스보이는 지치지도 않는다. 부러운 게 솔직한 마음이나 대놓고 중얼거릴 배짱은 없다. 불현듯 면접관들 앞에서 발표하는 내 모습이 떠오른다. 순식간에 시야가 흐려지고 손목이 떨린다. 몸의 피가 얼굴로 모인다. 목덜미 위로 체온이 3도는 상승한 것 같다. 보나 마나 당근처럼 뻘겋게 달아오른 모습이겠지. 체질이 왜 이럴까? 어릴 때도 남들 앞에 서거나, 심지어 홀로 선 버스 안에서도 앉은 사람들이 나만 쳐다보는 것 같아 얼굴이 빨개지곤 했다. 심호흡 효과가 순식간에 달아난다.

면접실 문이 열리고 앞 조 사람들이 하나씩 나온다. 표정이 제각각이다. 이마에 손을 댄 채 시선을 외면하거나, 매 맞기를 마친 듯 홀가분한 모습, 대단한 결단이라도 내린 듯 양생 직후 콘크리트같이 앙다문 입술, 볼이 폭발할 듯이 달아오른 친구는 무슨 일이 있었지? 어찌 되었던 부럽다. 들어갈 때만 해도 나랑 같은 레벨이었는데 인생 선배들이 되어있다. 한 시간 후의 난 어떤 표정으로 나오게 될까? 최종 합격자에 들려면 이런 면접을 앞으로 두 번 더 거쳐야 한다. 정글로 치면 겨우 입구에 발을 들여놓은 상태다. 보지도 듣지도 못한 독충과 맹수를 조우하고 깊은 늪에 빠지거나 벼랑으로 발을 헛디뎌 종칠 수도 있다. 일행 중 아무도 도움의 손을 뻗지 않을 테고 나 역시 모른 척 길을 가야겠지! 우울해진다.

'못해. 우린 못 도와줘. 우리가 할 수 있는 건 없어.'

- 코맥 매카시

항공사 취업을 준비하는 청년들을 위한 **안내서**

긴장감을 자신감으로 바꿔라

떨림은 창의력의 원천이다

사람들 앞에 나가서 말한다는 생각만 해도 심장 두근거리는 속도가 빨라진다. 단체 회식자리에서 간단한 인사말이나 소감을 말하는 것조차도 가능하면 늦게 하고 그러다가 시간이 지나 내 차례가 오지 않기를 바란다. 특히, 모르는 사람들 앞에서는 더욱 움츠려지고 무슨 말을 할까? 이런 말을 하면 사람들이 비웃지 않을까 마음이 쓰이고 걱정이 되고, 막상 말을 하면 온몸이 후들거려 준비했던 말도 생각이 안 나고 하는 말도 떨려 황망하게 마무리한다. "요즘에는 기업들이 채용면접에 PT 발표와 토론을 하는데 차라리 시험을 치는 게 나을 것 같아요. 저같이 내성적이고 발표 공포증이 있는 사람은 상대적으로 불리하니까요."

당신만의 이야기가 아니다. 발표를 앞두거나 면접장에 들어서는 대부분의 사람들에게 나타나는 전형적인 발표공포증 이다. "나는 발표

*발표공포증 : '발표 상황 자체를 피한다. 발표하기 전에 타인(청중)의 판단에 미리 불안해한다. 발표를 잘못하여 비웃음을 받을 것이라고 걱정한다. 발표할 때 당황하고 호흡곤란을 느낀다' 등 25가지 지표로 판단된다. 「스피치의 기술」, 피터 데스버그. 발언공포증(Glossophobia)이라고도 한다.

는 자신 있어." 하는 말은 거의가 거짓말이다. 그런 척 할 뿐이다. 로마의 위대한 웅변가 키케로도 "연설을 시작할 때 나는 항상 긴장한다. 내가 할 수 있는 것보다 잘못한 것으로 보일까봐 두려워한다."라고 하지 않았던가. 사람들의 80%가 이러한 증상을 가지고 있고 대중연설을 즐기는 비율은 10%에 불과하다. 연설을 즐긴다는 10%는 분명 수많은 훈련과 실전을 거친 사람들이다. 따라서 오늘 면접에 참여한 사람들은 지금 당신 못지않게 가슴이 두근거리고 불안하며 지난밤 잠을 설친 상태임을 의심하지마라.

*10% : 'Why We Fear Public Speaking And How To Overcome It.' by Nick Morgan, Forbes, 2011. 3. 사람들의 10%만이 대중연설을 즐기는 타입이며, 80%는 사람들 앞에서 말하기를 앞두곤 두려움에 안절부절못하고 밤잠을 설친다고 한다. 나머지 10%는 말한다는 생각만으로도 극심한 공포심을 느껴 패닉 상태에 빠지는 부류이다.

두려운 상황이 닥쳤을 때 우리는 도망가거나 맞선다. 도망가면 우선은 안전하지만 나중에는 후회하기 쉽고, 맞서면 당장에는 위험이 따르지만 종국에는 성취감과 자부심을 가지게 된다. 두려움에 마주칠 때 우리 몸은 아드레날린을 분비하고 우리 정신은 집중을 만든다. 아드레날린과 집중은 융합하여 심장을 뛰게 하고 얼굴을 붉게 하지만 우리의 몸을 똑바로 세우고 두뇌를 빠르게 회전시켜 위기에 대비하게 해주기도 한다. 눈앞에 닥친 위기를 극복하고 엉킨 문제를 해결할 수 있도록 우리의 집중력과 잠재력을 이끌어내는 펌프 역할을 하는 것이다. 어차피 나오는 아드레날린과 집중력을 후회를 초래할 '도망가는 데' 소비해야 할까? 아니면 자부심을 가져다 줄 '맞서는 데' 투자해야 할까?

　도전을 앞두고 느끼는 두려움과 떨림은 우리의 창의력을 드러나게
한다. 창의적 사고가 절실히 필요한 순간에 우리는 두려워지고 떨린
다. 작가들은 첫 단어를 써야 하는 빈 원고지를 보면 두렵다. 첫 홀의
페어웨이를 보는 골퍼들은 공포에 가까운 긴장감을 느낀다. 반려동물
을 두 마리씩 데려오는 승객들을 보는 공항 탑승수속 카운터 직원들
은 카운터에서 벗어나 도망가고 싶다. 왜일까? 창의력이 필요할 때이
기 때문이다.

　책의 '첫 문장은 책의 흐름을 좌우하는, 소설에서 가장 주목받는
문장 중 하나'이다. 첫 문장 그 자체로 작품이 된 위대한 소설을 보
라. 골퍼는 첫 티샷을 하기 전에 극도의 긴장감을 느낀다. 첫 번째 샷
이 전체 경기를 지배하는 정신력을 결정할 수 있기 때문이다. 검은 마
스티프와 회색 말라뮤트의 목줄을 두 손으로 부여잡고 끌리다시피 공
항 탑승수속 카운터로 다가오는 미군승객을 마주한 직원은 미소 띤
얼굴과 달리 머릿속은 온갖 지식과 정보를 짜내느라 분주하다.

*첫 문장 : "소설가는 첫 문장을 쓰기 위해 밤을 지새우고, 독자는 첫 문장을 읽는 순간, 밤잠
　을 설친다." 소설의 첫 문장을 모아 엮은 책 「우리가 사랑한 한국소설의 첫 문장」, 김규회,
　끌리는 책.
*첫 문장 그 자체로 작품 : 톨스토이의 「안나 카레니나」는 첫 문장만으로 불후의 명작이다.
　이렇게 시작된다. "행복한 가정은 서로 닮았지만, 불행한 가정은 모두 저마다의 이유로 불
　행하다."
*첫 번째 샷 : 첫 티샷의 긴장감을 전문용어로 'First Tee Jitters'라고 한다.
*미군승객 : PET(반려동물) 수속은 확인해야 할 서류가 많고 절차가 복잡하며 잘못될 경우 책임
　도 크다. 미군 역시 일반승객과 달리 점검할 서류가 많아 베테랑 직원이라도 부담을 느끼는 승
　객 유형이다.

이런 때 누가 도와줄 수 있을 것인가? 오롯이 자신만의 창의성을 발휘하는 것 외에는 기댈 곳이 없다. 두렵고 떨리는 마음은 당신의 창의성을 찾아내고 필요한 순간에 드러내게 하여 결국 위기를 헤쳐 나가게 해준다.

그러니 두렵고 떨린다고 피하거나 밀어내지 말고 기꺼이 받아들여라. 그것이 곧 당신의 집중력과 잠재력과 창의성을 폭발시키는 도화선임을 기억하라.

"두려움은 진정한 용기의 적수가 될 수 없다."

– 발타사르 그라시안

면접장에는 엄숙하리만큼 긴장감이 흐른다. 대기실도 마찬가지다. 이런 긴장감은 어디서 나올까? 면접장에서 당신이 긴장하는 이유는 낯선 곳과 낯선 사람들로부터 느끼는 막연한 불안, 발표나 토론을 잘못할 경우에 받을 수 있는 타인면접자와 다른 피면접자들의 비웃음, 그로 인한 자신의 자존감 하락 따위를 미리 염려하기 때문이다. 일어나지도 않고 일어날 가능성도 낮은 일을 걱정부터 하며 부정적 결과를 예단하는 비관적 심리와 실패를 자아의 상처로 연결시키려는 과도한 자책감이다.

긴장감은 검은 정장을 입은 낯선 경쟁자들로부터도 뿜어져 나온다.

당신도 타인에게는 긴장감이다. 언제부턴가 기업 면접에는 남녀 가리지 않고 흰색 셔츠에 검은색 재킷을 유니폼처럼 입는다. 특히 여자들은 장례식 참석이 아니면 입을 일이 거의 없을 옷들을 사서 입는다.

항공사 취업을 준비하는 청년들을 위한 안내서

본인들도 알고 있지만 다들 입으니 따라하지 않을 수 없다. 이런 칙칙한 복장을 굳이 입지말라고 강조하는 회사는 없다. 면접장의 긴장감을 의도적으로 누그러뜨리려 하지 않는다. 색깔요법 에 의하면 흰색과 검은색 같은 무채색은 긴장감을 일으킨다고 한다. 대부분의 학교와 사무실의 실내 벽을 보면 알 수 있다. 벽면이 녹색이나 파란색인 면접실이 드문 것은 우연이 아니다. 긴장감을 극복하고 역량을 드러내는 사람을 가려내는 것도 면접목적의 하나이다. 일하게 되면 면접시의 긴장은 비교도 안 될 긴장상황이 수시로 닥친다. 출근하자마자 국회에 출석하는 임원용 보고서를 만들어내야 하거나 예기치 못한 비정상운항편 의 대체 스케줄을 신속하게 결정해야 하는 상황이 벌어진다. 적당히 긴장하는 것은 이렇게 긴박한 일을 처리할 때 우리의 아이디어를 만들어내는 자극제 가 된다. 흩어져 있는 능력을 한 곳으로 모으고 폭발적인 힘을 낼 수 있도록 도와준다. 면접에서도 적당한 긴장감은 발표와 답변을 잘 할 수 있도록 동기를 부여하고 집중력을 끄집어낸다. 긴장하지 않고 여유자적하면 오히려 문제자로 보이기 쉽다. '저 친구는 여기 놀러왔나?'

*색깔요법(Color Therapy) : 색깔에 각각 고유의 파장과 에너지가 있다는 점을 심리치료와 의학에 활용하는 정신적인 요법을 말한다.

*비정상운항편(Irregularity Flight) : 비행기가 기상, 정비 및 기타 내외부적 요인으로 항공편이 예정된 스케줄대로 운항하지 못하는 상황을 뜻하며, 지연, 결항, 회항으로 구분한다.

*자극제 : 뇌 과학에 의하면 긴장과 공포는 뇌를 각성시키는 신경전달물질인 노르에피네프린을 분비시키는데 적당한 양의 노르에피네프린은 뇌를 맑고 건강하게 만들어 우리를 스트레스에 대응하게 하고 집중력을 높여 사고와 위험으로부터 보호해 준다고 한다. 「우리 아빠가 달라졌어요」, 이보연, 끌레마.

두려움이나 긴장감이 지나치면 도움이 되지 않는다. 면접의 긴장감은 특히 발표Presentation를 앞두고 최고조에 이른다. 말없이 앉아서 쳐다보는 생면부지의 사람들 앞에 자신을 홀로 고스란히 노출시켜야 하는 압박감으로 숨이 찬다. 자기 차례를 기다리는 시간이 한 점 빛도 들어오지 않는 깊은 바닷속의 검은 물 같다. 빨리 벗어나고 싶은 생각뿐이다. 긴장감이 자연스러운 현상이지만 이 정도면 곤란하다. 긴장감을 적당한 수준으로 조절하고 자신감으로 바꿔야 한다. 이런 방법을 써라.

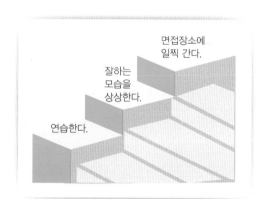

연습하라

두려움과 긴장감으로 인한 불확실성은 자신감으로 줄일 수 있다. 자신감은 준비와 연습에서 나온다. 연습은 자신감을 주고 불안감을 쫓아내며 아는 것을 말할 수 있도록 바꿔주고 이해한 것을 설득하는 힘으로 키워준다. 아는 만큼, 연습한 만큼 말할 수 있는 것 아니겠는가.

항공사 취업을 준비하는 청년들을 위한 안내서

알지도 못하고 연습이 부족함에도 나오는 자신감은 자만심일 뿐이다.

'아는 것'은 관심과 호기심에서 출발한다. 많이 알게 될수록 더 좋아하게 되고 좋아하는 것은 말하기 즐겁고 연습하기도 신난다. 면접을 앞둔 회사에 관심을 가지고 호기심을 키워라. 그리고 면접날까지 꾸준히 연습하라. 소리 내어 말하고 친구나 가족들 앞에서도 시연해본다. 휴대폰으로 녹음해서 들어보고 평가하라. '훌륭한 음악가도 사흘만 연습하지 않으면 청중이 알고', 프로도 연습이 부족하면 동네 선수가 된다. 연습하는 동안 자신감은 자연스레 만들어진다. 이렇게 만들어진 자신감은 면접에서 예상과 다른 주제가 제시되더라도 충분히 대응할 수 있게 해준다. '연습이 힘들수록 실전은 쉬운' 법이다.

*훌륭한 음악가도 사흘만 연습하지 않으면 청중이 알고 : Leonard Bernstein, 뉴욕필 음악감독, 지휘자, 피아니스트, 작곡가.

*연습이 힘들수록 실전은 쉬운 : 'Train hard, Fight easy' 알렉산드르 수보로프(Alexander Su-vorov) 1729~1800, 러시아의 장군, 역사상 단 한 번도 패배하지 않은 명장 중 한 명으로 유명하다.

상상하라

결과를 예상하지 말고 현 상황에 집중한다. 멋지게 발표하는 자신을 상상하라. 연습하고 훈련한 대로 발표하는 모습을 처음부터 끝까지 이미지화한다. 면접관 들이 바라보는 자신 있고 당당한 모습을 영상을 보듯 감상한다. 시작하는 인사말과 발표하는 역동적인 자세와 강렬한 인상을 남기며 마치는 모습을 눈으로 보듯이 상상하라. 그러면 실제에서도 재현할 수 있다.

　운동선수들은 시합 전에 이런 상상훈련을 한다. 연구에 의하면 상상훈련만으로 근육의 15%를 강화할 수 있다고 하고 골프, 양궁, 야구 스키 등 스포츠계에서는 상상훈련 의 놀라운 결과들이 보고되고 있다. 심리적, 의학적 치료를 포함하여 광범위하게 활용되고 있는 과학적 근거가 있는 것이다. 상상훈련은 자신이 할 행위를 구체적으로 생각함으로써 얻게 되는 익숙함으로 닥쳐오는 낯선 상황에 적응시키는 힘을 만든다. 자신감과 자부심을 느끼게 하는데도 도움을 준다. 발표하는 자신의 말을 듣고, 제스처를 보고, 면접관들의 반응과 발표장의 분위기까지 느낄 수 있게 온몸으로 상상하라.

*면접관 : '면접자(面接自)'가 맞는 말이지만 피면접자들이 '면접관(面接官)'님으로 부르는게 현실이니 면접관이라 적는다.

*상상훈련 : 예를 들면, 골프레슨 전문가인 알렉스 모리슨은 "3주간 이미지 트레이닝(상상훈련)만을 한 골프 초보 소년이 실제 경기 전반을 파플레이(코스 기준타수 이내의 경기)로 마쳤다."고 한다. 「성공을 부르는 우뇌 트레이닝」, 미츠오 코다마, 김영숙 역, 현대미디어.

널 사랑해, 하지만 날 더 사랑해

– 'Sex and the City'에서

이렇게도 생각하라.

1. 나는 발표할 자격이 있는 사람이다.

그렇다. 당신은 치열한 서류전형을 뚫고 이 자리에 초대받은 강사이다. 면접관들은 당신을 초청한 청중이며 당신의 이야기를 듣고 싶어한다. 당신을 대신할 사람은 없으며 당신만이 발표할 수 있다. 당신은 중요한 사람이며 이곳의 지휘자이다. 그저 당신의 이야기를 들려주면된다. 크게 심호흡을 하고 당당하게 일어서서 지휘관처럼 나가라.

2. 면접은 내가 부른 기회다.

오늘만큼은 기회는 준비된 자에게 온다는 말은 맞지 않다. 면접 기회는 운이 아니다. 이 자리는 열심히 준비한 당신 자신이 부른 기회이다. 기회는 부름을 받고 당신 발 아래 조아리고 있다. 일으켜 세워 함께 가야 할 책임이 있다. 긴장감 따위에 연연하다가 달아나도록 그냥놓아둘 건가?

3. 긴장감은 나의 친구다.

다른 지원자들을 보라. 그들도 당신만큼 긴장하고 떨고 있는가? 아마그렇게 보이지 않을 것이다. 당신도 마찬가지다. 준비를 완벽하게 했더라도 긴장감은 완전히 사라지지 않는다. 당연한 현상이다. 남은 긴장감은 당신을 도와주는 친구이자 밖으로는 잘 보이지 않지만당신 내면에서 당신에게 발표할 힘을 주는 지원군이다.같이 데리고 면접실로 들어가라.

미리보고 일찍 가라

대입 수능생들은 수능시험을 보기 하루 전 시험장소를 직접 가서 확인한다. 첫 비행을 앞둔 조종사는 실제비행 전에 항로와 공항의 지형지물 특성 등을 미리 보고 익히기 위해 체험비행인 '관숙慣熟비행Familiarization flight'을 한다. 기업의 면접장은 미리 확인할 수 있기가 쉽지 않지만 면접장이 있는 건물에는 미리 가보는 것이 좋다. 미리 가서 보고 느끼는 관숙비행을 통하여 발표공간이라는 항로를 친숙하게 만들어 놓는 것이다. 무엇이든 먼저 보고 경험한 사람은 말이 저절로 나오는 법이다.

면접 당일에는 면접장이 있는 건물에 예정시각보다 일찍 가도록 하라. 대기실에 들어갈 수 없으면 회사 근처에 머물면서 준비한 내용들을 연습하며 기다린다. 항공사의 본사는 공항 부근에 주로 있다. 공항에 가서 직원들이 하는 일, 웃는 얼굴, 움직이는 모습을 바라보며 동질감을 느껴보라. 직원인 것처럼 생각하고 행동하라. 기다리다 지겨워질 때가 되면 긴장감은 당신의 친구가 되어 있을 것이다.

면접의 구성

채용면접

　채용면접 은 면접관과 구직자가 대화하는 과정의 언어적 · 비언어적 상호작용 행위이다. 면접관은 기업고용주을 대신하여 구직자가 일을 하는 데 필요한 자질들을 가졌는지 찾으려 하고 구직자는 면접관에게 그러한 자질들을 보여주려는 상호 탐색과정이라 하겠다.

- Zima(1991)는 "면접이란 두 사람이 말하거나 듣는 의사소통 거래로서, 그 중 한 사람은 명확한 목적을 가지고 있다."라고 정의한다. '면접양식과 면접자/피면접자 행동유형이 면접결과에 미치는 영향에 관한 연구', 박상진 외, 재인용.
- 面接(면접)은 눈(얼굴)을 맞대어 보는 것이고, 영어도 'inter(사이를 두고) view(보는 것)'이다.

　채용도구란 직원을 채용하고 선발하는 데 사용되는 모든 과정과 절차를 말한다. 모집공고에서부터 지원서, 지원동기서, 자기소개서 작성과 제출, 서류심사, 필기시험과 적성검사, 면접Interview, 최종 합격자 발표의 모든 단계가 채용도구들이다.

채용도구로서 면접은 인터뷰질의응답, 프레젠테이션, 토론을 포함한다. 인터뷰는 가장 오래된 채용도구로 면접관의 질문하는 방법이 얼마나 구조화되어 있느냐로 구조화, 비구조화, 반구조화 질문 등으로 분류된다. 구조화 질문이란 직무분석을 기초로 만든 질문 항목들을 면접관이 일정한 체계와 기준에 따라 질문을 일련의 방향으로 이어가는 질문기법이다.

기업은 면접관이 자의적이고 즉흥적으로 평가하는 것을 방지하고 직무성과와 연계될 수 있는 피면접자의 행동특성을 비교적 잘 파악할 수 있어 구조화 질문방식을 면접에 많이 도입하여 운용한다. 그러나 실제 면접에서는 비구조화 질문이 혼용되고 있으며 특히 임원급 면접에서는 질문의 구조화 정도가 상대적으로 약하다고 볼 수 있다.

항공사를 포함하여 기업들은 채용도구 중 면접 비중을 늘리고 있다.

채용인원의 10배수 가량을 서류심사로 걸러낸 후 영어 인터뷰와 2~3회의 면접을 거쳐 최종 합격자를 선발한다. 면접은 해당부서의 실무 관리자들이 면접관으로 참여하는 실무면접1차, 부서별로 임원급이 면접관을 맡는 임원면접2차, 그리고 최종면접으로 진행된다.

1차 실무면접에서는 2~4명의 면접관 앞에서 발표, 집단토론, 인터뷰질의응답를 하고, 2, 3차 면접에서는 인터뷰질의응답만 하게 된다.

영어인터뷰에서는 주로 원어민 또는 그에 준하는 면접관이 영어 Speaking, Listening Test만을 가지고 지원자의 영어실력 위주로 평가한다. 질문은 지원자의 지식이나 직무역량보다 영어를 이해하고 말하는 수준을 보기 위한 목적이므로 정확한 답을 모르더라도 주어진 답변 시간을 최대한 쓰며 영어로 다양한 표현을 하도록 한다.

면접관

면접관은 질문을 무기로 피면접자들의 행위를 지휘하고 통제하는 권력자처럼 보인다. 그래서 면접관과 구직자를 갑을 관계로 표현하기도 한다. 피면접자 입장에서는 당연히 그렇게 보일 것이다. 면접관의 클릭 한 번에 당락이 결정되고 면접관의 날카로운 눈길에 몸 둘 바를 모르고 면접관의 스트레스성 질문 한 수에 정신이 혼미해지기도 하니까.

그러나 면접관의 임무는 조직생활에 어울리고 회사에 도움이 될 수 있는 피면접자들을 선발하는 것이다. 그러기 위해서는 면접관은 면접 양식을 충분히 이해하고 면접기법에 대한 교육 훈련을 제대로 받아야 한다. 피면접자에게 인격적 모멸감을 느끼게 하는 면접관은 자신의 인격에 문제가 있거나 교육과 훈련이 부족한 상태라 하겠다.

피면접자의 외모, 스펙, 나이, 취미, 취향 등을 비하하거나 지나치게 자극적인 질문을 하거나 가족관련 부적절한 질문을 하거나 반말을 하거나 지원서만 쳐다보거나 시종일관 휘어질 듯 의자를 뒤로 젖혀서 앉거나 피면접자의 답변을 무시하고 힐난하는 면접관이 여기에 해당된다.

이런 사람을 면접관으로 앉힌 회사가 사실 더 문제이긴 하지만 대부분의 면접관들은 회사에서 중요한 역할을 맡고 있는 유능하고 충성스런 관리자들 중에서 선발된다. 면접관으로 선발되면 함께 일할 막내 직원을 찾기 위해 현업의 긴박한 실무들을 책상 한 구석에 쌓아두고 진지한 마음으로 면접관의 자리에 앉는다. 면접하는 동안은 장래 생사고락을 함께할 동료이자 후계자들을 찾는 데 온전히 몰입하는 것이다. 면접관들은 무뚝뚝하고 예의를 모르는 사람을 서비스 현장에 배치하여 회사가 수십 년간 쌓아올린 이미지를 순간에 무너지게 하거나 인성이 좋지 않은 사람을 회계부서로 보내 부정한 사고가 일어나는 것을 바라지 않는다. 면접과정에서 때때로 매서운 눈길로 살피고, 강도 높은 질문으로 압박하고, 피면접자들의 대답에 표정 없이 반응하는 이유이다.

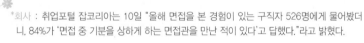

*회사 : 취업포털 잡코리아는 10일 "올해 면접을 본 경험이 있는 구직자 526명에게 물어봤더니, 84%가 '면접 중 기분을 상하게 하는 면접관을 만난 적이 있다'고 답했다."라고 밝혔다.

조선비즈, 2017.11.22.

그렇다고 면접관들이 TV 연예 서바이벌 프로그램에 나오는 멘토들처럼 피면접자들의 약점을 공격하며 자신들의 전문성을 으스대지는 않는다. 대부분은 날카로울 수 있는 질문을 부드럽고 편안하게 말한다. 그들이 그런 품성을 지녔기 때문이라기보다물론 그런 사람들도 있겠으나 훈련된 면접관들이 활용하는 질문기법의 한 종류이기 때문이다.

라포르Rapport 를 형성하여 당신의 잠재된 역량을 보다 자세히 파악한다. 면접관이 '아침은 먹고 왔느냐?' 묻는 것은 라포르한 분위기를 만드는 시도이다. 기꺼이 동조하라.

*라포르(Rapport): 환자와 의사 간의 심리적 신뢰관계를 뜻하는 심리치료 용어인데 인간관계의 믿음과 친한 정도를 나타내는 환경을 의미한다. 효율적인 면접을 위해서 라포르 형성이 중요하다.

면접 진행 순서

면접관의 입장에서 면접은 다음과 같이 진행된다.

💡 사전 준비

면접관들은 면접 당일 아침에 인사부의 채용담당자로부터 면접평가시스템 사용 방식, 질문 유형, 당일 피면접자들의 수와 결시생 여부, 지연응시와 같은 특이사항 브리핑을 받는다. 브리핑을 받은 다음 면접관들 간에 세부 진행 절차와 질문 항목, 질문자 순서, 평가 방법을 조율하고 그날 전체 피면접자 리스트를 검토한다. 면접장(실)의 구조와 인테리어도 점검한다. 유선전화, 소음 발생 내지는 침투 여부, 면접관들의 휴대폰, 거울이나 반사물품 등 면접진행에 장애가 되는 시설물이나 요소들은 다시 확인하고 제거하거나 차단하는 작업을 한다.

☀ 준비

면접관들이 해당 조 지원서를 리뷰하면서 질문내용을 정리하는 단계다. 평가는 이미 시작되었다. 각 시간대별로 배정된 조 면접 시작 전에 진행 직원으로부터 해당 조 출결상태를 보고받으면 진행 사인을 준다. 이때 진행 직원으로부터 대기시간에 관찰된 특이한 사람, 소위 튀는 사람들 코멘트를 전달받는다. 그러나 대부분의 피면접자들이 경건하게(?) 행동하므로 코멘트를 머리 위에 달고 들어오는 사람은 그리 많지 않다.

대기실에서 휴대폰을 보거나 책을 읽거나 주위사람과 이야기하는 것은 문제가 되지 않는다. 오히려 가볍게 인사를 먼저 건네고 대화를 하는 것이 좋다. 엎드려 있거나 지나치게 질문을 많이 하거나 큰소리로 떠들거나 이어폰 밖으로 소리가 들릴 정도로 음악을 크게 듣거나 하는 행위는 면접관에게 전달된다.

☀ 인사

피면접자들이 들어와서 전체 인사를 하면 면접관은 정중하게 목례로 답하고 자리에 앉도록 권한다. 면접관 중 한 명이 피면접자들에게 반갑다는 인사말을 전하고 면접 구조와 진행절차, 예상 소요시간을 간략하게 안내한다. 공정한 평가를 위해 노트나 노트북에 기록한다고 알려준다. 피면접자를 호명할 때 이름을 정확하게 부르고, 피면접자를 존중하는 말투와 행동을 한다. 아울러 동석한 면접관들을 소개하면서 라포르를 조성한다.

얼핏 쉬운 것 같지만 시간이 충분히 주어지고 훈련된 면접관들만이 수행할 수 있는 매뉴얼이다. 그렇지만 대개의 면접은 시간이 부족하다. 위와 똑같이 진행되지 않더라도 너무 실망하지 마라.

☀ 면접

면접은 항공사별로 순서와 구성에 차이가 있지만 기본적으로 발표, 인터뷰질의응답, 토론 세 가지의 도구를 사용한다.

항공사 면접에서 발표는 구두로만 진행하는 것이 보통이다. 질의응답은 여러 명의 면접관과 역시 여러 명의 피면접자를 한 장소에서 동시에 상대하는 다多대다 형식이다.

토론은 6명 내외로 구성하여 찬반으로 나뉘는 주제를 놓고 두 팀으로 갈라서 집단토론GDGroup Discussion을 한다. 찬반토론 대신 주제 내에서 대안을 선택하는 자유토론을 할 수도 있다.

🔅 마무리

면접을 끝내기 전에 피면접자들에게 추가질문이나 끝으로 하고 싶은 말이 있는지 확인하고 있으면 성의 있게 듣고 답변한다. 향후 선발 일정을 알려주고 적극적이고 성실한 참여에 고맙다는 인사와 함께 면접을 종료한다. 면접관이 추가질문을 받지 않고 "이상으로 면접을 마치겠습니다."라며 빠르게 끝내더라도 아쉬워마라. 시간이 없어서이지 마음은 그렇지 않다고 생각하라.

🔅 평가 종합

면접관들 간의 뒷이야기 시간이다. 면접관들 간에 방금 면접을 마친 피면접자들 평가 정보를 교환한다. 평가서를 개별적으로 작성하고

항공사 취업을 준비하는 청년들을 위한 안내서

제출하지만 정확하지 않은 부분을 재확인하고 피면접자의 답변 중에 놓친 부분을 파악한다. 의견만 교환하는 것이 원칙이지만 면접관 중 파워가 센 사람이 괜찮다고 말하면 나머지 면접관의 판단에도 영향을 미칠 수 있고, 한 명이라도 특정 피면접자주로 부적격 판단 평가를 강하게 주장하면 무시하기 쉽지 않다. 채용 3개월이 지나기도 전에 "저 사람은 누가 뽑았어?"라는 비난을 듣고 싶어 하는 면접관은 아무도 없으니까.

마지막으로 평가기록을 정리하여 최종 점수를 입력하고 면접을 종료한다.

항공사 취업을 준비하는 청년들을 위한 안내서

- 면접관의 기억에 남기는 발표
- 아이디어 정리
- 내용 구성하기
- 발표하기

발표
Presentation

2
PART

면접관의 기억에 남기는 발표

면접관의 관점에서 보라

발표는 모든 직무수행에서 중요하게 활용된다. 업무보고, 회의, 제안서 작성, 기획안 설명, 입찰Bidding과 협상을 할 때 반드시 필요한 능력이며 직급이 올라갈수록 프레젠더십*이 요구되고 있다. 신입사원을 미래의 리더로 양성하기 위해서도 채용도구로서 발표능력 측정은 중요한 것이다. 발표를 위해서는 자료와 정보를 수집하고 분석해서 목적에 맞게 가공하여 전략화하는 기술이 필요하다. 발표 전에 피면접자들에게 주제와 함께 관련 정보가 담긴 자료가 제공된다. 자료를 토대로 짧은 시간 동안 준비해서 발표해야 하는데 준비 시간을 조금만

*프레젠더십 : Leadership + Presentation = Presendership. 스티브 잡스의 프레젠테이션은 그 자체로 애플의 차별화된 경쟁력이었다. 잡스의 영향인지 지금은 많은 기업들이 최고경영자들의 직접적인 프레젠테이션을 통해 이미지와 신뢰도를 높여 경쟁력을 강화시키려고 한다.

주는 것은 면접시간이 넉넉지 않기 때문이지만 한정된 시간과 자원으로 어떻게 대처하는지 측정하기 위한 의도도 있다. 면접관은 발표를 통해 당신의 분석력, 문제해결능력, 논리력과 기획력, 의사표현력과 설득력, 직무역량은 물론 최근 시사와 산업 지식, 준비 수준, 직무관심도와 발표태도에서 드러나는 인성까지 종합적으로 파악하려 한다. 실제로는 면접관이 이 모든 것을 분류하여 파악할 수는 없으나 주제의 핵심과 의도를 이해하고 파악했는지, 당신만의 의견이 있는지, 근거를 제시하는지, 사실을 바탕으로 설명하는지, 열정을 가지고 말하는지 등을 보는 것이다.

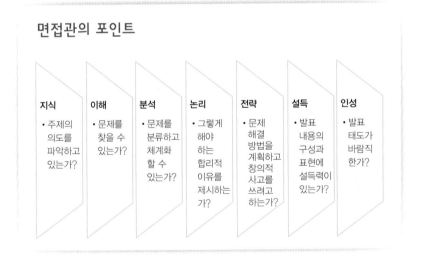

면접관의 포인트

지식	이해	분석	논리	전략	설득	인성
• 주제의 의도를 파악하고 있는가?	• 문제를 찾을 수 있는가?	• 문제를 분류하고 체계화 할 수 있는가?	• 그렇게 해야 하는 합리적 이유를 제시하는가?	• 문제 해결 방법을 계획하고 창의적 사고를 쓰려고 하는가?	• 발표 내용의 구성과 표현에 설득력이 있는가?	• 발표 태도가 바람직한가?

  발표는 아는 것지식을 토대로 문제를 해결하는 아이디어콘텐츠가 있음을 면접관에게 설득하는 과정이다. 그런데 사람들은 설득당하는 것을 좋아하지 않는다. 똑같은 결과라도 자신이 한 일과 설득당해서 한

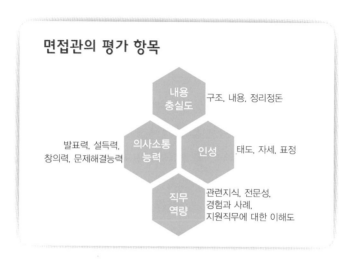

면접관의 평가 항목

- 내용 충실도 — 구조, 내용, 정리정돈
- 발표력, 설득력, 창의력, 문제해결능력 — 의사소통 능력
- 인성 — 태도, 자세, 표정
- 직무 역량 — 관련지식, 전문성, 경험과 사례, 지원직무에 대한 이해도

일은 전혀 다르다. 볼 마음이 없던 월간잡지를 구독하게 되거나 패키지 투어를 마치고 돌아오는 비행기에서 '내가 이걸 왜 샀지?' 하며 후회한 상품 한 가지쯤 가지고 있지 않은가? 원하지 않은 물건을 '설득당해'샀을 때는 어수룩하고 바보가 된 기분이 들기 때문이다.

상사들은 특히 부하들에게 설득당하는 것을 싫어한다. 바보가 되느니 나쁜 상사가 되기를 주저하지 않는다. 유능한 부하들은 그래서 상사를 설득하지 않고 이해시킨다. 상사는 자기의 통찰력으로 알게 되었다고 느끼고 스스로 결정했다는 자부심을 가지게 된다.

물론 면접관들은 '설득당하지 않을 거야.'하며 마음을 닫고 지원자들의 발표를 듣지는 않는다. 오히려 지원자들의 의견에 귀를 열고 이해하려고 한다. 하지만 쉽게 설득당하고 싶은 마음은 없다. 화려한 말솜씨나 미사여구에는 경계하고 추상적인 주장과 모호한 의견에는 의심을 가진다. 무조건 믿어달라는 읍소에는 연민만 느낀다. 면접관을 설득하려면 그런 말로 '설득'하려 들지 말아야 한다. 이솝의 '해님과 바람' 이야기가 이를 잘 설명하고 있다. 그러면 설득하려 드는 느낌이 들지 않게 설득력 있는 발표를 어떻게 해야 할까?

*해님과 바람 : "나그네의 외투를 벗기려고 바람이 세게 불수록 나그네는 옷깃을 여민다. 해님은 따스한 햇볕을 쪼여 나그네로 하여금 스스로 외투를 벗게 만든다."라는 우화. 힘(바람 불기)보다 자연스러운 환경(햇볕)을 조성하는 것이 진정한 설득이다.

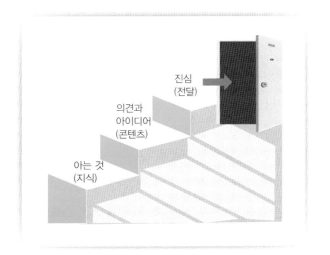

💡 발표주제를 파악하라

면접관은 발표주제의 핵심을 알고 있다. 주제가 갖는 메시지도 안다. 면접관 앞에서 발표주제를 말하는 것은 공자 앞에서 시를 읊는 것과 같다. 당신이 제대로 알고 말하지 않으면 면접관은 당신을 기억하지 않는다. 그러니 발표주제에 대한 공부를 제대로 해야 한다. 지식의 폭은 준비 시간과 비례하는 것이다.

🔆 당신을 이야기하라

당신이 정확한 정보와 해박한 지식을 쏟아내면 면접관은 당신이 준비를 많이 했다고 고개를 끄덕일 것이다. 그러나 아는 주제를 운 좋게 만난 것으로 여길 수도 있다. 지식만으로 성과를 만들 수 없다. 문제해결능력이 더해져야 한다. 때로 지식보다 문제해결능력이 우선된다. 문제를 해결하는 것은 창의성이 있다는 것이다. 창의성이란 뭔가 새로운 것, 독창적 아이디어, 기발한 생각 등이라고 여기지만, 뛰어난 아이디어만이 창의적인 것은 아니다. 남을 따라하지 않는 자신의 생각은 창의성을 가진다고 할 수 있다. 면접에서 창의성을 보이는 방법은 당신의 이야기, 당신의 의견을 말하는 것이다. 면접관이 당신의 콘텐츠로 기억할 수 있으려면 차별화된 당신을 표현해야 한다. "아침은 먹고 왔습니까?"라는 질문에 모두가 "네! 먹고 왔습니다."라는 답을 할 때 "네! 일찍 오려고 회사 부근의 카페에서 토스트를 사먹었습니다." 또는 "아침은 꼭 먹는 습관을 가지고 있습니다. 그러나 오늘은 기다리던 면접으로 설레는 마음 때문에 먹지 않아도 배가 고프지 않습니다."하는 당신의 대답은 창의적이다.

똑같은 사건이나 상황이라도 사람마다 느끼는 감정과 경험은 같을 수 없다. 자신만의 느낌과 경험을 자신 있게 말로 표현하는 것이 창의성이며 당신의 이야기다. '당신의 이야기'를 말하지 않으면 면접관은 당신을 기억하지 못한다. 당신만의 이야기로 면접관이 이미 알고 있

항공사 취업을 준비하는 청년들을 위한 안내서

는 발표주제의 메시지에 핵심을 심어야 한다.

💡 진심을 담아라

면접관이 당신의 메시지를 이해하려면 면접관의 마음에 전해야 한다. 마음속으로 전해지는 메시지는 면접관의 반응을 부르고 당신과 상호작용의 길을 만든다. 길이 만들어지면 면접관은 당신을 기억한다. 따라서 당신의 메시지를 면접관 `마음의 문을 열고` 전해 주어야 하는 것이다. 닫힌 문을 두드리기 전에 면접관이 먼저 문을 열고 당신의 메시지를 기다리게 하면 더욱 좋다. 그러려면 메시지에 당신의 진심이 담겨야 한다. 진심을 담은 발표는 어떻게 해야 할까? 그 방법을 지금부터 찾아보자.

*마음의 문을 열고 : "설득을 잘하는 사람은, (……) 상대의 마음의 벽을 뚫고 메시지를 보내려고 하지 않는다. 마음의 문을 연 다음 메시지를 보낸다." 존 코터(하버드 경영대교수), 「책사들의 설득력」, 김옥림, 팬덤북스.

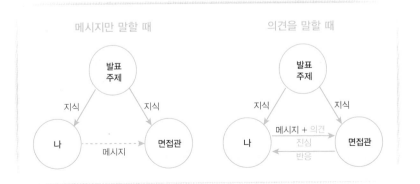

해외 여행지에서 만난 현지인과의 대화

아래의 두 대화에서 어느 쪽이 더 진심이 담겨있을까?

1. *Where are you from?*

   I am from korea.

   South or North?

   Of course, South. Where are YOU from?

   I am living here! man.

   ....

   (서로가 민망하다)

2. *Where are you from?*

   I am from Seoul where has a beautiful mountain national park named
   BUKHANSAN in the city. Have you ever been there before?

   Oh! Really? I never been there. You mean a national park mountain
   is in the metropolitan city? I hope to see the mountain someday.
   You live here! You have many beautiful lakes around you. Which
   one do you like most?

   (이런 식으로 대화는 계속되지 않겠는가)

항공사 **취업**을 준비하는 청년들을 위한 **안내서**

설명과 설득

- 설명은 현재를 말하고 설득은 미래를 말한다.
- 설명은 사실을 밝히고 설득은 이익을 주장한다.
- 설명은 당신에 대해서 이야기 하고, 설득은 (당신을 채용한) 회사에 대해서 이야기하는 것이다.

다음 대화는 설득인가? 설명인가?

"고객님! 광주공항에 폭설이 내려 비행기가 지연되었습니다."
"언제 출발 예정인가요?"

"지금은 저희도 몰라요. 출발시간이 나오면 방송으로 알려드리겠습니다!"
"KTX라도 타야겠는데?"

"그러는 게 좋을 거예요."
"나 원 참!"

설명과 설득 1

  설명과 설득은 비행기의 양 날개와 같다. 설명이 없으면 설득이 힘을 받지 못하고 설득이 되지 않으면 설명은 짜증을 부른다. 양쪽이 균형을 맞춰야 할 때도 있고, 비행기가 선회할 때 한쪽 날개가 기울 듯이 상황에 맞게 설명이나 설득 중 한쪽을 더 많이 쓰기도 한다.

"고객님! 광주공항에 폭설이 내려 비행기가 지연되었습니다." "언제 출발 예정인가요?"	설명 (사실)
"그게, 제설작업이 언제 끝날지 몰라서 저희들도 우선 2시간 지연결정을 하였습니다만, 더 지연될 수도 있습니다. 결항될 가능성도 있고요." "그럼 무작정 기다리란 말예요? 하염없이?"	설명 (불확실한 사실들은 짜증을 부른다)
"네! 죄송합니다. 저희가 계속 광주공항 당국과 연락을 취하고 있습니다. 기상청에 따르면 강설이 오후 4시까지 예보된다고 합니다. 상황이 변경되는 대로 안내 드리겠습니다. 급하신 고객님들을 위해 저희들이 KTX와 고속버스 시간표를 알아봤는데요, KTX는 12시 이후로 30분마다 광주행 좌석 여유가 있고, 고속버스는 15분마다 있다고 합니다. 좌석도 많다고 하고요. 여기서 지하철을 이용하시면 서울역까지 30분, 터미널까지 45분가량 소요됩니다." "어! 하는 수 없네, 그냥 KTX 타야겠어."	설득 (근거와 이유가 있는 사실들은 설득으로 연결된다)

항공사 **취업을** 준비하는 청년들을 위한 **안내서**

설명과 설득 2

설명이 곧 설득이 되는 문장을 보자.
요리보다 더 맛있는 메뉴 안내문이 아닌가?
눈앞에 음식이 보이고 입안에 침이 고인다.

햇볕에 말린 크렌베리를 곁들인 연한 채소.
삶은 배, 고르곤졸라 치즈.
진판델 비네그레트 소스로 무친 설탕 절임 호두.

석쇠에 구운 따뜻한 치킨 조각.
훈제 베이컨, 아삭아삭한 상추.
바다 소금을 뿌린 감자튀김 위에 따뜻한 치아바타 롤.

알랭 드 보통

주제의 초점을 찾아라

발표주제는 면접 당일 발표 한두 시간 전에 받게 된다. 짧은 준비시간에 상황을 얼마나 효율적으로 대처하는가도 평가대상이다. 시사이슈와 항공 산업 분야 상식에 관련된 주제가 5~6개 제시된다. 항공분야와 연관성이 있는 주제를 선택하면 회사 관심도와 이해도에서 좋은 평가를 받을 수 있고, 그렇지 않은 주제라도 항공 부문을 연관시키거나 사례로 언급하면 면접관의 관심을 유도할 수 있다.

당신이 준비했던 주제가 없더라도 실망하거나 당황하지마라. 주제를 세분화하여 자신 있는 부문을 찾아내어 연결해본다. 무리하게 억지스런 연결은 위험하지만 발표할 만한 주제를 하나도 찾을 수 없다고 지레 포기하지 마라. 면접관에게 양해를 구한 다음 비슷한 주제로 발표를 준비한다. 주제에는 맞지만 그저 그런 수준의 발표보다 주제와 어긋나더라도 뛰어난 발표가 면접관의 기억에 더 남는다. 발표의 목적은 지식을 가지고 설명하는 것이 아니라 진심을 가지고 문제를 해결하는 것임을 상기하라. 준비했던 주제가 없는 이 순간이 문제 상황이고, 극복하는 것이 해결능력이다.

주제가 포괄적으로 제시된다면 초점을 찾는다.

짧은 시간에 주제를 효과적으로 표현하려면 주제에서 하나의 개념을 찾아야 한다. 제목에 집착하여 전부를 표현하고자 하면 아무것도 남기지 못한다. 주제가 넓고 추상적이면 방향을 잃기 쉽다. 시선이 흐트러지고 내용이 공허하다. 주제를 구체적이고 현실적인 용어로 세분화한다.

주제 내에서 하나의 중심 개념, 하나의 핵심 메시지를 찾아본다.

'지방공항 활성화'라는 주제는 초점이 없다. 구체성이 떨어져서 막연하다. '항공레저스포츠와 지방공항 활성화'는 초점이 있다. 면접관의 마음에 메시지가 전해진다. "지방공항을 글로벌 항공인력개발 중심으로 육성한다."라는 표현은 면접관에게 하나의 개념을 심는다. 제목으로 내용의 반이 전달된다.

'4차 산업'이 주제어라면 'IoT를 이용한 공항에서의 승객 인식 서비스 개선'과 같이 주제를 쪼개어라. 쪼개진 초점이 선명하면 집중하게 된다. 집중하면 이해하려는 마음이 생긴다. 당신의 문제 접근 방식이 괜찮다고 평가된다.

'항공운송서비스 개선'은 마케팅, 기내서비스, 공항서비스, MRO[*], 예약이나 구매서비스로 찢어서 한 가지로 승부한다. 핵심어가 '마케팅 전략 방안'이라면 고객, 채널, 가격, 서비스제품로 구체화한다. 전공이 마케팅, 경영정보, 관광이라면 'NDC'를 이용한 모바일 유통 채널 확대 전략'과 같이 초점을 더 좁혀 전문성과 진취성을 드러내라.

[*]MRO : Maintenance, Repair, Overhaul. 항공기 정비, 수리, 재조립 지원시설.

[*]NDC : New Distribution Capability. 기존의 GDS(Global Distribution System)를 대체, 보완할 목적으로, 표준화된 XML을 사용해 항공편 조회, 예약, 발권, 결제를 쉽게 할 수 있도록 IATA가 개발한 시스템. 항공사는 NDC를 통해 항공권을 직접 판매하는 효과와 GDS사 지불 비용을 아낄 수 있다.

새로운 시각을 제시하라

새로움은 신선하지만 쉽게 발견되는 것이 아니다. 면접관들도 직장에서 항상 '새로워야 하는' 무엇으로 스트레스를 받고 있다. 연말이면 신년 계획에 뭔가 참신한 아이디어를 넣기 위해 회사 전체가 고민한다. 경영진은 매년 임원들에게 코끼리를 채울 수 있는 냉장고를 만들라고 화두를 던진다. 임원들은 팀장들에게 코끼리가 들어가는 냉장고를 만들 아이디어를 찾자고 독려한다. 회의가 길고 잦을수록 빠지는 머리카락 수도 늘어난다.

그럼에도 오늘 당신에게는 기대를 한다. 당신이 젊고 당신 자체가 새롭기 때문이며, 젊음은 꿈, 희망, 용기, 행동, 도전, 변화와 같은 특질을 면접관들에게 떠올리기 때문이다. 그러니 당신은 기대를 저버리지 마라. 당신의 아이디어는 새롭고 신선하다. 거칠고 서툴지언정 낡은 것이 아니다. 당신에겐 서툴고 새로운 것이 매끄럽고 낡은 것보다 어울린다. 참신함은 그런 것들로부터 나온다.

주제를 다른 방향에서 보라. 방향을 달리하면 새롭게 보인다. 새롭게 보이는 것은 창의적으로 여겨진다. 새롭게 생각하는 능력이 곧 창의성인 것이다. 창의성을 드러내기 위해서는 남들이 오른쪽으로 갈 때 왼쪽으로 가본다. '지그(Zig)할 때 재그(Zag)' 하는 것이다. 입사

후에는 당신도 여느 바른생활의 모범 회사원이 되겠지만 지금은 새로움을 시도할 때다.

*특질 : '젊음'은 방황, 시련, 아픔, 좌절, 열정 페이, 흙수저, 청년실업, 광탈 등의 이미지도 떠오르게 한다.
*지그(Zig)할 때 재그(Zag) : 「ZIG할 때 ZAG하라!」, 존 헤가티, 장혜영 옮김. 검은 양(羊)의 리바이스 광고를 만든 존 헤가티의 책 제목.

'시툰 정직이 교묘함보다 낫다.'

– 한비자 설림상(說林上) 편

2008년. 영국의 광고회사 BBH(Bartle Bogle Hegarty)의 리바이스 광고 Copy. '도대체 청바지는 어디에 있는 거야?'

생활에서 창의성이 엿보이는 행동들

1. 내가 행복한 이유를 10가지 이상 말할 수 있다.

2. 일을 하기 전에 목록을 만들고, 생각도구를 사용하여 계획을 세운다.

3. 때때로 멍하게 지내고 그 자체를 즐긴다.

4. 메모지나 노트 또는 노트북을 항상 가지고 다닌다.

5. 뭔가에 몰입하면 밤을 꼬박 새운다.

6. 인생의 멘토 또는 관심분야에 명확한 롤모델이 있다.

7. 누군가에게는 내가 그의 멘토나 롤모델이다.

8. 처음 만난 사람을 오래 사귄 사람처럼 대하는 재주가 있다.

9. 신문이나 잡지를 꾸준히 읽는다.

10. 때로 익숙한 길을 벗어나 돌아가거나 새로운 길로 간다.

11. 즐겁게 생활하고 상황을 긍정적으로 표현한다.

12. 청소를 잘한다. 자주하지 않아도 한번 하고 나면 머리가 맑아진다.

13. 초등학생이나 노인(어르신)과 긴 시간 동안 대화를 한다.

이외에도 당신의 일상에서 창의성을 드러내는 말이나 행위를 찾아보라.

항공사 **취업**을 준비하는 청년들을 위한 **안내서**

당신이 잠깐만 회사대표라고 여기고 생각해보라.

"이번 신입직원 면접에서 우리 회사의 성장 발전 방안을 주제로 해서 발표를 시켜봐. 괜찮은 애들을 발견할 수 있을지도 몰라. 미국 금리가 계속 오를 것 같으니까 금리와 환율 변동이 우리랑 어떤 관계에 있는지, 또 고령화는 피할 수 없는 현상인데 젊은 사람 입장에서 보는 관점이 뭔지 들어보는 것도 좋고, 유럽, 아프리카 시장으로 가야할 지 경쟁력을 찾는 아이디어를 물어보는 것도 괜찮을 것 같은데, 자네들(부하 직원들)보다야 신선한 아이디어가 나오지 않겠어?"

어떻게 하면 CEO의 관점에서 볼 수 있을까?

기업면접 PT 발표의 단골 주제인 'CSR'을 예로 생각해보자.

CSR은 이미지 홍보 관점의 소극적 방식에서 지속 가능Sustainable 환경의 필요성을 인식하고 기업의 경제적 효용과 사회적 가치를 함께 실현하고자 하는 방향으로 변화하고 있다. 사회가 기업으로 하여금 재무적 미래와 함께 사회적 기여가치를 고민하도록 요구하고 있는 것이다.

*CSR : Corporate Social Responsibility. 기업의 사회적 책임. 대표적 이론 모델로 기업의 책임을 경제적, 법적, 윤리적, 자선적 책임 순서의 네 가지로 정리한 캐롤(Archie B. Carroll)의 '피라미드 모델'이 있으며, 또 마이클 포터(Michael E. Porter & Mark R. Kramer)는 기업이 사회에 참여하는 정도와 방식에 따라 사회적 요구에 의한 대응적 CSR과 기업과 사회의 공유가치(CSV)를 창출하는 전략적 CSR의 두 가지로 분류하고 있다.

CSR의 진정한 의미가 '사람(People), 지구(Planet), 이익(Profit)'*
이어야 한다는 주장은 글로벌 기업들에겐 이미 진부한 개념이다. 이
제 기업들은 글로벌 눈높이에 맞는 CSR 활동을 하지 않으면 경쟁력과
지속가능발전을 기대하기 어렵다. CSR을 비용이 아닌 장기적 투자로
보고 선택이 아닌 필수요소로 인식해야만 한다. 기업의 건전성, 혁신
성, 성장성의 판단기준의 하나가 CSR 활동이기 때문이다.

*사람(People), 지구(Planet), 이익(Profit) : 3P. 3E(Equity, Economy, Ecology) 또는 TBL(Triple
Bottom Line, 3BL)이라고도 한다. Bottom Line은 손익계산서의 맨 아랫부분이 되는 '이익(성과)'
을 나타내는 회계용어인데, 기업은 재무적 성과 외 비재무적 성과인 환경, 사회적 성과도 이루
어내야 한다는 경영철학을 의미한다.

모범적 CSR을 실천하는 회사로 알려진 레고, 마이크로소프트, 구글
등의 사례를 참고하고, 우리나라 기업들의 CSR 사례와 전망에 대해서
도 알아둔다.

아래의 국내외 CSR 우수 기업 사례를 조사하여 참고하라.

> 기업평가기관 Reputation Institute사(社)가 매년 조사 발표하는 글로벌 베
> 스트 10 CSR 기업 (2017 Global CSR RepTrak®100. by RI) 순위.
>
> - Lego, Microsoft, Google, Walt Diseny, BMW, Inter, Bosch, Sisco,
>   Rolls-Royce Aeropace, Colgate-Palmolive.
> - 우리나라 기업으로는 삼성이 2016년 20위에서 갤럭시 S7 사태로
>   2017년도에는 89위로 떨어졌다가, 2018년에 다시 26위에 오름.

CSR 슬로건 사례

- 파타고니아(Patagonia) : Don't Buy This Jacket
- 탐스슈즈(TOMS shoes) : One for One
- 프라이탁(FREITAG) : Recycled Bag
- 와비파커(Warby Parker) : Buy a Pair, Give a Pair

GE Economization

- 하드웨어, 소비재, 산업재의 사업구조를 소프트웨어, 헬스, 에너지로 변신
- GE Elfun(Electrical Fund) - 직원과 퇴직자의 자발적 자원봉사 조직
- Fastworks, 산업용기기 OS인 프레딕스(Predix) 등으로 GE Way 창조
- 프레딕스 운용 사례 : 항공기 엔진 판매에 그치지 않고 센서를 부착하여 날씨, 비행기 착륙 데이터를 분석, 공항 착륙여건을 2배 이상 개선(뉴질랜드 Queens Town공항)함으로써 항공기 연료 절약과 지연율 감소 달성

우리나라 기업들의 CSR 사례

- 유한킴벌리의 시니어 비즈니스 CSV모델 '액티브 시니어 캠페인'
- CJ제일제당의 친환경 '화이트바이오 공법'
- KT의 '빅데이터 기반 글로벌 감염병 확산 방지 프로젝트'
- 일반기업과 금융회사의 사회적 기업을 지원하는 펀드 조성(SK와 KEC 하나은행의 사회적 기업 사모신탁), 기업 재능기부 형태로 주류 회사가 음주문화 캠페인을 하고 타이어회사들이 안전운전 캠페인과 운전교실 운영 활동들도 바람직한 CSR 사례이다.

기업의 이익이 우선이며 CSR은 기업의 이익을 지원하는 역할이라는 현실적 주장도 무시할 수 없다. 당장 한 푼도 남지 않는데 기여를 논할 수는 없는 것 아닌가. 회사는 이상론적, 원론적 담화 보다 현실적이며 구체적인 방안을 찾고 싶어 한다. 기업 본연의 기능인 우수한 상품과 서비스 생산으로 시장을 활성화시키고 이윤을 창출하여 내외부 고객 만족을 통한 고용과 투자 창출이 최고의 CSR이라고 논리를 펴는 것도 괜찮다.

항공사에 CSR은 어떤 의미일까? CSR의 개념을 확실히 인식하고 명쾌하게 말할 수 있어야 한다. 국내외 항공사들의 CSR 현황을 파악하고 유형을 분석한다. 언론이나 기업의 홍보자료에 나온 CSR 현황은 기본적으로 이해하고 있어야 한다. 외부에 드러나지 않는 회사 본연의 경영전략에서도 CSR(또는 CSV*) 활동이 있다.

*CSV : Creating Shared Value. 공유가치창조. 기업의 경제적 효용 증대와 사회, 환경적 가치를 통합한 개념이다.

연료효율성을 높인 첨단항공기를 도입하고 항공 연료를 절감하는 경영전략을 펼치고 재난지역에 구호물품을 운송하고, 이재민을 후송하고, 국가적·지역적 공익 행사를 후원하고, 해외 낙후지역과 환경오염지역에 인적·물적 자원을 지원하는 등 다양한 활동 등이 CSR 사례라 하겠다.

기업의 CSR 활동 효과를 주관적으로 판단하고 앞으로 어떤 방향과 방식으로 CSR이 전개되어야 하는지 당신의 아이디어를 제시해 보라.

'장사란 이익을 남기기보다 사람을 남기기 위한 것'이다.

– 임상옥

각 회사의 CSR 활동은 회사마다 매년 발행하며 홈페이지에 수록하고 있는 '지속가능경영보고서'에 상세히 나와 있으니 찾아서 읽도록 하자.

'서비스 향상과 절차 개선'이라는 주제도 실제적이며 지속적 관심사이다. 서비스를 향상하고 개선한다고 해서 돈을 투자하는 것만 생각할 필요가 없다. 항공사들이 가지고 있는 고민이나 승객들이 보편적으로 생각하는 불편을 찾아내 바꿔보는 아이디어도 좋다.

간단한 예를 들어보자.

미국, 유럽 항공사들은 비만승객 탑승 문제로 골치가 아프다. 우리나라 항공사들은 아직 뚱뚱하다고 탑승을 거부한 사례는 없지만 우리 국민들의 비만율 증가세로 보아 머지않아 우리 항공사들도 같은 처지가 될 가능성이 있다.

*비만율 증가세 : OECD의 '비만 업데이트 2017'에 따르면 한국 성인(만 15세 이상) 비만율은 5.3%이나, 2020년이면 6%, 2030년에는 9%로 증가할 것으로 예측. 동아일보. 2017.5.2.

'비만승객 탑승절차 방안'이라든가 '(빅 사이즈 승객용) 탄력 좌석 운영 아이디어' 같은 주제를 놓고 당신만의 시각을 표현해 보라.

항공사들의 CSR 사례

Jet Blue

저소득층 거주지역 불우아동을 위
해 무료도서 배급기계를 설치하여
운영. 'Free book vending machines'

KLM

자전거 천국 네덜란드의 버려질 자전거
를 고쳐서 케냐, 에콰도르에 공수하여
배급. 'KLM gives used bikes a second
life in Ecuador and Kenya'

Southwest

폐기할 기내좌석 가죽으로 스포츠용품
생산. 아프리카의 NGO 단체와 연계하여
스포츠용품을 생산, 일자리 창출 기여.
"Luv seat : Re purpose with Purpose"

대한항공

몽골 쿠부치 사막 생태림 조성. 2007년부
터 매년 직원들이 가서 나무를 식재한다.

아시아나

아름다운 교실. KOICA와 협
력하여 해외 낙후지역에 교
육환경 지원

출처: Air Trends.com, 대한항공, 아시아나 홈페이지.

항공사 취업을 준비하는 청년들을 위한 안내서

'초과예약과 예약부도' 주제로 발표하는 것을 예로 들어보자.

초과예약과 예약부도

비행기가 출발하면 빈 좌석은 상품 가치가 소멸합니다. 호텔의 객실이나 공연장의 객석과 같이 비행기 좌석도 재고로 저장할 수 없는 소멸성을 특징으로 합니다.

빈 좌석은 공급이 수요를 초과하여 발생하기도 하지만 성수기에는 예약 승객의 노쇼(No show)가 주원인입니다. 초과예약정책은 노쇼로 인한 공석을 잠재 고객들에게 돌려주고 항공사에는 수익을 극대화시켜주는 제도입니다.

때로 노쇼율 예측이 맞지 않아 좌석이 부족한 경우도 발생하지만 대체로 고객과 항공사에 긍정적 효과를 더 많이 준다고 생각합니다.

예약부도, 즉 노쇼를 방지하기 위해서는 체계적 예약 관리와 건전한 예약문화 조성이 (……)'

이건 초과예약제도로 인해 문제가 되었을 때 항공사 입장을 대변하는 보도자료 같다. 면접관이 다 아는 이야기를 길게 말하고 있다. 면접관은 지루하다. 당신의 발표가 끝나기만을 기다린다. 당신의 의견을 말해야 한다. 당신이 말하는 의견이 꼭 기발하거나 전문적이거나 현실성이 있을 필요는 없다. 주제를 '초과예약 편 알림서비스'로 하면 어떨까?

초과예약 편 사전 알림을 통한 공항서비스 개선 방안

초과예약은 회사 수익과 고객서비스를 위해 반드시 필요한 제도입니다. 문제는 제도 자체가 아니라 운영절차라고 생각합니다. 운영절차를 개선하면 업무효율성과 고객서비스를 모두 향상시킬 수 있습니다. ××항공이 초과탑승 때문에 탑승한 승객을 강제로 끌어내려 화제가 됐었는데 저는 항공사가 왜 탑승시작 전에 거절하지 못했는지가 궁금했습니다.

*초과탑승으로 이미 탑승한 승객을 내리게 하는 과정에서 승무원이 승객을 폭행한 사건. 전 세계적으로 보도되어 일반인들이 항공사의 초과예약정책에 대해 알게 되는 계기가 되었다.

나름대로 조사해 본 바로는 지상직원과 승무원과의 의사결정 채널이 제대로 돌아가지 않았다는 것, 그리고 예약고객들에 대한 안내절차가 적절히 이루어지지 않았다는 것 두 가지라고 결론내렸습니다.

먼저 해당 편 예약된 고객들에게 초과예약 상황과 대체 편을 이용할 경우의 보상범위와 유리한 점을 효과적으로 알리는 방안을 활용하여 자발적 협조 승객의 폭을 넓혀야 합니다.

세 개의 세부절차가 있을 수 있습니다.

우선, (……)

또는 국내 구간에 한해서 초과예약 제도를 폐지하는 것을 제안해도 괜찮을 것 같다. 제도 유지와 폐지와의 득실 효과에 대해 나름의 논리를 펴면 신선하지 않겠는가. 이에 대해 고객과 회사 입장에서 SWOT 분석으로 당신의 의견을 생각해보라.

발표는 정답을 맞히는 필기시험이 아니다. 답은 정해져 있지 않다. 남들이 정답이라고 생각하는 방향에서 벗어나 당신이 정한 방향으로 간다. 다들 오른쪽을 갈 때 왼쪽으로 가보는 것이다.

항공사 취업을 준비하는 청년들을 위한 안내서

아이디어 정리

　주제를 정했고 아이디어도 있는데 머릿속이 뒤죽박죽이다. 뭐부터 해야지? 발표시간은 몇 분에 불과하므로 얼개를 만들어 이야기를 구체화시켜야 한다. 당신의 주장과 논리를 면접관들에게 시각화시키는 것이 목표다. 스케치하듯 윤곽을 그리고, 차례대로 머릿속에 배치해야 한다. 다음과 같은 방법으로 연습하라.

마인드맵 Mind Map

　마인드맵은 보이지 않는 생각들을 지도처럼 그려서 시각화하는 유용한 도구로 널리 쓰인다. 막연한 내용과 정보들을 연결해서 입체적으로 나타내는 데 효과적이다. 그리다 보면 개념들을 빨리 정리하고 새로운 내용을 끄집어내고 필요 없는 것들을 버릴 수 있다. 발표할 때 머릿속 지도를 따라 가면서 정보를 찾고 전체를 파악하여 일관되게 이야기할 수 있다. 좋아하는 마인드맵 형태를 준비하여 연습해보면 익숙해진다.

PC로 마인드맵핑 도구*를 쓸 수 있지만 백지에다 그려보는 것이 훨씬 도움이 된다. 발표 당일에는 예상 주제별로 큰 가지를 미리 그려놓아 두는 것도 좋다. 작성시간을 절약할 수 있다.

*Mind Map :영국 작가 Tony Buzan이 1970년대에 만든 아이디어와 기억 관리기법. '생각의 지도'라 불리며 기억들을 이미지화하는 강력한 도구이다.
*마인드맵핑 도구 : MindMeister, MindNode2, Coggle 등의 컴퓨터와 웹 애플리케이션이 있음. 면접 발표에서는 색깔 펜을 사용하여 손으로 하는 것이 가장 효과적이다.

 Mind Map : 공항이라는 주제어를 가지고 그린 마인드맵

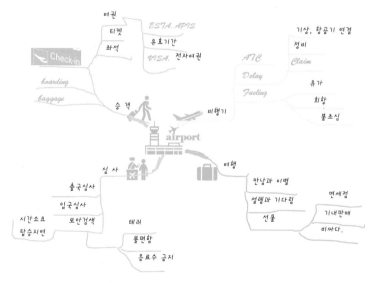

맵 그리기가 부담스럽다면 일정한 포맷을 사용해도 좋을 것이다. 대표적인 도구로 '만다라트(MandalArt)'* 기법이 있다. 만다라트는

항공사 취업을 준비하는 청년들을 위한 안내서

맵의 중앙에 주제를 놓아두고 사각형태로 생각들을 적어나가면서 점차 사방으로 확장시키는 마인드맵을 만드는 방법 중 하나이다.

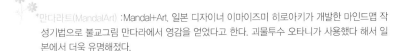

*만다라트(MandalArt) :Mandal+Art. 일본 디자이너 이마이즈미 히로아키가 개발한 마인드맵 작성기법으로 불교그림 만다라에서 영감을 얻었다고 한다. 괴물투수 오타니가 사용했다 해서 일본에서 더욱 유명해졌다.

다음은 LCC(Low Cost Carrier. 또는 LCA-Low Cost Airline)를 주제로 하여 작성한 만다라트 예시이다.

만다라트 예시

비행기 종 통일	허브 켈러허	유머	비행기 무게 줄이기	승무원+지상직	예약 시스템	티웨이	제주 노선	제주 항공
멀티플 레이어	사우스 웨스트	Fun 경영	공항 절차	비용 절감	탑승 간 소화	포화 상태	한국	뉴모델 개발
10분 전략	직원 중심	2nd 공항	비상구 유료화	서류 축소	수속 간 소화	진에어	전용 터미널	에어 부산
절차 간 소화	약한 보상	정비, 정시성	사우스 웨스트	비용 절감	한국	안전 모델	춤	기내 오락
상품 단순화	편리/불편	장시간 대기	편리/불편	LCC	재미, Fun	마술	재미, Fun	PDA
쉬운 예약	기내 wifi	쉬운 체크인	유럽	수익성	아시아	인사법	선물	기내식
Virgin Air	기내 광고	EasyJet	기내식 상품화	기내식 유료화	수하물 규제	에어 아시아	토니페르난데스	객실 승무원
리차드 브렌슨	유럽	1유로	서비스 소품 상품화	수익성	선물	비키니	아시아	인디고
Norwegian	CEO 마케팅	Ryan Air	우선 탑승	시설 활용도	승무원 모델	비엣젯	프랜 차이즈	컬러

만다라트 형식을 이용하여 작성하다 보면 주제어문제의 확장단어와 개념을 떠올릴 수 있고 빈칸을 채우고 싶은 심리적 욕구로 다양한 아이디어를 떠올릴 수 있다. 이렇게 떠오른 생각이나 개념들을 문장으로 바꾸고 발표에서 이야기로 풀어나가면 된다.

마인드맵을 창안한 토니 부잔Tony Buzan은 마인드맵을 만들 때 다음과 같이 7단계를 지켜야 한다고 조언한다.

7 Steps to Making a Mind Map

1. 종이의 가운데에서 그리기 시작하라. 사고가 자유롭게 확장할 수 있다.

2. 중심이 되는 생각을 나타내기 위해 이미지나 사진을 이용하라. 그림이나 사진이 상상력을 활용하기에 글보다 훨씬 가치 있다.

3. 전체적으로 3가지 이상의 색깔을 사용하라. 색깔은 상상력을 자극하고 흥미를 일으킨다.

4. 중심이미지에서 주가지-하위가지로 연결하라. 주가지의 끝에서부터 부가지로 연결한다. 그리고 부가지의 끝에서 세부가지를 연결한다. 이렇게 하면 이해하고 기억하기 쉽다.

5. 직선보다 구부린 가지를 만들어라. 우리의 뇌는 직선을 좋아하지 않는다.

6. 각 가지마다 하나의 키워드만을 사용하라. 하나의 단어가 힘이 있고 유연하다.

7. 전체적으로 이미지를 사용하라. 이미지 하나는 1,000개의 단어와 같다.

항공사 취업을 준비하는 청년들을 위한 안내서

이슈트리 Issue Tree

복잡한 문제를 개별 요소들로 분해하여 도표로 나타낸 것을 이슈트리Issue Tree 또는 Logic Tree라고 한다. 생각이 흐르는 대로 적고 단계를 나눈 다음 서로 연결시킨 것으로 전체 속의 부분 개념들을 연관되게 정리하는 효과가 있다. 생각들을 하나씩 적어 나가다보면 나뭇가지처럼 뻗어나가는 모양이어서 트리란 이름이 붙여졌다.

이슈트리 방식은 혼란한 상황과 문제를 구체적 구성요소들로 나누어 업무분장을 구조화하고 우선순위를 정하며 문제해결을 위한 사전분석에 효과적이다. 발표를 준비함에 있어서도 주제의 핵심에 접근하고 문제를 찾아내 해결하는 데 유용하게 쓸 수 있다.

발표준비에 쓰기에는 마인드맵과 비슷한 도구이나, 내용을 구조화하는 데는 이슈트리가 더 유용하다고 본다. 이슈트리를 작성하는 방법에는 몇 가지 유형 이 있지만, 이슈나 프로젝트에 대한 사전지식이 없을 경우 주로 사용하는 '가설주도 방식'으로 예를 들어보자.

유형 : 먼저 가설을 제시하고 거꾸로 '왜'와 '어떻게'를 따져가는 가설주도 방식과 이슈에 대해서 '예'와 '아니오'로 구분해가면서 배열하는 이슈맵 방식이 있다. 「로지칼 라이팅 Logical Writing」, 데루야 하나코, 송숙희·박지현 옮김, 리더스북.

'공항서비스 개선'이란 주제문제를 이슈트리로 작성해보자.

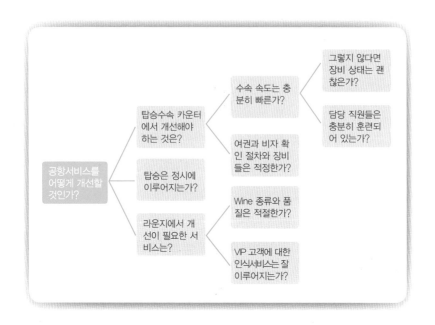

이슈트리를 만들 때는 MECE 원칙을 지켜야 한다. MECE란 Mutually Exclusive and Collectively Exhaustive를 줄인 말로 하위개념들이 서로 배타적이지만 빠지지 않게 분해Break-down되고 정리되어야 한다는 원칙이다. 전체를 이루는 데 빠지는 것 없이, 또 서로 공통적 속성을 가지지 않도록 정리한다는 것인데, 복잡하고 큰 문제를 잘게 부분으로 나누되 빠지는 요소가 생기지 않게 논리적으로 체계화하는 것이다. 미씨me see 또는 그냥 엠이씨이로 읽는다.

예를 들어, ○○항공이 보유한 항공기를 분류할 때 좌석 수에 따른 크기를 기준으로 하면 개별 항공기는 대형기, 중형기, 소형기의 한 카테고리에만 속하므로 크기에 대한 공통점은 배타적이지만, 투입노선

항공사 **취업을** 준비하는 청년들을 위한 **안내서**

을 기준으로 나누게 되면 대형기는 장거리와 단거리 양쪽 노선에 투입될 수 있기에 속성이 겹치게 되므로 MECE하지 않은 것이 된다.

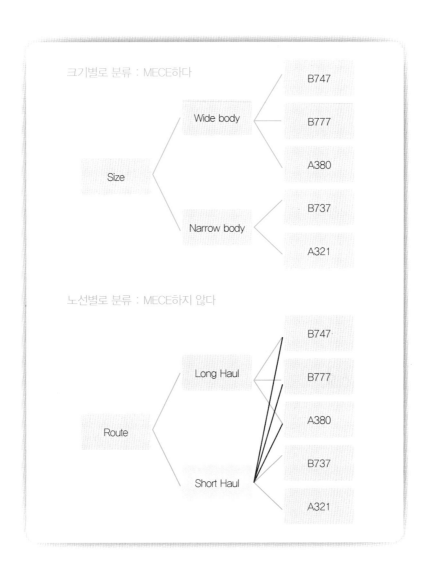

이번 분기 수지가 좋지 않았으니 다음 분기의 영업수지를 개선하기 위해서 어떻게 접근해야 할까? 라는 문제로 이슈트리를 간단히 작성해보자.

　MECE가 이슈트리 작성의 중요한 기준이긴 하지만 짧은 시간에 모든 것을 누락되지 않고 중복되지 않게 파악하기가 쉽지 않다. 이슈트리나 MECE는 아이디어를 모으는 하나의 도구일 뿐이다. 면접에서는 아이디어 자체가 중요하므로 이론적인 틀에 너무 집착할 필요는 없다. 면접관은 당신의 발표에서 완벽한 논리나 결론을 기대하지는 않는다. 여러 번 연습하여 핵심단어와 개념들을 체계화시키며 기억하는 실력이 중요하다.

　위의 '공항서비스 개선'의 예에서 '환승서비스' 부문을 추가하면 다음과 같이 되어 MECE 기준을 벗어나게 된다.

▽ 환승은 '수속속도'와 '서류 확인' 프로세서 개념과 중복됨

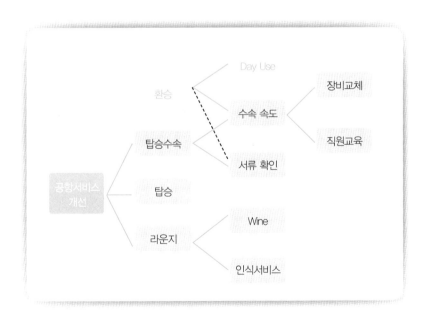

아래의 항공사 마케팅 관련 뉴스를 보고 마인드맵 또는 이슈트리 방식으로 분석해 보라.

아시아나항공, 고객 중심으로
홈페이지·모바일 전면 개편

아시아나항공이 공식 홈페이지와 모바일을 전면 개편했다고 21일 밝혔다. 개편된 홈페이지와 모바일은 사용자의 편의성을 높이는 데 주력했다고 회사 측은 설명했다. 이를 위해 고객의 예약 단계를 고려한 메뉴 체계 변경, 사용자 중심의 기능을 강화했다.

이번 개편에는 △노선별 최저가 정보를 한눈에 확인할 수 있는 '최저가 간편 조회' △한 화면에서 조회, 결제까지 진행이 가능한 '빠른 예매' △모바일 앱과의 '스마트워치 연계' △주요 정보 상시 조회가 가능한 '위젯' △기내에서 모바일 앱 이용이 가능한 '비행기 모드' 등 다양한 기능이 신설됐다. 고객의 기존 예약 정보를 기반으로 맞춤 정보를 제공하는 '고객 선호정보 개인화' 기능도 강화됐다. (…… 후략)

출처 : 항공포털, 파이낸셜뉴스, 2018.8.22.

내용 구성하기

마인드맵이나 이슈트리로 찾아낸 아이디어를 논리적으로 구성하여 전체 흐름을 머릿속에 담아두어야 한다. 발표내용을 구성하는 데 도움이 되는 방법을 알아보자.

스토리보드

만화나 영화를 만들 때 아이디어를 글과 그림으로 표현한 메모를 스토리보드라고 한다. 스토리보드 형식을 활용하여 발표내용을 구성하면 스스로에게 이야기하는 효과가 있어 기억하기 쉽다. 스토리보드는 포스트잇을 이용하면 효과가 크다. 휴대에 간편하고 색깔이 다양하여 포스트잇 한 장을 파워포인트 슬라이드로 간주해서 만들면 단계별로, 또는 맥락별로 분류할 수 있고, 자료가 달라지거나 아이디어가 바뀔 때 쉽게 떼고 붙이고 이동하고 자유롭게 전환할 수 있다. 자료를 분류할 때도 포스트잇 한 장에 하나의 주제로 기록하고, 나중에 유사 자료를 모으면 된다. 색깔별로 사용하여 유형을 구분하기도 간편하다.

포스트잇 대신에 A4지에 스토리보드 포맷을 만들어 준비해 가는 것도 좋다. 내용을 원하는 분량(2분 기준으로 6~8칸)으로 미리 한정할 수 있고, 키워드 중심으로 정리하여 비교적 쉽게 시각화할 수 있는 장점이 있다.

다음은 'IT기술을 융합한 고객서비스 개선 아이디어'라는 발표주제가 주어졌을 때 '위치기반 스토리 가이드 애플리케이션으로 서비스 개발과 수익 증대 방안'으로 주제를 세분화하여 스토리보드 포맷을 활용하여 발표내용을 요약 구성한 것이다.

1. 위치기반 스토리 가이드 App 휴대폰 App을 통해 한국 방문 외국인에게 서울시 주요 장소에 대한 이야기를 들려줌 제안배경	2. • 시내 교통 이용 이동 시 주요 장소에 대한 역사, 이름 유래, 현재 Hot Place 배경 등 이야기로 제작 • 기내에서 App 설치 안내 영상 상영 요약 (결론 암시)	3. • 공항 → 다운타운 • 대중교통 • Historical Place • Hot Place • 쇼핑 메인화면 구성기준
4. • 리무진 노선별 • 지하철-버스 App 연결 • 장소별 데이터 구축 • 한류 문화 데이터 연계 가지 화면 카테고리별 3개 제시	5. • 공항서비스와 연계 • 기내서비스와 연계 • 출발 편 정보 제공 • High Class 라운지 입장 시 인식서비스 • 정시운항 제고 채널	6. • ○○항공 이미지 향상 • 우리나라 여행 즐거움 배가 • 고객서비스 제고 회사 온라인 채널 연계로 예약, 공항 서비스 강화와 판매수익 제고 결론 기대효과

항공사 취업을 준비하는 청년들을 위한 안내서

PREP

PREP는 Point Reason Example Point의 머리글자를 딴 약어이다. ❶ 결론요점을 먼저 말하고 ➡ ❷ 그렇게 말한 이유를 들려주고 ➡ ❸ 그런 사례를 제시한 다음 ➡ ❹ 처음의 결론을 한 번 더 반복해서 말하기 기법이다. PREP는 짧은 발표에 활용하기 좋은 도구이다.

우리 일상에서 익숙하게 쓰이는 PREP 사례를 보자.

"(요점은) 정류장에서 담배를 피우면 안 된다는 것입니다."

"(왜냐하면) 다른 사람에게 간접흡연으로 피해와 불쾌감을 줄 뿐 아니라, 법으로 금지되어 있죠. 위반하면 벌금이 10만원입니다."

"(예를 들어) 지난주에도 한 사람이 이 정류장에서 담배를 피우다가 시민들의 신고로 처벌을 받았습니다. 금연구역 흡연을 신고하는 사이트도 있으니 조심해야 되겠죠?"

"(그러니까) 앞으로 다시는 정류장에서 담배 피우지 마세요. 아시겠어요?"

주제 : 유가 및 금리와 항공사업과의 관계

– 유가, 금리, 환율이 항공운송사업에 미치는 영향과 대응 방안 중심

순서
① 잠재 결론
② 저유가
③ 저유가 추세
　저유가 타산업 영향
④ 환율 변동 영향
⑤ 금리 영향
⑥ 결론

① 잠재 결론
✓ 유가변동성 대비
　재무위험관리
✓ 고효율항공기 선제
　투자
✓ 효율적 비용 관리

② 저유가
✓ 好 : 연료비 점유율 감
　소(35→45%)
✓ 惡 : 유류할증료수입 감소
✓ 배럴당 1$→3,000만$
　순익 증감

③ 저유가 기도 지속
✓ 영업수지 호재(장거리
　노선 이익 증가)
✓ 공급 확대 – LCC 확산
　추세상승
✓ 항공기제조업체?

③-1 저유가 – 타 산업 영향
• 好 : 신재생에너지,
　자동차(?)
• 惡 : 조선, 정유, 건설

④ 환율상승 (원화하락)
✓ 달러 결제 비율 – 매출 :
　비용 = 35%:65% =
　수입<비용
✓ 내국인 수요 증가>외국
　인 수요 감소

⑤ 금리변동
• 변동금리 차입금에 영향
• 금리 1% → 8천 만$ 이자
　비용 증감

⑥ 결론
✓ 유가 – 재무위험 관리
　체제 가동 시점
✓ 고효율항공기 유가 변동
　조건부 구매
✓ 유류비 절감 아이디어
　도출

다음과 같이 구성된다.

Point	• 주장하는, 강조하는 말 • 짧고 간결한 문장으로 결론을 말한다.
Reason	• 주장의 이유 • 이유를 말하여 근거를 보인다.
Example	• 이유를 뒷받침하는 사례 • 결론과 이유를 받쳐주는 사례를 제시한다.
Point	• 주장 반복, 강조 • 이유, 사례를 요약, 언급하며 결론을 반복한다.

흔한 사례를 하나 더!

PREP 말하기 사례

재석아! 공부 열심히 해!

Point - 주장, 잠정 결론

이번엔 1등 해야 될 거 아니야!
레고 새로 갖고 싶다고 그랬잖아?

Reason - 주장하는 이유, 배경, 주관적
2분 발표에서는 3개 정도 제시한다.

저번 중간고사 때는 80점밖에 못 받
았지?

Example - 사례, 주장하는 이유를 뒷
받침하는 객관적 예시 또는 기준

그러니까 오늘부터 놀지 말고 집중해
서 공부해, 알았지!!

Point - 주장 반복. 결론 강조

P.R.E.P는 잘 활용하면 당신의 발표설득력을 높일 수 있다. 처칠 수상이 즐겨 사용했다고 해서 '처칠식 스피치'라고도 한다.

앞에서 언급한 CSR을 PREP로 요약해보자.

발표주제 : CSR 왜 필요한가?

CSR, 기업 자신을 위해서 필요합니다.	Point
그 이유로 세 가지를 들겠습니다. 우선, 이제 기업은 자신의 생존을 결정하는 이해관계자 범위가 다양해져 사회적 연결을 외면할 수 없습니다. 또, 기업의 CSR이 전체 사회경제 효율성을 높이기 때문입니다. CSR이 우수한 기업에는 구매와 투자가 집중됩니다. 끝으로, CSR이 곧 기업인 시대입니다. 기업은 이제 시장의 관점에 사회적 윤리적 책임과 비시장적 제반 요소까지 통합하여 경영전략을 세우지 않으면 시장에서 생존할 수 없게 되었습니다.	Reason (세 개의 이유는 두 개나 네 개보다 낫다. - 4부 토론편의 숫자 3의 효과 참조)
CSR에 둔감했거나 무관심했던 기업들이 어떤 대가를 치렀는지는 과거 소니의 PS2, 나이키의 아동노동착취 사건, 최근의 폭스바겐 사태에서 확인할 수 있습니다. 우리나라도 60년 이후 100대 기업 중 살아남은 기업은 10개밖에 되지 않습니다. 기업은 정부, 국제기구, 시민사회에서 통합적 CSR에 대해 감시와 검증을 받는 세상에 속해 있습니다.	Example (사례도 세 개가 설득력이 있다)

항공사 **취업**을 준비하는 청년들을 위한 **안내서**

따라서 CSR은 사회를 건강하게 하고 경제 효율성을 높여서 결국 그 최대의 혜택인 기업으로 돌아오는 것이므로 기업 자신을 위해서 반드시 필요한 지속경영 활동입니다.

고 정주영 회장은 "개인이나 단체가 내 볼일 먼저 다 보고 난 뒤 남은 것으로 나보다 불우한 사람을 돕겠다면 생애를 마치는 날까지 단 한 사람도 제대로 돕지 못할 것이다."라는 유명한 말을 남겼습니다.

진정한 CSR은 기업이 이익을 생각하기 전에 실천하는 것이 기업의 이익임을 인식하는 것에서 시작된다고 봅니다.

Point
(마지막 Point에서는 단순 반복이 아닌 주장에 날개를 달아주도록 한다. 탁월한 위인을 인용하거나 본받을 만한 사례를 활용하거나 약간의 감성을 입히는 것도 좋다)

PREP 방식을 이용한 간단한 자기소개 발표를 보자.

↓ 저는 강인한 체력과 그 못지않은 인내력이 있습니다.　Point - 역량=체력+인내력

↓ 풀코스 마라톤을 완주할 수 있고, 뚜렷한 삶의 목표를 향해 꾸준히 달리고 있습니다.　Reason - 역량 → 비전

↓ 작년 여름 ○○마라톤은 3시간 34분으로 주파하였고, 지금도 ○○항공의 출발게이트를 향해 저의 열정과 도전은 멈추지 않고 달리는 중입니다.　Example - 역량 증명

저의 검증된 체력과 열정적 인내력을 마음껏 활용해주시기 바랍니다.　Point - 역량 강조-주제와 연결

비행단계

항공기 비행단계를 따라 발표내용을 구성할 수도 있다.

항공기의 비행은 크게 5단계로 나뉘는데, 이륙Take-off – 상승Climb – 순항Cruise – 하강Descent – 착륙Landing으로 하나의 플라이트Flight가 완성된다. 발표내용을 항공기 비행단계를 응용하여 ❶ 도입 ➡ ❷ 상승 ➡ ❸ 전개 ➡ ❹ 접근 ➡ ❺ 결론으로 나누어 구성한다. 항공기가 비행하는 이미지로 주제의 중심 개념을 기억하게 되면 체계적으로 이야기를 풀어나갈 수 있다.

항공기가 이륙 전부터 목적지를 밝히듯이 비행단계를 응용한 발표 구성도 도입단계부터 결론을 예고하고 있다. 면접관은 어떤 논리적 상승을 지나 결론이 증빙이 되고 마무리될지 관심을 가지게 된다.

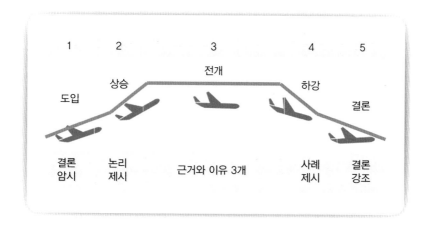

항공사 **취업**을 준비하는 청년들을 위한 **안내서**

대규모 공항에 새로운 터미널을 건설하게 되면 많은 항공사들이 고객서비스 향상과 자사의 이미지 제고를 위해 새 터미널로 이전하려고 한다. 특히, 대형 국적항공사들은 터미널을 전용하려는 의지가 강하다. 2018년 1월 개장한 인천공항 새 터미널을 두고 입주를 주장하는 항공사의 사례를 비행단계 기법으로 응용해보자.

비행단계 따라 하기 : 인천공항 신 터미널 사용 항공사 결정 문제

1) 인천공항은 우리나라의 대표공항이자 관문공항이다.
2) 신 터미널은 인천공항의 중추적 터미널이다.
3) 신 터미널을 제1위 항공사인 ○○항공이 입주해야 한다.

도입

우리나라 대표공항이며 중추적 터미널은 우리나라를 대표하는 항공사가 사용하는 것이 마땅하다.

1) ○○항공은 규모와 노선망에 있어 우리나라 1위이며 대표항공사이다.
2) ○○항공이 우리나라 대표항공사임은 국내외적으로 공인된 사실이다.
3) 작년 항공운항횟수 총 ○○회, 여객운송실적 ○○만 명으로 우리나라 국적항공사 전체 운항 실적의 ○○%를 점유한다.

상승

신 터미널은 커스터마이제이션(Customization) 개념의 설계다(터미널 기본계획서 제시).

1) Customization을 이루기 위해서는 단일 항공사가 사용하는 것이 바람직하다(장점 제시).
2) ○○항공은 운송규모가 신 터미널의 가용능력과 일치한다(증빙자료 제시).
3) 향후 증설 계획도 ○○항공의 규모 증가 예상치와 일치한다(증빙자료 제시).

전개

1) 신 터미널은 인천공항뿐 아니라 국가적 과제인 환승 허브공항으로 도약하기 위한 플랫폼 기능을 해야 한다. 2) 우리나라 최대의 환승점유율을 차지하는 ○○항공이 신 터미널에 입주해야 허브공항으로서 기능을 발휘할 수 있다.	하강
1) 마지막으로 대부분 항공산업 선진국에서는 자국의 대표공항에는 자국의 대표항공사에 전용터미널을 배정하여 운용한다. 이는 항공사 배려이기보다 자국의 항공산업 경쟁력 강화와 국가의 이익을 위한 것이다. 2) 우리나라 역시 미래의 항공산업이 성장하기 위해 국내 1위이자 세계 10위권에 있는 ○○항공에 전용터미널을 배정하는 것이 국가적 이익에 부합하는 것이다.	결론

비행의 실제 단계는 8단계로 구분한다.

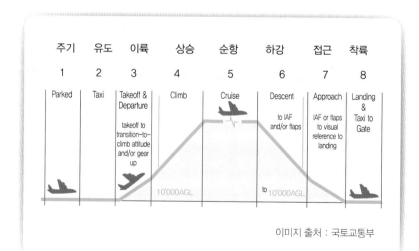

이미지 출처 : 국토교통부

항공사 **취업**을 준비하는 청년들을 위한 **안내서**

AIDA

　마케팅에서 흔히 사용되는 AIDA 전략을 응용하여 발표내용을 구성할 수 있다. Attention(면접관의 주의를 끌고), Interest(흥미를 일으켜서), Differentiation(차별화한 후), Action(면접관의 선택을 이끈다)

AIDA : Attention 또는 Awareness(주의, 인지) ➡ Interest(관심, 흥미) ➡ Desire(욕망, 확신) ➡ Action(구매). 소비자 구매행위 경로를 단계별로 구분한 마케팅 용어. D-Desire를 Differentia-tion으로 바꿨다.

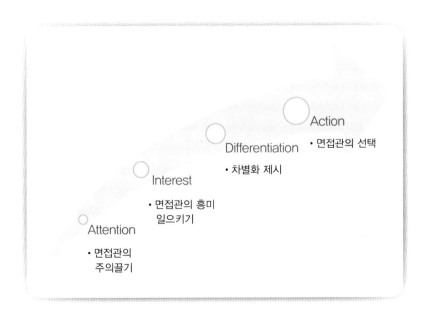

AIDA '자기소개'

람보와 KFC, 제 인생의 롤모델입니다.

Attention

면접관이 주목한다.
'뭔 소리 하는 거지?'

람보의 주인공 실베스타 스탤론은 1,300번을 거절당한 뒤 드라마 배우가 될 수 있었고, KFC 창업자 커넬 샌더스는 나이 예순에 프랜차이즈 사업에 도전하여 1,008번째 만에 납품계약을 성공시켰습니다. 한 사람은 열정의 대명사로, 또 한 사람은 끈기의 대명사로 불립니다. 열정과 끈기는 같은 말입니다.

Interest

흥미를 갖게 된다.
'아! 그런 뜻!
그래서?'
면접관은 항상
'무엇'보다 '그래
서?'를 기대한다.

저는 매사에 끈기라는 능력은 부족하다고 여겼습니다. 첫 수능에서 실패한 뒤 동네 공원에 앉아 낙담하여 여러 가지 잡념으로 하릴없이 앉아있을 때였습니다. 한 꼬마아이가 자전거를 배우고 있었습니다.

Differentiation

당신의 경험과 사례
를 이야기한다.
경험에서 얻은 교훈
을 강조한다.

아이가 넘어지자 엄마가 "현우야! 이제 그만 타! 내일 아빠랑 다시 배우자. 또 넘어지면 정말 다치겠어!" 하곤 아이 자전거를 잡으려했죠. 아이가 "어젠 10번 넘어졌는데? 오늘은 겨우 두 번이야!" 라고 대답하는 걸 들었습니다.

그 순간 저도 자전거를 처음 타던 어린 시절을 떠올리며 깨닫게 되었습니다. '아! 나도 저랬던 것 같아. 근데 지금은 왜 이러고 있지?'

그 이후 천 번을 도전하는 마음으로 끈기 있게 공부하여 원하던 학과를 가게 되었고 지금 이 자리에 설 수 있는 기회를 가질 수 있었습니다.

PREP 방식을 응용하라.

끈기는 타고나는 것이 아니라 훈련으로 가질 수 있다는 걸 알았습니다. 높은 산일수록 바람이 강하고 고통이 클수록 성취감도 큽니다.

장기적인 목표를 향해 끊임없이 헌신하는 끈기와 열정으로 맡은 직무를 완수해 나가겠습니다.

Action

면접관이 이해한다. 당신이 끈기가 있는 사람이고 발표에서 열정이 느껴진다.

사례 하나 더!

'4차 산업과 항공 산업' 주제로 발표

ICT 발전지수 세계 175개 국가 중에 1위, 우리나라가 IT 강국답게 ITU, 즉 국제전기통신연합에서 매년 발표하는 국가별 정보화지수에서 올해도 1위입니다. 그러면 '4차 산업혁명 국가별 적응력 순위'는 어떻게 될까요?	**Attention** 면접관이 주목한다.
글로벌 금융 그룹 UBS 조사에 따르면 우리나라는, 놀라지 마십시오, 말레이시아보다 뒤진 25위에 머무르고 있습니다. 정부도 4차 산업혁명이 우리나라 경제의 미래성장을 위한 활주로가 되어야 함을 인식하고 핵심 분야를 선정하여 전략적 추진계획을 세웠습니다.	**Interest** 흥미를 갖게 된다.
항공산업에서의 4차 산업은 항공기 제조기술 자립화, 빅데이터, 그리고 서비스 프로세서 고도화, 3개의 키워드로 요약할 수 있습니다. 먼저, 항공기 제조기술 자립화에 대해, (……)	**Differentiation** 의견, 주장을 말한다. 국내외 사례를 제시한다.
이와 같이 4차 산업혁명은 이미 우리 곁에서 진행 중이며, 항공여행을 하는 고객들이 피부로 느낄 수 있는 사례들도 확인하였습니다. ○○항공이 항공산업에서 선도 역할을 수행하여 우리나라의 미래 성장에 한 축을 맡을 것을 의심하지 않습니다. 저 역시 그 축에서 든든한 톱니 날이 될 준비가 되어있습니다.	**Action** 면접관이 이해한다.

설득보다 설명이 더 요구되는 주제라면 AIDA 방식이 유용할 것이다. Differentiation차별화에서는 예상 주제별로 자신의 의견을 생각해둔다. 조금 엉뚱하거나 현실성이 부족하더라도 괜찮다. 창의적인 것들은 처음에는 엉뚱하고 현실성이 없는 것들이 대부분이다. 처음부터 만들어진 것이 아니라 다듬어지고 발전된 결과가 많다. 브레인스토밍(Brain Storming) 에서는 그런 얘기들이 많이 나올수록 효과적이다. 혁신적 기업이나 상품도 처음에는 별난 발상 으로 시작한다. 전통과 관습에 머물고 있는 면접관의 생각에 당신의 신선한 차별화를 남겨라.

*브레인스토밍(Brain Storming) : 1961년. 알렉스 오스본이 창안한 집단발상기법. 브레인스토밍의 세 가지 규칙 : ① 남의 이야기를 절대로 비판하지 않는다. ② 아이디어는 질보다 양이 많아야 한다. 관련 없는 이야기를 잘 들어야 한다. ③ 남의 아이디어에 내 아이디어를 덧붙여 이야기할 수 있다.

*발상 : 이런 사례는 무수히 많다. 앞서 스토리보드에서 사용했던 포스트잇, 진공관을 대체한 트랜지스터의 발명, 나이키 신발 Flyknit Racer, IDEO사(社)와 뱅크오브아메리카의 '잔돈은 넣어두세요 서비스(Keep the change)' 안테나 볼, 도글스(Doggles), 산타메일 등. 또 레고, 3M, 디즈니 같은 회사는 이런 아이디어로 먹고 산다.

패러그래프 글쓰기 | Paragraphs Writing

패러그래프란 특정 주제 글의 내용이 분리되는 토막 문단을 말한다. 하나의 단락은 하나의 토픽아이디어을 중심으로 연결된 복수의 문장으로 구성된다. 단락 하나에 토픽아이디어 하나를 집중 표현하는 것이다.

단락에 ❶ 토픽 문장Topic Sentence ➡ ❷ 지지 문장Supporting Sentence ➡ ❸ 결론 문장Concluding Sentence으로 나누고 그 속에 일관된 메시지를 전달한다.

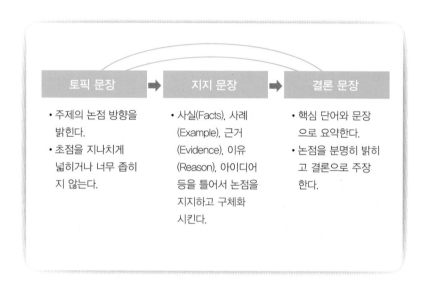

발표내용을 구성하는 데 패러그래프 글쓰기 방식을 활용하면 의견이나 주장을 효과 있게 전개할 수 있고 PREP 기법보다 간결하게 표현할 수 있다. 핵심 단락인 경우 지지 문장Supporting Sentence은 2~3개의 내용으로 구성하여 표현력을 높이도록 한다. 발표주제를 본주제와 여러 소주제로 나눌 때 각 주제별로 패러그래프 쓰기 방식으로 구성하여 연결하면 설득력과 논리력을 드러낼 수 있다.

'저출산' – '저출산과 교육비와의 관계'

(……) 다음으로, 과도한 교육비가 출산 기피 현상에 미치는 원인을 분석하였습니다.	소주제의 핵심 패러그래프
과도한 교육비 발생은 공공교육 기능이 제대로 작동하지 않는 데 원인이 있습니다.	토픽 문장
공교육 시스템의 부실은 고가의 사교육 시장을 낳고 사교육 시장의 팽창은 다시 공교육을 부실하게 만듭니다. 사교육에 투자하는 경제적 능력이 학벌격차를 만들고 학벌격차가 소득격차를 벌리며 소득수준이 사교육 시장을 키우는 악순환 고리에 빠지게 됩니다. (가구소득별 대학 진학률 통계 제시)	지지 문장
결국 공교육의 전체 시스템이 제대로 돌아간다면 소득수준에 상관없이 과도한 사교육비를 해소할 수 있는 것입니다.	결론 문장
학벌과 스펙 중심의 고용시장이 능력 중심으로 확대되고 변화되어야 합니다.	토픽 문장
능력은 일에 몰입하게 하고 직무만족도를 높여 자신과 기업의 이익에 부합하는 가장 중요한 요소입니다. 고용시장 전반에 공기업을 중심으로 증가하는 능력 중심 채용 분위기가 확산되어야 합니다. (공기업 및 사기업 채용 사례 제시)	지지 문장

정부에서 추진하는 NCS 중심 채용정책에 기대를 걸어봅니다.	결론 문장
공교육은 교육기회 균등의 주춧돌입니다.	토픽 문장
우리의 헌법과 교육기본법은 국민들이 교육기회에 차별받지 않을 권리를 명시하고 있습니다.	지지 문장
공교육이라는 주춧돌을 제대로 놓으면 사회가 변하고 사회가 변하면 출산율은 저절로 올라갈 것입니다.	결론 문장
출산 기피는 여성만의 문제가 아닙니다.	토픽 문장
공교육의 미흡한 역할과 학벌주의의 사회는 여성의 출산 기피 현상을 넘어 과도한 2세 양육비로 인한 '사회적 문제'임을 말해주고 있습니다. 여성가족부의 최근 조사에 의하면 '고령에 의한 출산 기피 다음으로 과도한 교육비 부담이 23%로 출산 기피 이유 1위'라는 사실이 이를 증명하고 있습니다.	지지 문장
결혼연령이 높아지는 현상도 과도한 교육비와 전혀 무관하지 않으며, 출산 기피 문제는 사회 전체의 문제라는 인식으로부터 해결책이 강구되어야 합니다.	결론 문장

앞에서 나온 여러 가지 방법 중에 하나를 이용하여 다음 아이디어로 4차 산업과 연계된 서비스 개선안을 구성해보라.

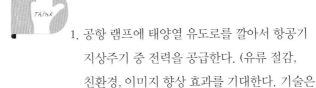

1. 공항 램프에 태양열 유도로를 깔아서 항공기 지상주기 중 전력을 공급한다. (유류 절감, 친환경, 이미지 향상 효과를 기대한다. 기술은 충분할 것이다. 투입비용은 천천히 계산하자)

2. 승객의 휴대폰을 IoT(사물인터넷)로 연결하여 예약 시점부터 항공기 탑승까지 위치기반서비스를 개발한다. (체크인 카운터에서 승객이 도착했는지 알 수 있고, 탑승시각이면 승객에게 자동적으로 안내된다)

3. 기내 wi-fi를 이용해 게임대회를 한다. (지루하고 답답한 기내에서 자신의 휴대폰으로 할 수 있는 온라인 게임을 개발한다. 참가승객 중 일부에게는 다음 여행에 적절한 보상을 한다. wi-fi 이용료는 수입이 되고, 게임에 집중하는 승객은 승무원을 부를 일이 적어질 것이며, 승객들 간의 온라인 교류는 어떻게 발전될지 기대된다)

발표하기

발표주제를 파악하고 주제를 표현할 아이디어를 구하였고 어떻게 말할 것인지 내용을 구성하였다고 계획한 대로 발표를 진행하기란 쉽지 않다. 면접관들의 눈과 마주하는 순간 첫 마디부터 생각나지 않을 수 있고 시작은 예상대로 하였으나 한방으로 준비했던 적확한 단어가 적절한 시간에 기억나지 않아 매듭이 꼬인 것처럼 갈팡질팡 할 수 있다. 또 주어진 시간이 끝나 가는데도 마무리하기엔 연결이 되지 않는 상황에 처할 수도 있다. 즉, 발표란 원고대로, 외운 대로, 준비하고 의도했던 플랜에 따라 생각처럼 되지 않는 것이다. 따라서 일단 발표를 시작하면 당신이 하는 말에 집중하고 뒤돌아보지 말며 당신이 하는 말의 흐름을 따라가야 한다. 생각했던 발표단계나 단어는 그 흐름에 적당히 올려놓을 수 있도록 한다.

순서를 기다리면서 발표문을 만들고 당신의 차례가 될 때까지 발표 모습을 상상하고 연습하라. 다른 사람의 눈치를 보지 마라. 그들에게 피해를 주지 않는 범위에서 소리 내어 연습하라. 집중력은 올라가고 떨리는 마음은 자신감으로 변할 것이다.

'마음은 이성이 모르는 일을 알고 있다.'

– 파스칼

항공사 취업을 준비하는 청년들을 위한 안내서

원고를 쳐다보지 마라

발표는 질문하고 대답하는 그냥 면접과 다를 것이 없다. 질문주제을 받고 대답발표하는 것이다. 대답을 잘할 수 있도록 준비할 시간을 주는 것뿐이다. 질문을 받았는데 보고 읽으면서 대답하면 면접관이 당신의 말을 신뢰하겠는가? 소개팅에서 써온 글을 보고 말하는 상대에게 매력을 느낄 수 있겠는가? 원고를 보면서 말을 하면 자신감과 전문성이 없어 보인다. 아예 들고 있지 않는 것이 좋다. 손에 있으면 보고 싶고, 눈길이 가게 된다. 보더라도 당황하면 글이 보이지도 않는다. 자신감이 부족하고 준비도 덜 된 친구로 기억될 뿐이다.

두 손은 자연스런 제스처를 할 때 쓸 수 있도록 아무것도 들지 말고 자신 있게 말하라. 발표의 성의가 전해진다. 면접에서는 정답이 정해져 있지 않다. 발표, 질문과 대답, 토론 모두 마찬가지다. 회사는 정답을 맞히는 지식보다 문제를 찾아내는 능력, 복잡한 상황을 정리하는 능력, 상황을 해결하기 위해 무엇을 가지고 어떻게 실행할지를 판단하는 능력을 원한다. 메모지를 보며 하는 발표는 "지식은 있지만 문제해결능력은 이것밖에 안 됩니다."라고 광고하는 것이다. 메모한 노트는 잊어버리고 자신을 믿고 당신의 언어로 말하라. 자신도 믿지 않는다면 면접관들이 당신을 믿겠는가?

인생은 선택의 연속이다. '이거 안 될 것 같은데?' 대신에 '잘 할 수 있어!'를 선택하라. '면접관들이 두려워!' 대신에 '지금부터 내가 선생님이야!'를 선택하라. '발표주제를 다른 걸로 할 걸!' 대신에 '이 주제를 말할 사람은 나뿐이야!'를 선택하라.

면접장에 들어가서 앞에 나가 설 때까지 '내가 부른 기회야!' '주제는 완벽해!' '발표는 자신 있어!'라고 말하라. 'I am successful, I am powerful, I am handsome.' 이렇게.

*I am successful, I am powerful, I am handsome. : 영화 'Evan Almighty'에서 주인공이 아침 출근 전에 거울을 보고 하는 말.

면접관들 앞에 섰을 때 당신은 자신감으로 가득 차 있을 것이다.

'우리가 타고 온 배는 모두 불살라 버려라.'

– 나관중(삼국지)

첫인사로 차별화하라

발표를 시작하고 마치는 순서

인사한다 → 발표주제를 제시한다 → 발표한다 → 인사한다

긴장되고 떨리는 당신 차례이다. 모두 당신을 쳐다보고 있다. 당신이 모델 같은 우월한 외모를 가지고 있다면 면접관들에게 좋은 첫인상 을 남길 것이다. 그건 부인할 수 없다. 기업들이 왜 고액을 들여 광고모델을 쓰겠는가? 이른바 초두효과와 후광효과 이다.

*첫인상 : 첫인상의 중요성은 뇌 과학으로 확인되고 있다. 사람을 보고 호감도와 신뢰도를 판단하는 데 걸리는 시간이 0.1초(프린스턴 대학. 알렉산더 토도로프), 0.017초(다트머스 대학. 폴 왈렌)라고 한다. 과학동아. 2009.1.

*초두효과와 후광효과 : 초두효과는 처음 본 인상(또는 받아들인 정보)이 기억에 더 큰 영향을 끼치는 현상을 말하고, 후광효과는 하나의 좋은(나쁜) 현상에 주목해서 전체를 판단하는 심리 특성으로 선입견과 편견으로 불리는 심리적 오류의 일종이다. 후광효과에 영향을 받지 않기 위해 어떤 오케스트라단에서는 신입단원을 선발할 때 천막으로 가린 채 연주를 듣는다고 한다.

면접에서도 첫인상이 평가에 중요한 영향을 미친다. 면접관 앞에 서서 말하는 순간에 자세, 표정, 말투에서 상당부분의 인성평가가 이루어지는 셈이다. 하지만 면접은 모델 선발 대회가 아니다. 조각 같은 얼굴, 피부색, 치아미백, 쌍꺼풀눈과 같은 외모만이 첫인상이 아니다. 발표자로서의 첫인상은 오히려 자세와 걸음걸이, 눈매와 목소리 톤, 표정과 분위기와 더 가깝다. 모델 같은 외모가 아니더라도 첫인상으로 후광효과를 만들 수 있다.

자리에서 일어나 재킷 단추를 잠그고 당당하고 자신 있게 두 팔을 흔들며 성큼성큼 걸어 나간다. 가운데 앉은 면접관을 정면으로 보고 선다. 등뼈는 곧게 세우고 가슴은 펴고 턱은 치켜든다. 그리고 인사하라.

"안녕하십니까!" 크게 외친 후 등은 굽히지 않은 채 45도로 고개를 숙인다. 하나, 둘을 센 다음 바로 선다.

이제부터 당신의 시간이다. 당신이 주인공이다.

'(……) 그러다 나는 세부사항으로 내려와 외형, 옷, 태도, 걸음
걸이, 얼굴 그리고 표정 등 수없는 다양성의 세계를 세세한 관
심을 갖고 바라보았다.'

– 에드거 앨런 포

첫인상은 중요하다. 첫사랑이 두 번 오지 않듯이 첫인상에 두 번의 기회는 없다. 유일한 기회를 놓치지 마라. 첫인사부터 당신을 차별화 하라.

면접관들은 아마도 많은 피면접자들로부터 다양한 인사말을 들었을 것이다. 그렇지만 기억에 남는 말은 별로 없다. 첫인사는 당신을 면접관에게 기억하게 만드는 어렵지 않은 기회다. 당신만의 브랜드가 될 수 있는 인사말을 만들어둬라.

'○○항공의 미래를 책임질 ○○○이다.' 이런 하품 나는 수식은 하지 마라.

자신만의 독특한 경험을 집약한 말, 직무와 연관된 한 마디, 발표주제 내용을 강조하는 문장을 개발해 보라.

"안녕하십니까? 열하루 만에 백두대간을 완주하고 다음 날 북한산을 오르는 체력의 신(神) ○○○입니다."

단순하지만 체력을 중시하는 영업이나 공항직무를 지원한다면 해 볼 만한 인사말이다. 회사에서는 체력이 달려 늘 지각하고 힘들어하는 직원이 의외로 많다. 서비스 현장에서 체력은 곧 서비스이다. 힘 빠진 목소리에 축 처진 어깨를 내려다보며 감동을 느낄 고객은 없다. 서비스현장은 팀워크가 생명이다. 이런 직원은 결국 동료들에게 나쁜 영향을 미칠 수밖에 없다. 전체 서비스 질이 떨어진다. 면접에서 체력이 약하다는 사람은 없다. 모두 체력 하나는 최고라고 하지만 구체적

으로 근거를 제시하는 사람은 드물다. 막상 입사하여 일하게 되면 체
력이 달린다는 직원이 반이다.

> "미국에는 보잉, 유럽에는 에어버스, 그리고 우리나라에는 ○○항공이 있습
> 니다. ○○항공의 랜딩기어가 되고 싶은 열정의 ○○○입니다."

항공정비나 우주산업 분야 피면접자라면 이런 멘트도 괜찮다. 직무
열정이 보이다. 면접관은 엔진이나 날개가 아니고 왜 하필 랜딩기어
가 되고 싶은지 물어보고 싶을 것이다.

> "안녕하십니까? ○○○입니다. 저는 '유가와 환율의 변동성이 영업수지에 미
> 치는 영향'을 발표하겠습니다. 면접관님들께서는 내일 미-중 간 무역전쟁이
> 발발하더라도 ○○항공 영업수지에는 전혀 영향을 미치지 않을 유가 헤지 전
> 략을 듣게 되실 것입니다."

오버하는 걸까? 아니, 괜찮다. 미-중 간 무역전쟁과 유가 헤지(Hedge)
와는 별 상관이 없다. 최근의 시사에 관심을 표명하며 발표주제를 환
기시키는 유머가 신선함을 준다. 물론 미-중 간 무역전쟁에 대한 질문
을 받게 되면 대응할 한마디는 있어야 할 것이다.

*헤지(Hedge) : 달러나 금리 등의 파생상품 투자를 통해 미래의 유가변동성으로 발생할 수 있
는 위험을 제거하는 투자기법.

항공사 취업을 준비하는 청년들을 위한 안내서

"하루 내내 면접 보시느라 무척 피로하실 텐데 저에게도 관심을 가져 주셔서 정말 고맙습니다. 정성을 다하는 지원자 ○○○가 지금부터 힘차게 발표하겠습니다!"

겉으로는 표현하지 않아도 이렇게 예의바른 인사를 들으면 면접관들은 '괜찮아, 참을 만 해, 예의 있구면!'하고 생각한다. 관심을 가지지 않을 수 없다.

'너는 안이하게 살고자 하는가? 그렇다면 항상 군중 속에 머물러 있으라. 그리고 군중에 섞여 너 자신을 잃어버려라.'

— 프리드리히 니체

빈발효과 Frequency Effect

어떤 사람의 첫인상이 좋지 않았더라도 이후에 보이는 태도와 행동으로 그 사람이 점차 좋아지는 현상. 또는 어떤 사람의 반복적인 행위를 보고 그 사람을 평가하려는 경향을 말한다. 선입견은 빈발효과로 상쇄될 수 있다.

면접은 심리게임이다. 당신이 불리한 초두효과를 일으키는 외모를 가지고 있더라도 면접과정에서 선입견을 회복할 수 있는 기회가 얼마든지 있음을 명심하라.

주제어를 제시하라

면접관들은 당신이 무슨 주제를 선택하였는지 모를 수 있다. 인사를 하고 나면 발표주제를 먼저 밝힌다.

"저는 ○○○ 주제를 선택했습니다. 발표하겠습니다."

"지금부터 ○○○에 대하여 발표하겠습니다."

어떤 방식도 좋다. 발표주제를 명확하게 밝힘으로 면접관들에게 "이제부터 저의 발표를 주목해주세요."라고 요청하는 신호가 된다.

주제를 선택한 이유가 있으면 간단히 언급하라. 역시 면접관들에게 집중해달라는 강력한 시그널이다.

> "제가 지난 1년간 몸과 마음으로 체험한 '청년실업'이 사회 경제에 미치는 영향이란 주제로 발표하겠습니다."

학교를 졸업하자마자 취업 하는 사람이 드문 시대이다. 요즘에 마찰적 실업 경험 1년이 대수겠는가? 면접관은 오히려 당신의 지원동기와 열정이 궁금할 것이다.

*취업 : '청년층이 졸업(중퇴) 후 첫 취업까지 걸리는 기간은 평균 11.2개월' 뉴시스. 2016.7.21.

*마찰적 실업 : 이직을 하거나 보다 나은 일자리를 찾기 위해 일시적으로 발생하는 실업상태. 경기침체나 사양산업으로 인해 일어나는 구조적 실업과 구분한다.

항공사 취업을 준비하는 청년들을 위한 안내서

"안녕하십니까. 신개념으로 무장한 피면접자 ○○○입니다.
저는 '항공권 유통 채널 전략'을 주제로 선택하였습니다.
(왜냐하면) 작년 여름 동남아 4개국 배낭여행을 할 때 항공권을 구매하면서
항공권 가격은 같은 노선임에도 왜 이렇게 다양할까? 하는 의문을 고민 끝에
해결하였습니다(하였기 때문입니다).
오늘 제가 찾아낸 해답과 함께 신개념의 유통 채널 하나를 제안드리겠습니다."

주제를 제시할 때 인사말이 자연스럽게 연결된다. 면접관들은 항공권 유통에 전문가들이다. 당신의 제안에 크게 기대하지 않는다. 그러나 당신의 의문이 어떻게 풀렸는지는 알고 싶다. 당신의 '신개념'이 뭔지도 궁금하다. 무엇보다 오랫동안 준비한 당신의 열정에 관심이 간다.

 왜냐하면 효과

가장 쉬운 설득의 기술 중 하나는 어떤 행위에 앞서 이유를 말하는 것이다. 전혀 합리적이지 않은 이유라도 '○○○ 때문에'라는 이유를 먼저 밝히면 효과를 발휘한다. 엘런 랭어Ellen Langer 의 유명한 복사기 실험이 이를 증명하고 있다. 이를 '왜냐하면 효과'라 부른다.

비행기가 지연이 되면

"금일 123편은 30분 지연되었습니다."라고 방송하지 않고

"금일 123편은 기상사정으로 30분 지연되었습니다."라고 하는 이유이다.

"금일 123편은 ○○공항의 폭설로 지연된 항공기 연결로 인해 30분 지연되었습니다."라고 하면 승객 누구도 이의를 제기하지 않는다.

*엘런 랭어(Ellen Langer) : 하버드대 심리학자. 복사기 이용자가 많은 시간에 복사기 앞에 많은 사람들이 줄지어 있을 때 맨 앞에 있는 사람에게 "미안합니다. 저는 복사할 것이 다섯 페이지 있는데요. 제가 먼저 해도 될까요?"하고 말하자 절반의 사람들이 양보를 하고, "미안합니다. 저는 복사할 것이 다섯 페이지 있는데요. 제가 먼저 해도 될까요? 급해서요."하고 말하자 거의 모든 사람들이 양보를 했다. 롤프 도벨리, 「스마트한 선택들」.

　　당신이 '경험했기 때문에' 선택한 주제는 당신의 말에 신뢰성이라는 꼬리표를 달아 준다.

결론부터 말하라

　　내년 또는 내후년, 한국의 1인당 국민소득은 이탈리아를 넘어서게 됩니다. 두 나라 인구와 국내총생산(GDP) 흐름을 볼 때, 원화 가치에 급격한 하락만 없다면 추월은 확정적인데, 이는, (⋯⋯)
　　　　　　　　　　　　　　　　　　　　　　　　　　　　　　한국. 2017.9.28.

　　면접관 : '무엇을 말하고 싶은 거지?'

　　환갑을 맞은 대학 교수에게 지난 5월 스승의 날 식사와 선물을 제공했던 제자들과 그 교수가 청탁금지법 위반으로 신고됐다가 최근 과태료 처분을 받았습니다. 졸업생을 포함한 40여 명이 함께 돈을 냈지만, 감사원이 현재, (⋯⋯) 정동칼럼.
　　　　　　　　　　　　　　　　　　　　　　　　　　　　　　경향. 2017.12.1.

　　　　　　　　　　　　항공사 취업을 준비하는 청년들을 위한 안내서

면접관 : '무엇에 대해 말하려고 하는지는 알겠는데, 주장의견이 뭐지?'

현 정부의 청탁금지법 완화 입장에 반대하며, 청탁금지법 개정 시도를 중단할 것을 촉구합니다. 참여연대. 2017.11.27.

면접관 : '무엇을 주장하는지 알겠군! 이유와 근거가 있나?'

위 사례 3개는 청탁금지법 개정안에 관한 기사, 칼럼, 논평이다. 모두 글로서는 훌륭하지만 면접발표를 한다면 결론 또는 결론을 암시하는 문장부터 말하는 것이 좋다.

개정을 반대하는 의견이면

"현행법규를 유지해야 합니다. 청탁금지법으로 영향이 있다고 주장하는 농축산업계의 문제는 산업구조를 고치는 방법을 찾아야 합니다. 우선적으로, (……)"

개정을 찬성하는 의견이면

"청탁금지법의 취지는 공직자들의 부패를 차단하기 위한 것입니다. 그런데 그 피해를 서민들이 받아야 한다면 불합리한 조항은 고쳐야 합니다."라고 첫 문장에서 말하고자 하는 포인트를 강조하면서 발표를 시작한다.

스토리보드, PREP, 패러그래프 방식 모두 공통점은 결론주장부터 말하는 것이다. 결론부터 듣게 되면 당신이 무엇을 말하는지 면접관은 빨리 이해할 수 있다.

뉴스의 스트레이트* 기사는 거의 결론부터 말한다. 사람들은 바쁘고 환경은 끊임없이 변하고 정보는 넘쳐난다. 첫 문장, 첫 글자, 첫마디에서 관심을 못 받으면 넘어가버린다. 뉴스는 왜 그런건지 어떻게 그랬는지 언제 그랬는지 이유와 과정과 배경은 뒤로 미루고, 누가 무엇을 했다라고 결론부터 말한다. 결론부터 말하지 않으면 독자청자들이 떠나고, 결론부터 말하면 독자청자들이 집중하게 된다.

*스트레이트 : 사건이나 사안을 사실 관계를 중심으로 6하 원칙에 의거해 작성하는 기사. 기자의 감정이나 주장을 배제하고 핵심 사실을 객관적으로 서술하는 데 초점을 맞춘다.

앵커가 말한다.

"공항에서 조폭까지 동원해 불법 발레파킹 영업을 해온 일당이 경찰에 붙잡혔습니다."

더 이상의 설명은 사족이다. 내용을 듣지 않고도 그림이 그려진다. 시청자들은 '공항에 웬 조폭? 공항 발레파킹이 불법이었어?', '지난번에 나도 발레파킹 맡겼었는데!' 하고 관심을 갖는다. 구체적 내용이 궁금하다. TV 화면에 눈길을 고정한다.

신문 기사의 헤드라인이다.

"이집트 기자에 지구에서 가장 큰 쿠푸Khufu의 대大피라미드에 지금껏 드러나지 않은 '비밀의 공간'이 있음이 확인됐다."

독자들은 '피라미드에 아직도 비밀 공간?', '뭐지?', '이집트 가서 피

항공사 취업을 준비하는 청년들을 위한 안내서

라미드 직접 보고 싶다. 어떻게 발견했나?' 역시 궁금하다. 신문을 가까이 당겨본다.

신문 사설이나 TV 뉴스의 해설을 참고하면 발표내용을 구조화하는 데 도움이 되며 그 형식은 발표내용을 요약하여 핵심을 제시하고 결론부터 알리는 데 효율적이다. 경제, 문화, 사회부문의 기사나 칼럼을 선정하여 결론―근거―사례로 전개되는 구조를 익히고 작성해본다. 작성한 후에는 TV 앵커처럼 소리 내어 읽는 연습을 한다. 자신이 작성한 글을 소리 내어 읽으면 구조화한 내용이 머릿속에 그려진다. 단어와 어휘가 이해되고 목소리가 좋아지며 발표력도 강해지는 효과를 얻을 수 있다.

회사에서도 보고나 발표를 할 때 결론부터 말하는 직원이 일처리를 잘한다는 평가를 받는다. 지위가 높을수록 다루어야 할 업무범위가 넓어지고 결정할 일도 많아진다. 시간이 곧 경쟁력이다. 사안이 복잡하고 스토리가 길수록 핵심을 뽑아내어 결론부터 말해야 한다. 복잡하지 않은 내용은 말할 것도 없다. 결론부터 말해야 명쾌하게 소통할 수 있다. 특히 나쁜 소식을 보고할 때는 결론부터 전해야 한다.

"강 과장! 하노이 출발 편 무슨 문제가 있는지 알아봐!"
"전무님, 베트남이 열대지방이잖아요. 저도 작년에 6개월간 파견 근무를 해봐서 아는데 안개가 거의 없는 나라인데요, 현지공항 말로는 1년에 한 번 있을까 말까한 현상이라고 합니다. 오늘이 바로 그런 날이라네요, 안개가 많이 생겨서 비행기가 지연되고 있다고 합니다."
전무는 피곤하고 짜증난다. 듣고 싶은 정보는 하나도 없다.

"전무님, 베트남 하노이에서 15시에 출발 예정이던 ○○편이 3시간 정도 지연되었습니다. 사유는 현지공항 해무입니다. 승객은 모두 ○○명으로 공항에서 대기 중인데 상황을 지켜보며, ……"

이렇게 말해야 한다. 전무는 뒷말은 들어볼 필요도 없이 지시를 내릴 수 있다.

임원이 묻는다.

"서 차장! 국토부에 제출할 서류는 어떻게 됐어요?"

"그게, 그 창고 예정 부지 옆에 당분간 사용계획이 없는 땅이 있지 않습니까? 한 천 평쯤 되는데요. 그걸 시비 삼더라고요. 그래서 오늘 제가 구청에도 좀 알아봤는데요, 담당자는 그게 왜 필요한지 자기 생각엔 필요 없을 것 같다고 하면서도 최종 승인은 거기니까 자기로서는 공식적으로 답변하기가 곤란하다고 해서,"

이때 임원의 휴대폰이 울린다. 전화를 받고 한참을 이야기한다. 전화를 내려놓고 다시 묻는다.

"뭐라고 했지? 부지 땅이 어떻게 돼?"

"네, 유휴지로 방치되어 있는 땅이요. 그게 자기들하고 무슨 상관인지 구청 공무원도 이해가지 않는다고 하는데, ……"

'도대체 무슨 말을 하는 거야!' 임원은 휴대폰을 던지고 싶을 것이다.

"그래서 줘야 한다는 거야? 어떻게 하면 돼?"

"네! 그게 그 땅을 어떻게 할 건지 활용할 플랜을 세워서 제출하랍니다. 시간이 좀 있으면 제가 다시 만나서 그게 정말 필요한지 다시 알아보면, 잘하면 될 것 같은데,"

항공사 취업을 준비하는 청년들을 위한 안내서

"뭘 알아봐? 오늘까지라며! 제출기한이?"

"아, 내일까지 내면 된답니다."

"그럼 계획서를 만들어 와, 빨리."

"그런데 그게 계획서를 만들어서 사장님 결재를 받아야 해서요, 사장님께서 지금 상황이 말이죠, 결재받기가 만만치 않을 것 같은데, ……"

"결재는 당신이 받아? 내가 받지! 당장 작성해 와!"

그러니까 직원은 사장님 결재가 부담스러웠던 것이다.

일상생활에서는 결론부터 말하기가 쉽지 않다. 우리의 관습과 문화, 언어구조가 그렇게 되어 있다. 결론부터 말하면 예의 없이 보이기 때문에 서론을 길게 하고 본론을 거쳐 결론으로 이어지는 습관을 가지게 되었다.

면접에서는 발표뿐 아니라 질문에 대답하는 것, 토론에서 주장하는 것 모두 회사 일을 한다고 여기고 가급적 결론부터 말한다.

"유휴지 활용계획서만 보완해서 내일까지 제출하기로 했습니다. 계획이 필요한 사유와 세부 계획서는 오늘 저녁까지 완성해서 사장님 결재 올리겠습니다. 내년에 용도변경하려던 부지 옆 유휴지가 확실한 사용목적이 있어야 한다고 요구해서요. 국토의 계획 및 이용에 관한 법률에 그 내용이 있었는데 저희가 놓쳤습니다."

이렇게 말해야 한다.

❶ 결론(주장) ➡ ❷ 이유 ➡ ❸ 근거 ➡ ❹ 보강(근거의 보강) ➡ ……

담당임원은 '사장한테 또 보고해야 돼?' 하는 생각은 들겠지만 "그래, 준비해 봐" 할 수밖에 없다. 두 수만에 한 건을 종결할 수 있다.

'Where is the beef?' 2000대 초 미국 웬디스버거의 광고 Copy. 당시 대통령 선거전 토론에서 사용되어 더욱 유명해졌음. '요점이 뭐야? 알맹이가 뭐야?'라는 의미로 쓰인다.

'항공운송서비스 제언' 주제를 가정하고 다음과 같이 스토리보드를 만들었다. 이 스토리보드를 토대로 어떻게 발표할지 결론부터 말하는 연습을 해보자.

주제 - 발표제목

장거리 노선 기내
Entertainments 차별화 방안

結語

1) 기재의 강점 활용도 제고
2) ICT 응용 콘텐츠 개발
3) 장거리 컵라면 서비스
   (비용 최소화 방안)

근거, 사례

- 장거리 비행의 즐길 것과 먹을 것 필요
- 국내외 FSC/LCC의 특이 서비스 및 기내식 현황
- LCC 부가서비스 운영 효과

기대효과

1) 서비스 경쟁력 우위 유지
2) 서비스 만족도 향상
3) 기업이미지 제고

'공항서비스 개선방안' 주제를 발표하면서,

"현대적 의미의 최초공항은 여러 가지 주장이 있습니다, 네덜란드의 스히폴 공항, 독일의 체펠린하임 공항 등이 ……,"

역사시간이 아니다. 그 다음은 우리나라의 최초 공항이 나오려나? 면접관은 궁금하지 않다.

"국제선과 국내선 공항을 구분하여 검토하였습니다. 먼저 국제선 공항의 서비스개선 방안을 여객의 이동 과정에 따라 세 가지로 분류하여 말씀드리겠습니다. 첫 번째, 시내에서 공항으로 출발하는 장소에서부터 ……,"

면접관들이 다른 생각을 하지 못하게 이야기를 빠르게 발전시켜야 한다.

기초적 사실부터 내세우지 마라

"최근 언론발표에 의하면 LCC의 국내선 점유율이 과반을 넘겼고 국제선에서도 30%를 육박하는 것으로 나타났으며, 올해는 ……"

면접관들은 이미 다 알고 있다. 언론기사는 주장을 증명할 때 인용하는 용도로만 언급하는 것이 좋다.

뉴스에 흔히 사용되는 모호하고 진부한 표현은 가급적 쓰지 마라

'최근에 항공시장 동향에 따르면',

'명실상부한, 타의 모범이 되는, 최고의 서비스를 선보였고',

'고객들의 많은 비난이 쏟아지면서 후폭풍에 휩싸이게',

'○○사건으로 비판의 도마에 올랐으며'

이런 어휘들은 한 번 더 생각하고 사용하라.

면접관들은 거의 나이는 40대 이상에 직급은 과장급 이상으로 언론기사를 매일보고 분석하는 사람들이다. 틀에 박힌 클리셰를 반복해줄 필요가 없다. 이미 많은 피면접자들이 그런 말들을 썼을 테니까, 문어체보다 구어체를 쓰고, 대화하듯이 말하라.

면접관에게 뻔한 질문을 하지마라

"면접관님! YOLO* Life를 아십니까?"

"면접관님! 반구저기(反求諸己)*를 아십니까?"

"면접관님! All's well that ends well.'이란 말이 있습니다. 이 말의 뜻은,"

면접관은 이런 소리를 듣자마자 하품이 납니다.

'뭐, 어쩌라고?'

*YOLO : You Only Live Once. 독일의 문호 괴테의 'one lives but once in the world. 세상에서 한 번뿐인 인생'에 그 기원을 둔 아포리즘. 2011년 캐나다 뮤지션 드레이크의 노래 'The Motto'에서 불려 유명하게 됨. 메멘토 모리, 카르페 디엠과 유사한 의미이다.

*반구저기(反求諸己) : '어떤 일이 잘못되었을 때 남을 탓하지 않고 자신에게서 잘못을 찾는다.' 맹자.

차라리 경구를 제시하고 싶으면,

항공사 **취업을** 준비하는 청년들을 위한 **안내서**

"YOLO! 저는 다른 의미로 사용하고 있습니다. You Only Love Ocean sky! 탁 트인 바다 같은 하늘을 사랑하지 않는 사람이 있을까요? 저는,"

"고등학교 1학년 때부터 '실패는 도전의 디딤돌'이라는 의미로 와신상담(臥薪嘗膽) 이란 글을 써서 책상 오른쪽 벽에 항상 걸어 놓고 있습니다."

*와신상담(臥薪嘗膽) : 좌우명. 위 글에서는 좌우명(座右銘)이란 진부한 단어를 쓰지 않으면서 좌우명이 와신상담(거북한 섶에 누워 자고 쓴 쓸개를 맛본다. 실패한 일을 다시 이루기 위해 어려움을 참고 견딘다)임을 표현하고 있다.

"지구별을 떠나는 어린왕자에게 여우는 '정말 소중한 것들은 마음의 눈으로 봐야한다'고 말합니다. 지금부터 면접관님들 마음의 눈에 보일 수 있도록 제 온 마음을 다해 준비한 역량을 보여드리겠습니다."

이렇게 하는 것이 좋다.

결론부터 말하기가 항상 유효한가?

결론부터 말하는 것이 모든 상황에서 정답은 아니다.

결론부터 말할 필요가 없는 주제도 있다. 다른 피면접자들의 발표를 보고 다르게 할 수도 있다.

발표주제가 자기소개, 지원동기 또는 당신 자신을 표현하는 스토리텔링이라면 '상황설명 ➡ 문제발생 ➡ 갈등해결 ➡ 메시지와 결론(입사 의지)' 식의 구성도 당신을 차별화하는 방법이다.

상황에 따라 유연하게 대처할 수 있도록 연습한다.

간결하게 말하라

"여기서 어떤 일을 하시나요?"

"제 일반적 분야는 고등로봇과 정신의학이지만, USR 회사의 로봇 의인화 프로그램 고도화를 위해 하드웨어를 컴퓨터 인간두뇌로 변환하는 데 집중하고 있죠."

"그래서 무슨 일을 한다고요?"

"로봇을 사람처럼 보이게 만듭니다."

영화 '아이로봇'에 나오는 처음 만난 서로를 탐색하는 면접과 같은 상황이다. 남녀 주인공의 대화이다. 학술회나 강의시간이 아닌 다음 가능한 상대에게 전달이 쉽게 말해야 한다.

"저기 양력을 얻어 중력에 저항하며 하늘로 올라가는 공기보다 무거운 동력비행기계를 좀 보세요! 멋지지 않아요?"

"대상의 순간들을 초당 24프레임으로 연속적으로 촬영하여 움직이게 보이도록 만들어 상상을 자극하는 종합예술을 함께 감상하러 갈까?"

"이제 붉은 체액 속의 포도당이 뇌의 만복중추를 자극하는 느낌이 그리워요."

우리는 일상에서 이런 식으로 말하지 않는다.

"비행기 뜨는 것 좀 봐! 멋지지 않아?"

"우리 영화 보러 갈까?"

"배가 고파요!"

이렇게 말한다.

일상에서는 간결하게 말하는게 익숙하지만 연설이나 발표에서 종종 위와 같은 표현을 들을 수 있다. 발표는 일상의 언어를 사용하는 것이 좋다.

간결(簡潔)은 대나무조각에 새긴 글이라는 뜻이다. 전달하고 싶은 내용을 최소한의 글자에 담았단 의미다. 간결한 말에는 목표가 뚜렷이 보인다. 얼마나 뚜렷하면 쪼갠 대나무조각에 썼는데도 의미가 전달이 되었을까? 간결한 말은 힘과 믿음을 준다. 간결한 말에는 지혜가 있다. 모든 표어는 간결하다. 오랫동안 살아남은 명문장은 간결하다. 우리가 기억하는 경구들도 다 간결한 말들이다. 저 유명한 링컨의 게티즈버그 연설은 266단어이다. 읽는 데 2분이 채 걸리지 않는다.

*간결(簡潔) : 과거 종이가 나오기 전에 대나무를 쪼개어 꼭 필요한 글만을 써서 편지를 주고받았는데 이 대나무 조각을 죽간(竹簡)이라 하고 죽간을 모아 엮은 것을 죽책 또는 간책(簡冊)이라 한다. 결(潔)은 마섬유를 물에 씻어 다듬은 것처럼 깨끗하고 정갈하다는 뜻이다.

*266단어 : 게티즈버그에서 링컨이 연설하기 전에 당대 최고의 웅변가인 에버렛(Edward Everett)이 두 시간 동안 연설을 했는데, 그의 연설도 매우 감동적이고 훌륭했다는 평가를 받았지만 지금 그를 기억하는 사람은 거의 없다.

발표문을 작성하면 중복된 단어를 찾아 없애고 추상적인 단어는 구체적인 표현으로 바꾼다. 그리고 소리 내어 읽어보고 작업을 반복한다.

"최근 급증하는 항공교통량에 대비하여 더 안전하고 편리한 하늘길을 만들기 위해 올해 7월부터 원활한 흐름관리 및 위기 대응을 위한 항공교통통제센터를 시범운영하고 있으며, 항공로 관제소를 대구에 추가 구축하여 11월부터 본격 운영하는 등 항공안전을 확보하면서도 공항과 관제운영의 효율성을 극대화하기 위한 노력을 지속적으로 기울이고 있다."

'국토부 관계자가 밝혔다'라고 보도된 내용이다. 말로 듣게 되면 무슨 말인지 두세 번 들어야 의미를 알 수 있다.

이 내용을 말로 한다면 다음과 같이 하는 게 좋다.

> "항공교통량이 빠르게 늘고 있어 7월부터 항공교통통제센터를 시범운영하였습니다. 11월부터는 대구에 항공로 관제소를 추가하여 안전한 하늘길을 만드는 노력을 계속하겠습니다."

> "등산은 우리나라에서 가장 흔한 레저 활동 중 하나이며, 국토의 70%가 비교적 평탄한 산으로 둘러싸인 까닭에 예로부터 우리는 언제든지 쉽게 즐길 수 있음에도 최근에는 울긋불긋한 유명상품의 아웃도어 옷이 너무 많이 보여 가벼운 마음으로 산에 가기에 편치가 않을 것이라고 생각합니다. 이러한 소비자들의 숨은 마음을 간파하여 개발된 기능성 생활복은 ……"

무슨 말을 하고 있나? 전달이 되지 않는다. 한 문장에 정보가 너무 많다. 남산 산책에 알프스 등산복이 필요할까? 라는 메시지인데 많은 정보를 주고자 하는 욕심에 정작 해야 할 말은 실종상태이다.

쉽고 일상적인 말로 표현한다.

> "가까운 산에 갈 때는 유명 아웃도어보다 편안한 옷차림이 더 좋다. 이번에 나온 생활복은 기능성이 ……"

'말을 사려는 사람은 말의 털이 몇 개인지 궁금하지 않다. 말의 사지가 멀쩡한지 궁금할 뿐이다.'

— 링컨

그림을 그리듯이 말하라

사람이 습득하는 정보의 85%는 시각을 통해 받아들인다고 한다. 영화 제목과 내용은 잊혀도 인상적인 장면은 기억되는 이유다. 글로 적힌 소설을 우리 뇌는 그림으로 번역한다. 발표는 메시지를 시각적으로 표현하는 기술이다. 잘 듣게 하느냐보다 잘 보이게 하느냐. 당신의 말을 면접관의 마음에 시각적으로 남겨야 한다. 화면에 영상을 띄운 것처럼 생생하게 묘사해야 한다.

시각적으로 비유한 표현은 잊히지 않는다. 결코 잊을 수가 없는 말들은 머릿속에 그려져 있기 때문이다.

1) 여우같다. 빤질빤질하다. (교활하다)

2) 바위 같은 사람이다. (심성이 올바르다. 가치관이 뚜렷하다)

3) 구르는 돌에는 이끼가 끼지 않는다. (부지런하다)

4) 빈 깡통이 요란하다. (아는 것 없이 말만 많은 사람)

5) 문에 박은 못처럼 완전히 끝났다. ('As dead as a doornail.')
   엎질러진 물이다. (돌이킬 수 없는 결과다)

위대한 작가들은 글을 시각적으로 쓴다. 감동으로 남은 연설들은 시각화되어 그림처럼 보인다.

항공사 취업을 준비하는 청년들을 위한 **안내서**

'산허리는 온통 메밀밭이어서 피기 시작한 꽃이 소금을 뿌린 듯이 흐뭇한 달빛에 숨이 막힐 지경이다.'

'그칠 줄 모르고 타는 나의 가슴은 누구의 밤을 지키는 약한 등불입니까'

'구름에 달 가듯이 가는 나그네'

'정의가 폭포처럼 흘러내리고, 거대한 물줄기가 되어 흐를 때까지,'

미디어에서도 정보를 글과 말로만 전달하지 않는다. 정보, 데이터, 의견, 주장을 시각화하여 전한다. 정부나 기업에서도 홍보, 프로모션, 교육 등에 인포그래픽 을 광범위하게 활용한다. 인터넷 시대에는 길고 복잡하면 읽지 않고 관심을 가지지 않는다.

*인포그래픽 : Information과 Graphic의 합성어. 미디어에서는 News Graphics이라고도 함.

발표에서는 구체적이고 생생한 말을 사용한다. 추상적이고 모호한 단어 대신 구체적이고 생생한 이미지를 떠오르게 하는 단어를 쓰고 부피나 수량은 숫자를 사용한다.

1) 산을 올랐다.
   ➡ 북한산(북한산성, 대남문, 백운대)을 올랐다.
2) 대부분의 사람들이
   ➡ 10명 중 7명이, 직장인 70%가

3) 뛰어난 창의력으로
   ➡ 사회인 야구 동호회에서 매주 금요일 저녁에 야구연습을 합니다. 밤이면 흩어진 공을 찾기가 어려워 야구공에 야광물질을 뿌려 사용했습니다.
4) 뛰어난 체력을 보유하고
   ➡ 주말 아침마다 6시에 일어나 여의도까지 왕복 20km를 자전거를 탑니다.
5) 편의점에서 매장관리기법을 배우고 고객만족정신을 키우며
   ➡ 아르바이트 동안 20분 일찍 출근하여 가게 안팎을 쓸고 정리하였습니다.
6) 방안에 식물을 키우면서
   ➡ 창틀에 파란 화분을 놓고 바질을 키웁니다.
7) 재활용 창고에 가구를 버리고
   ➡ ○○구청 재활용센터에 서랍장을 기부하고
8) 열차와 버스를 갈아타고
   ➡ 수원까지 무궁화호를 타고 가서 100번 버스로 갈아탔습니다.
9) 장애인 의무고용률 2.9%공공기관 및 지방공기업 3.2% 초과하여 장애인을 고용하는 사업주에게 고용장려금을 지급하여 장애인 근로자의 직업생활 안정과 고용촉진을 유도한다(고용노동부 홈페이지. 정책자료실).
   ➡ 직원 100명의 회사가 장애인을 3명 이상 고용하면 장려금을 지급한다.

'내게 말해보라. 그러면 잊어버릴 것이다. 내게 보여주라. 그러면 기억할지도 모른다. 나를 참여시켜라. 그러면 이해할 것이다.'

– 중국속담

항공사 취업을 준비하는 청년들을 위한 안내서

열정적으로 표현하라

요즘 열정이란 단어가 그렇게 긍정적으로 받아들여지고 있지만은 않다. 그렇다고 열정passion이란 말에 너무 반감을 갖지 마라. 열정페이니 열정호구니 하는 부정적 뉘앙스는 잊고 사회적 논쟁은 접어두라. 열정은 면접의 모든 과정에서 당신의 친구가 되어야 한다. 합격의 섬에 도착하기 위해 면접이라는 험한 바다를 건너기 전 당신 자신에게 던지는 출사표의 핵심무기로 열정을 택하라. 열정이 스며있는 말투는 당신의 말에 호감과 설득이란 날개를 달아준다. 말이 저지르는 실수를 커버해준다. 움츠린 자세와 풀죽은 목소리로 웅얼거리는 지식과 논리는 면접관 마음속까지 전달되지 않는다. 사실을 말해도 의심을 남긴다. 자신 있는 목소리와 자세, 그리고 일관된 이야기가 듣는 이에게 확신을 전달한다.

'열정 없이 사느니 차라리 죽는 게 낫다.'

– 커트 코베인

커뮤니케이션에서 말언어적 커뮤니케이션보다 몸짓비언어적 커뮤니케이션이 차지하는 비중이 더 크다고 한다. 몸짓은 얼굴표정, 자세, 제스처, 상대와의 거리, 손짓, 눈짓, 고개 끄덕임 등 말하는 것을 제외한 모든 행위를 뜻한다. 호감을 주는 몸짓을 기억하기 위해 'SOFTEN* 소통기법'을 활용한다. SOFTEN은 웃으며, 열린 자세로, 몸을 기울이고, 가볍게 접촉하면서, 눈을 마주치며, 고개를 끄덕인다는 뜻이다.

*비중이 더 크다 : 메라비언의 법칙(The law of Mehrabian. 앨버트 메라비언. 캘리포니아 대학). 첫 대면에서 상대 호감도를 판단하는 감각 기준이 언어 7%, 청각 38%, 시각(태도, 표정) 55% 라는 이론. 오해하지 말아야 할 점은 이 법칙이 감정과 태도에 대한 것으로 메시지에 일관성이 모호할 때에 적용된다는 것이지 내용이 중요하지 않다는 의미는 아니다. 즉, 메시지(발표내용)와 목소리, 그리고 몸짓의 조화를 강조하는 주장으로 이해하여야 한다.

*SOFTEN : Smile, Open Posture, Forward Lean, Touch, Eye Contact, Nod의 머리글자를 조합한 단어. 열린 자세(Open Posture)란 팔짱을 끼지 않고, 다리를 꼬지 않으며, 손바닥을 피는 태도를 보이는 것을 말한다.

발표를 하면서 식탁가구 조립하듯 순서를 생각하며 몸짓할 순 없겠지만 몇 번만 연습하면 자세가 나온다. 상대를 쳐다보고Eye contact, 몸을 앞으로 기울이

며Forward lean, 미소를 유지하는Smile 세 개의 몸짓은 반드시 연습한

항공사 취업을 준비하는 청년들을 위한 안내서

다. 지금 당장 해보라. 일주일만 하면 습관 이 된다. 습관은 인생을 바꾼다.

> *습관 : 생각은 말이 되고, 말은 행동이 되고, 행동은 습관이 되고, 습관은 인격이 되고, 인격은 인생이 된다[속담]. William James 또는 Frank Outlaw 한 말이라고 알려져 있지만, 정확하지는 않다. 에머슨(Ralpf Waldo Emerson)도 비슷한 말을 하였다. '생각이 행동을, 행동이 습관을, 습관이 성격을, 성격이 운명을 낳는다.'

'죽음에 이르는 순간까지 온몸을 바칠 뿐. 성패의 결과는 제가 예측할 수 있는 것이 아닙니다.'

– 제갈량의 후 출사표

열정적으로 표현하는 네 가지 방법

1. 면접관들의 눈을 번갈아 가며 쳐다본다.

눈을 쳐다보면 건방지다거나 무례하다는 느낌을 줄 것 같은가? 비행기 옆좌석에 앉은 사람에겐 그렇겠지만 면접관들은 그렇게 생각하지 않는다. 눈을 제대로 쳐다보지 않고 뒤쪽 벽을 본다든지 아래나 멀리 시선을 두고 말하는 사람은 평가표 자신감 란에 'C'로 기록된다. 눈을 보면 상대와 공감이 만들어진다. 눈을 보는 행위만으로 상대로 하여금 당신의 말에 집중하게 한다. 눈을 보고 말을 해야 당신의 말이 전해지고 서로가 지닌 정보와 지식이 일치하는지 판단할 수 있다. 당신과 면접관의 눈길이 열정이 전달되는 항로다. 제 아무리 멋진 조종사라도 어두운 밤하늘을 항로 없이 비행할 수 있겠는가?

2. 중요한 대목에서는 보디랭귀지를 쓰라.

발표공간은 몸을 움직일 수 있는 유격이 좁다. 화면이나 보드를 쓰면 손과 몸을 자연스럽게 동작할 수 있지만, 구두로만 진행하면 아무래도 부자연스럽다. 그럼에도 적절한 움직임은 필요하다.

1) 핵심내용을 말할 땐 몸을 앞으로 기울이며 두 손을 맞잡고 올린다.
2) 숫자를 세거나 차례를 강조하려면 손가락으로 세는 동작을 한다.
3) 강조하고 싶은 대목이면 팔과 몸을 좌우로 살짝 비튼다.

당신에게 자연스러운 몸짓을 개발하라. 몸짓은 자신감을 끌어올려준다. 면접관은 자신감 넘치고 확신을 가진 열정적 지원자로 당신을 기억할 것이다.

3. 얼굴에서 미소를 지우지 마라.

미소는 즐거움, 기쁨, 행복감을 나타낸다. 상대에게 호감을 주고 대화의 길을 만들어준다. 긴장되고 떨리는 내내 미소를 잃지 않는 것은 평소 습관에서 나오기 마련이다. 화장실에서 거울을 볼 때 서너 번씩 연습하라. 미소는 외향적인 사람, 사회성이 뛰어난 사람의 단서이므로 면접관의 마음을 자연스럽게 끌어당긴다. 또한 사소한 실수를 감춰주고 긴장감을 조절하는 효과도 있다. 면접관이 당신의 말에 고개를 가로젓거나 비웃음을 띠는 것 같아도 미소를 지우거나 낙심하는 모습을 보이지 마라.

4. 말씨에 자신감을 가져라.

열정적으로 발표하는 당신의 말씨는 그 자체로 괜찮다. 남의 말씨를 흉내 내지 마라. 발음 교정, 억양 수정, 모음과 자음 훈련, 사투리 표시를 덜 내려는 악센트 교정에 너무 신경 쓸 필요 없다. 면접관들 역시 당신의 말씨에는 크게 신경 쓰지 않는다. 특이한 목소리나 억센 사투리가 좋은 인상을 주진 않을 수 있지만 무리하고 어색한 흉내에 비하면 자연스러움이 훨씬 낫다. 면접관이 당신의 말씨에 웃는다거나 흥미롭다는 듯이 쳐다보더라도 개의치 마라. 당신에게 오히려 관심이 있다는 표시일 수 있다.

'남과 보조를 맞추기 위해 자신의 봄을 여름으로 바꾸어야 한다 말인가.'

– 헨리 데이비드 쏘로우

당신 자신의 이야기를 담아라

이야기는 모든 종류의 스피치에서 효과를 발휘한다. 우리 모두는 이야기를 가지고 있고 매일 이야기를 즐긴다. '사람들이 공공장소에서 하는 대화의 65%는 사람에 관한 이야기'라고 하지 않는가? 인간은 본래 감성 동물이며 이야기는 감성에 호소하고 감성은 이성에 앞서 이야기를 받아들이기 때문이다. 그럴듯한 이야기를 듣게 되면 타당한가? 묻기 전에 궁금한데? 하며 관심을 가지는 것이 자연스럽다. '철학보다 앞서 인류의 교사가 된 것은 신화'이며 인간은 '학문적으로 생각하기 이전에 이야기의 형식으로' 듣기를 좋아하기에 이야기의 사실 여부는 어쩌면 중요하지 않다. 곰이 동굴에서 백일 만에 사람이 된 이야기와 곶감에 놀라 도망간 호랑이를 믿는 사람은 아무도 없지만 모두가 기억하고 좋아한다. 지구가 자전하는 것을 누구나 알고 있지만 '지는 해를 바라보며'라고 하지 '지구가 자전한지 24시간이 되었구나!'라고 하지 않는다.

당신이 오늘 아침 출근길에 벤츠와 추돌사고를 내고 부서진 구급차를 목격했다면 사무실에 도착할 즈음에는 몇 가지 이야기가 이미 당신 머릿속에서 만들어져 있을 것이다. 로마의 스페인 광장, 덴마크의 인어동상, 태국의 칸차나부리*, 춘천의 남이섬의 유명세는 모두 이야기 덕분이다. 그나마 남이섬은 아름다운 풍광이 여행자를 실망시키지는 않지만.

*사람에 관한 이야기 : 로빈 던바(영국 리버풀대학 진화생물학자로 인간관계의 합리적 수는 150명이라는 이른바 '던바의 법칙'을 주창한 학자)의 연구 결과. 이인식, 『융합하면 미래가 보인다 : 세상을 움직이는 과학의 모든 것』.
*칸차나부리 : 영화 '콰이강의 다리'의 배경이 된 다리가 있는 태국의 소도시.

이야기라고 다 좋아하지는 않는다. 수십 수백 명이 비슷한 이야기를 듣는다고 생각해보라. 누구의 자랑스러운 딸아들로 태어나 어디서 성장하였고, 6년 동안 결석 한번 하지 않은 성실함을 무기로, …… 어쩌고저쩌고, 끔찍하지 않을까?

항공사 취업을 준비하는 청년들을 위한 안내서

이야기는 짧고 재미가 있어야 한다. 그래야 감성에 다가간다. 재미 없는 이야기는 면접관의 이성을 깨운다. '저게 말이 돼?' '앞뒤가 맞지 않잖아!' 면접관들은 며칠씩 비슷한 발표를 듣노라면 신선한 이야기에 목말라 한다. 당신의 이야기는 그곳에 들어가야 하지 않겠는가?

새롭고 재미있는 이야기를 당신의 경험에서 찾아라. 타인과 다투고 협력했던 경험을, 자기 자신과 갈등하고 싸웠던 경험, 그리하여 해결된 과정을 말하라. 당당함과 부끄러움, 성공과 실패, 용기와 비겁 사이에서 고민하고 경쟁했던 당신을 이야기하라. '자신과 경쟁할 때 는 모든 사람이 도와주고 싶어 하는' 법이다. 결과는 중요하지 않다.

'자신과 경쟁할 때 : 사이먼 사이넥, 「나는 왜 일을 하는가」, 이영민 옮김, 타임비즈. 책의 원제는 'Start with Why', 저자 강의를 TED 동영상으로도 볼 수 있다.

"항상 경청하는 습관이 있어 친구들의 고민을 잘 듣고 상담합니다."는 이야기는 진부하다. 증거도 없다. "주말이면 강화도에 계시는 할머니를 뵈러 갑니다. 항상 같은 이야기를 하시는데 들을 때마다 재미있습니다."라는 이야기는 관심을 부른다.

"해외여행에서 길을 잃고 헤매다가 현지인의 도움으로 겨우 숙소로 돌아올 수 있었다."는 그저 그런 경험이다. "여행지에서 길을 잃고 헤맨 경험을 블로그에 올렸다."는 당신의 목표의식을 드러내 준다.

"피자배달, 편의점, 고깃집, 택배, 온갖 아르바이트를 하면서도 열심히 공부했다."는 면접관에게 연민만 남기지만 "피자배달을 하면서 단골손님들의 분포도를 만들어 활용하였습니다."는 당신의 고객서비스마인드와 사업적 능력을 전달해준다.

"방앗간에서 아르바이트를 할 때 추석연휴 사흘 동안 한숨도 자지 않고 버티며"는 당신의 체력을 돋보이게 하지만, "칼로 떡볶이를 자를 때 손을 다치지 않게 안전 손잡이를 만들어 사용했다"는 당신의 창의성을 드러내준다.

당신의 경험은 결코 평범하거나 사소하지 않다. "나는 그런 경험이 없어."라고 하지 마라. 성인이 경험이 없다는 것은 없는 게 아니라 발견하지 못한 것이고, 당신의 일, 사건들이 가치가 없다고 여겼을 뿐이고, 그런 경험들을 정리하여 표현하지 않고 있는 것이다. 시내버스를 탈 때 운전기사의 인사를 반갑게 받아주는 습관은 훌륭한 이야기가 될 수 있다. 지하철을 타면서 휴대폰을 보다 넘어진 일에서도 교훈을 만들 수 있다. 동네의 오래된 서점이 어느 날 없어지고 카페로 바뀐 광경에서도 당신만의 추억과 함께 시사점을 말할 수 있을 것이다. 사람들의 경험은 대체로 평범하면서도 각자 다르다. 당신만의 평범한 이야기가 면접관에겐 특별한 이야기가 될 수 있다. 마인드맵, 스토리보드도 이야기 기법이다. 이야기 구조는 논리와 아이디어를 이해하게 만들어준다. 발표내용 속의 이야기는 당신의 논리와 아이디어를 그림처럼 보여준다. 경험에서 이야기를 찾아라. 이슈트리나 마인드맵으로 적어보고 스토리보드로 작성해보라. 꽤 괜찮은 이야기를 발견하게 될 것이다.

'비범한 사람은 매사에 배우고, 평범한 사람은 경험에서 배우고, 어리석은 사람은 모든 걸 아는 척한다.'

'Intelligent individuals learn from every thing and every one; average people, from their experiences. The stupid already have all the answers.'

💡 발표주제에 관련된 경험의 단서

주제	이야기 단서를 찾을 수 있는 경험
유가환율과 항공사 수지와의 관계	● 비행기를 처음 타면서 가진 궁금증. ● 비행기가 회항하기 위해 기름을 버리는 뉴스
항공권 유통채널 개선 방안	● 해외여행을 하면서 알게 된 가격의 차이 ● 가족여행, 배낭여행, 패키지여행 등을 계획
청년실업이 사회경제에 미치는 영향	● 자신의 실업경험. 아르바이트 경험. 직장이 부도나는 걸 목격한 경험 ● 주위의 실업 상태 파악
항공운송서비스 개선 제언	● 자신이 여행하면서 겪거나 관찰한 내용 ● 여행경험이 없으면 공항이나 예약, 판매 채널을 이용해 본다.
1인 가구 증가에 따른 사회경제적 변화	● 자신이 1인 가구로서 느끼고 가지고 있는 인식 ● 1인 가구 밀집 지역(강남역, 쪽방촌) 탐험
한류문화 또는 산업이 나아갈 방향	● 자신이 경험한 한류 공연, 해외 경험, 주위에서 목격한 풍경, 언론에서 이슈화한 사안에 대한 관심, 한류의 새로운 풍조와 흐름 ● 한류에 대한 새로운 시각

경험에 관한 간단한 이야기 하나!

조건	예시
이야기에는 당신이 나와야 한다(인물 등장, 상황 제시).	당신의 이야기니까. 그렇지만 반드시 당신이 주인공일 필요는 없다. 화자가 될 수도 있고, 목격자가 될 수도 있다. 대학 2학년 추석명절 기간, 극한의 아르바이트라고 악명 높은 ○○회사 인천물류센터에서 일을 하였습니다.
문제가 드러나야 한다(역경, 갈등, 긴장감).	모든 이야기에는 갈등이 있다. 갈등은 시련과 도전이다. 문제해결(Problem Solving)의 동기를 부여하고 결과를 기다리게 만든다. 남자만 모집한다고 공고되었으나 남성 못지않은 체력을 무기로 지원서를 넣었더니 합격하여 사흘간 일하게 되었습니다. 그런데 첫날 일을 마치고 손가락이 부러질 것 같고 허리는 끊어질 것 같은 고통으로 그만두려고 했습니다.
결말은 긍정적으로 끝나야 한다(해피엔딩, 극복).	주인공이 쓸쓸하게 퇴장하는 비극이어서는 곤란하다. 면접관들에게 쓸쓸함을 남기지 마라. 그러나 일당 8만 6천원을 3일간 모아 등록금에 보태야 하는 현실적 목표와 무엇보다 나 자신과의 약속을 지키기 위해 고통을 무릅쓰고 출근하였습니다. 이틀째 역시 고되긴 마찬가지였으나 일머리가 생겨서인지 처음 온 동료에게 물품을 분류하는 요령을 알려주는 여유를 가질 수 있었습니다. 마지막 사흘째 날은 조금 더 효율적으로 하게 되었고 현장 관리자로부터 체력은 물론 정신력이 세다는 칭찬도 들었습니다. 그 이후 매년 명절 때마다 같은 곳에서 아르바이트를 해오고 있습니다.

항공사 취업을 준비하는 청년들을 위한 안내서

조건	예시
남기는 교훈이 있어야 한다 (메시지, 주제/직무와 연결).	면접관들이 '재밌네! 그런데, 주제랑 무슨 관련?' 하는 반응이 나오면 곤란하다. 면접관들의 마음에 하나의 점을 남길 차례다.
	강인한 체력과 긍정마인드를 근간으로 입사 후 영업목표 달성과 고객서비스 향상의 두 마리 토끼를 잡을 수 있는 직원이 되겠습니다.

미국의 소설가 토비아스는 이야기의 플롯은 공공자원이며 위대한 작가들도 아이디어를 빌린다고 한다. 당신은 당신 인생이야기의 작가이다. 아이디어를 빌려라. 태양 아래 최초는 없다. '세상에서 오래 살아남은 모든 흥미로운 이야기 20개의 패턴'에 당신이 선택할 만한 패턴도 분명 있다.

사람들이 좋아하는 이야기 20개 패턴

탐색, 모험, 추구, 구출, 탈출, 복수, 수수께끼, 경쟁, 약자, 유혹, 변질, 변형, 성숙, 사랑, 금지된 사랑, 희생, 발견, 비참한 과잉, 상승, 하강

'사실을 말하면 배울 것이다. 진실을 말하면 믿을 것이다. 하지만 이야기를 말해주면 내 마음속에 영원히 살아있을 것이다.'

– 북아메리카 인디언 속담

끝인사를 기억에 남겨라

깔끔한 마무리도 첫인사 못지않게 중요하다. 골프의 퍼팅과 같다. 300야드를 보낸 드라이버 샷이나 1미터 퍼팅이나 1타이다. 발표를 잘하든 그렇지 않든 첫인사 때와 같은 자세와 표정으로 인사하라. 끝까지 일관성을 유지해야 한다. 말을 마치고 "이상으로 발표를 마치겠습니다. 귀한 시간을 할애해주셔서 감사한다.""발표를 경청해주셔서 고맙습니다."라며 면접관들에게 존경과 감사의 마음을 담아 말하라.

자리로 돌아갈 때도, 앉을 때도 나올 때와 마찬가지의 자세를 유지하라. '잘했어! 내가 제일이야!' 생각하며 돌아와 앉는다. 그리고 다른 지원자들의 발표 중에 단정한 자세를 유지한다. 그들의 발표에도 귀를 기울이고 발표자의 눈을 보고 가끔씩 고개를 끄덕이고 기록하라. 그들은 당신의 경쟁자일 수도 있지만 같이 합격하면 동료가 될 사람들이며 그들의 발표를 잘 듣는 것만으로도 면접관들의 기억에 좋은 인상을 남긴다.

이런 데서 당신의 인성 요소들이 평가되는 것이다.

면접평가에 대한 오해

첫인상이 80%다?

면접장에 들어오는 순간 80%는 결정된다는 말이 있다. 첫인상 효과는 무시할 수 없지만 들어오는 순간에 80%가 결정되지는 않는다. 첫인사에서의 호감도가 반전되는 경우도 많다. 긴장감으로 실패하는 피면접자도 있지만 극복하고 에너지를 폭발하는 경우도 있다. 물론 첫인상을 좋게 가져가는 것은 유리하다. 특히, 임원면접에서는 비교적 비구조화 면접 형식을 선호하기에 더욱 그럴 가능성이 큰 것은 틀림없다.

면접을 오후에 보면 불리하다?

지원자들 간 편차가 적어서 며칠씩 인터뷰를 하게 되는 면접관들이 처음에는 관대한 평가를 하다가 후반으로 갈수록 균형을 맞추기 위해 평가점수를 낮게 주는 경향이 있다는 Narrow Bracketing 효과 이론을 근거로 하는 주장이다. 반대로 오전에는 면접관들의 정신이 또렷하고, 나중에 우수한 자원을 기대하며 엄격히 평가하기 때문에 오전 면접이 불리하다는 의견도 있다. 면접관들은 그날의 면접 전체를 리뷰하고 의견을 교환한다. 오전이든 오후든 괜찮은(또는 형편없는) 지원자는 기억했다가 비교 평가한다. 당신이 몇 시에 면접을 보든 그 시간이 최상의 시간이다. 신경 쓰지 마라.

*Narrow Bracketing 효과 : 「Daily Horizons: Evidence of Narrow Bracketing in Judgments from 10 years of MBA Admission Interviews」 Uri Simonsohn, 하버드 비즈니스 스쿨. MBA 응시자 면접 분석 결과, 하루에 3명에게 좋은 점수를 준 면접사는 4번째 면접사에게는 그렇게 하길 주저한다는 분석을 내놓았다.

발표 Presentation ...117

역량면접은 보여주기에 불과하다?

이 말은 면접관의 성향을 나타내준다. 주로 고위직일수록 이런 자세를 가지고 있다. 역량평가기법을 잘 모르기도 하고, 그런 걸 익힐 시간도 없었을 것이다. 그렇지만 실무면접(1차 면접)에서는 역량기반 평가를 중요하게 여긴다. 임원면접(2, 3차 면접)에 오는 피면접자들의 역량은 수준 이상이라고 판단하고 태도와 인성에 주목한다. 그러니 임원면접에서는 당신의 의지와 인성을 부각시키는 방법을 특히 고민해야 한다. 용모와 복장, 걸음걸이와 태도 역시 중요한 평가요소이다.

구조화 면접이 우리나라 기업에 도입된지도 제법 되었다. 젊은 임원들은 역량을 평가하는 기법을 실전에서 경험한 사람들이 많다. 임원면접도 단순히 보여주기의 역량면접이 아닐 수 있다.

외워서 말하면 감점이다?

정확히 말하면 "외운 것 같으면 감정당할 가능성이 높다."이다. 외워도 자연스럽게 연출하면 오히려 더 잘할 수 있지 않을까? 간혹 외운 티가 팍팍 나는데도 굳건히 발표하는 지원자가 있다. 말하는 도중에 잊어버리곤 "다시 해보겠습니다."하고 처음부터 똑같은 말을 다시 한다. 연습이 부족했겠지만 의지는 강해 보인다. 아예 포기하거나 성의 없이 하는 사람보다는 훨씬 낫다. 연기자들은 대본을 다 외운다. 앵커도 기자도 우선은 외운다. 외우는 것이 곧 연습이다. 지원동기와 자기소개와 같이 미리 준비할 수 있는 단골질문은 자신의 것을 만들어서 외우되, 외우지 않은 것 같이 대답해야 한다.

항공사 취업을 준비하는 청년들을 위한 안내서

- 바른 질문
- 바른 답변
- 구조화 질문과 답변
- 의지, 역량, 인성

인터뷰 -질문과 대답-
Interview

3
PART

바른 질문

인터뷰Interview는 서로inter 보면서view 묻고 답하는 상호작용 행위를 뜻하지만, 채용면접의 인터뷰에서 묻는 행위는 면접관만이 가지는 일방적 권한이라고 볼 수 있다.

맥락을 파악하라

면접관은 왜 질문하는 걸까? 질문의 참 목적, 즉 질문의 언어Text가 아닌 맥락Context을 이해해야 한다. 맥락이란 질문자체만으로는 드러나지 않은 질문의 배경, 환경, 상황, 의도 따위를 의미한다. 면접관이 질문하는 이유는 당신이 다음과 같은 것들을 가지고 있는가를 확인하기 위해서다.

면접관은 인터뷰를 통해 당신의 지원서에 기록된 사실들과 발표내용을 검증하려 든다. 역량기반 질문지를 기본으로 당신의 의지와 잠재역량과 인품을 측정하는 것이다. 그러니 지원서에는 정확한 사실들만 적어야하며 회사와 직무에 대해 많이 알수록 유리하다. 질문을 받

항공사 **취업을** 준비하는 청년들을 위한 **안내서**

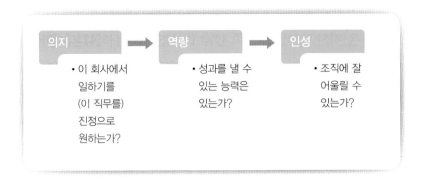

의지 → 역량 → 인성

- 이 회사에서 일하기를 (이 직무를) 진정으로 원하는가?
- 성과를 낼 수 있는 능력은 있는가?
- 조직에 잘 어울릴 수 있는가?

으면 당신은 아는 것을 말하면 된다. 그런데 당신이 아는 것을 면접관이 묻지 않거나 묻는데 대답을 하지 않는다면못하는 것이 아니다 면접관은 당신이 알지 못한다고 판단한다. 지금 면접을 본다고 생각하고 다음 질문에 대답해보라.

1. 우리나라에 공항이 몇 개 있습니까?

2. 당신은 성격이 내향적이라고 생각합니까?

3. 하루 일과 중이나 한 달 또는 연중에 어느 때가 가장 바쁜가요? 또 그럴 때 어떻게 합니까?

면접관이 "우리나라에 공항이 몇 개가 있습니까?"(질문 1)라고 질문한다. 당신은 "15개 있습니다."라고 대답한다. 면접관은 다시 "국제선이 운영되는 공항은 몇 개입니까?"라고 묻는다. 당신 역시 "국제선 공항은 8개 있습니다."라고 대답한다. 그런데 면접관으로부터 더 이상의 질문은 없다. 당신은 국제선 공항의 이름과 공항운영주체와 규모와 심지어 가장 큰 공항 활주로의 개수와 길이와 Landing Minima*까지 알고 있지만, 면접관은 당신이 우리나라 공항에 대해서 아는 것은 공항이 몇 개인지 국제선이 있는 공항이 몇 개인지 정도라고 판단한다.

*Landing Minima : 공항의 항공기 착륙제한치.

당신은 면접관이 한 번 더 질문해주기를 애타게 바라며 면접관을 쳐다보지만 이미 면접관의 눈길은 다음 지원자를 쳐다보고 있다.

위의 질문은 사실 올바르다고 할 수 없다. 올바른 질문은 "우리나라 여객기가 운항하는 공항에 대해 아는 대로 설명해주시겠습니까?"이다. 면접관이 모두 잘 훈련되어 있지는 않다.

면접관이 묻는다. "당신은 성격이 내향적이라고 생각합니까?"(질문 2) 당신은 대답한다. "네! 저는 약간 내향적인 기질이 있습니다. 그러나 어떤 경우에는 외향적인 기질도 있습니다." 면접관이 다시 묻는

항공사 취업을 준비하는 청년들을 위한 안내서

다. "그러면 어떤 경우에 내향성을 보입니까?" 당신은 "등산을 할 때는 혼자 가는 편을 선호합니다. 조용히 저의 내면을 들여다 보면서 사색을 하기에 좋기 때문입니다."라고 대답한다. 면접관은 더 이상 질문하지 않는다. 그런데 당신이 지원한 직무는 영업판매직이다.

당신은 혼자 산에 가기를 좋아한다. 그러나 성격이 내향적이어서는 아니다. 단지 숲에서는 여럿보다 혼자 걷는 것을 선호할 뿐이다. 그럴 수 있지 않은가? 당신은 축구도 좋아하고 사람들과 잘 어울리며 동창회니 여행자 클럽이니 하는 모임도 빠지지 않는다. 영업직무라고 외향적인 사람이 반드시 성과를 낸다는 증거도 없다. 그렇지만 대부분의 면접관은 당신이 내향적인 사람으로 영업판매부서에는 어울리지 않는다고 판단한다.

올바른 질문은 "당신의 성격 중에 내향적인 면과 외향적인 면을 말해보세요."라고 해야 한다. 영업부서에 외향적인 사람만 있는 것도 아니다. 그런 사람만이 그런 직무를 훌륭하게 한다는 증거도 없다. 한 사람의 인격을 어떻게 '○○적이다'라고 단정하겠는가?

(MBTI 이론에서는 사람의 성격유형을 16가지로 분류하여 학문적으로 다루고 있기도 하다)

"하루 일과 중이나 한 달 또는 연중에 어느 때가 가장 바쁜가요? 또 그럴 때 어떻게 합니까?"(질문 3) 면접관이 질문한다. "저는 집중력이 강해서 공부할 때나 어떤 일을 할 때는 한 가지에 몰두하는 편입니다. 매일 아침에 일찍 일어나는 습관이 있지만 아침밥을 거르지 않는 편이라 아침을 먹고 학교 갈 준비를 하면서도 동생이 어려서 동생 가방과 숙제도 제가 꼭 챙겨주기 때문에, 하루 중에는 아무래도 아침이 가장 바쁘고, 한 달 기준으로 말씀드리면 ……"

이즈음엔 면접관은 다음 지원자의 프로필을 보고 있지 않을까?

- 질문의 의도는 바쁘거나 긴박한 때를 대비한 자신만의 대응규칙이 있는지 중복되는 일이 생겼을 때 처리 순위를 세우는지와 같은 시간관리 방법이 있는지를 묻는 것이다. 스트레스 내성과 계획성향, 바쁜 상황을 대처하는 '어떻게'를 묻고 있는 데, 당신은 '어느 때'에 초점을 맞추고 있다. 대답하다 보면 말이 꼬이고 힘이 떨어지며 '어! 이게 아닌데,' 하는 느낌이 든다. 회복하기에는 이미 늦다.

- 질문을 받는데 정확히 이해하지 못했다면 정중하게 다시 질문하라. 면접관에게 다시 묻기가 쉽지 않지만 말귀를 못 알아듣는다는 오해를 받아서야 되겠는가. "죄송하지만, 다시 한 번만 말씀해주시겠습니까?" 이런 질문은 오히려 당신의 의사소통능력 평가에 플러스가 되지 손해를 주지는 않는다.

- 여기서 올바른 질문은 "일을 하거나 생활하는 중에 바쁠 때가 있을 텐데 그런 때 당신은 상황을 어떻게 처리하는지, 또 그런 사례가 있으면 얘기해주세요."이다. 그러나 면접관도 사람인지라 며칠씩 비슷한 일을 계속하면 피로해지고 대충 넘어가기도 한다.

- 시간관리 질문은 자주 나온다. "주말에 뭐하고 지내느냐?"라는 가벼운 질문도 시간관리를 어떻게 하는지 파악하려는 의도이다. 시간은 누구에게나 주어지는, 자아실현을 위한 기본자산으로 면접관은 시간관리를 잘 하는 사람을 선호한다. 주말의 취미와 여가활동에서도 계획적인 사람에게 이끌리게 된다.

항공사 **취업을** 준비하는 청년들을 위한 **안내서**

위 질문에 고려해볼 만한 답변

질문 1

여객기 운항기준으로 8개의 국제공항과 7개의 국내선 전용공항, 모두 15개의 공항이 있습니다.

인천공항이 우리나라의 대표 관문공항이며 현재 약 70여 개의 국내외 항공사가 취항하고 있습니다.

○○항공은 하루 ○○편을 운항하여 전체 규모의 ○○%를 차지하고 있습니다.

질문 2

저는 내외향성을 다 가지고 있는 카멜레온입니다.

매월 한 번씩 서대문구 사회인 축구를 하며 다양한 사람들을 만나서 팀워크를 실전으로 배우고 있습니다. 그렇지만 등산도 좋아해서 한 달에 한 번은 북한산성을 오릅니다.

산에는 주로 혼자 가는데 혼자 걸으면 생각을 집중할 수 있어 문제나 고민을 해결하는 좋은 방법이기 때문입니다.

질문 3

바쁠 때 일처리를 하는 데 몇 가지 원칙이 있습니다.

우선 일의 중요도와 긴급성을 정합니다.

그리고 멀티태스킹보다 모노태스킹이 저에게 더 맞아서 일은 하나씩 정확하게 처리하려고 노력합니다.

마지막으로 한 달, 일 년의 장기적 일들은 구글 이메일 일정표를 이용하여 계획서를 작성하여 처리합니다.

질문을 유도하라

질문하는 자는 답을 하지 않을 수 없다(카메룬 속담). 질문은 질문받는 사람을 생각하게 하고 마음을 열게 한다. 자기 자신에게 하는 질문도 마찬가지다. 자신에게 질문을 어떻게 하느냐가 삶의 방향을 정한다. '왜 나는 이렇게밖에 안 될까?'라는 질문에는 '좋은 학교를 다니지 못해서', '돈 없는 부모를 만나서', '의지가 약해서'라는 답이 나온다. '어떻게 하면 잘할 수 있을까?'라는 질문에는 '이번 방학기간에 토익 점수 200점을 올린다.', '일주일에 세 시간은 달린다.', '월급의 반은 저축부터 한다.'라는 답이 기다린다.

올바른 질문은 대화를 질문자가 원하는 방향으로 이끌 수 있다. 인터뷰든, 청문회든, 법정이든 질문을 바르게 하는 사람이 대화를 주도하고 바람직한 결과를 만든다. 질문과 대답이 수없이 오가는 토론회나 청문회를 보면서 답답함을 느낀다면 대개는 질문자의 질문이 바르지 못하기 때문이다.

올바른 질문으로 피면접자의 잠재된 역량과 직무 적합성과 조직* 적응성을 정확히 찾아낼 수 있다. 앞의 사례처럼 면접관의 질문에 단

*조직 : '조직'에 대해 피터 드러커의 정의가 가장 어울린다고 본다. 그는 "조직(組織)이란 특정한 목적을 가진 사람들의 집단으로 조직 그 자체는 목적이 될 수 없고 수단이어야 한다. 조직에서 가장 중요한 것은 사람이며 사람 없이는 성과도 조직도 없다."라고 하였다.

항공사 취업을 준비하는 청년들을 위한 안내서

편적으로 대답하다 보면 면접관은 당신이 아는 것이 없다고 판단하고, 당신은 면접관의 질문에 성의가 없다고 여긴다. 오해하는 것은 서로 마찬가지지만 면접관이 손해 볼 일은 없다. 면접관의 목적은 질문을 통해서 당신을 파악하는 것이고 당신의 목적은 당신이 그 직무에 적합하다는 것을 면접관에게 알리는 것이다. 당신이라는 제품을 면접관이라는 고객에게 사달라고 설득하는 것이다. 당신은 판매원이고 면접관은 고객이다.

가게 A	➡	가게 B
(고 객) 이 시계에 방수 기능이 있습니까?		(고 객) 이 시계에 방수 기능이 있습니까?
(판매원) 예, 있습니다.		(판매원) 예, 수중 50미터까지는 100% 방수가 됩니다. 스쿠버다이버들이 많이 사용합니다. 저도 스쿠버다이빙이 취미인데 물이 들어온 적이 한 번도 없었습니다. 온천이나 물놀이, 수영하는 데는 전혀 지장이 없습니다.
(고 객) 얼마나 되죠? 한 10미터까지는 되나요?		
(판매원) 예, 10미터까지 방수됩니다.		
(고 객) (……)		

당신이라면 어느 가게에서 시계를 사겠는가? 상품을 홍보할 기회도 얻지 못하는 세일즈맨들이 얼마나 많은데 주어지는 기회도 활용하지 못한다면 손해 보는 이는 누구인가? 면접관의 질문에 단편적으로만

답하면 대화는 멈추게 된다. 면접관은 서류만 보고 당신은 다음 질문만 기다린다. 그런데 면접관은 질문할 생각이 더 이상 없다. 면접관의 질문 속으로 들어가서 질문을 유도하라. 당신이 답을 가지고 있는 질문을 하게 하라. 올바르지 않은 질문이라도 그 의도를 찾아서 올바른 대답을 하는 것이다. 그런 대답을 면접관도 기대한다. 면접관의 질문을 미리 알 수는 없지만 예측할 수는 있다. 면접관의 첫 질문에 잘 대답하면 두 번째, 세 번째 질문 방향을 알 수도 있으며, 면접관은 느끼지 못하지만 당신이 잘 아는 친숙한 답변들이 가득한 방으로 유도할 수도 있다. 당신은 그저 적당한 것으로 골라 공손하게 내놓으면 되는 것이다. 한 번의 대답으로 면접관의 기대에 응하면 더 좋지 않겠는가?

구조화 질문

'Garbage in, garbage out.'[*]이다.

　인터뷰에서의 질문도 다르지 않다. 질문이 쓰레기면 답변도 그렇게 나올 가능성이 높다. 좋은 질문을 하고받고 대답을 듣는하는 것은 면접이라는 채용도구에서도 가장 핵심적 단계이다. 면접관이 질문의 단어

*Garbage in, garbage out. : GIGO. 쓰레기가 들어가면 쓰레기가 나온다. 입력 자료가 잘못되면 결과도 엉터리라는 뜻의 컴퓨터 언어.

항공사 취업을 준비하는 청년들을 위한 안내서

나 문장을 잘못 사용하면 피면접자들의 마음에 미리 잘못된 조건을 심어 잘못된 답변을 받게 된다. 잘 훈련된 면접관은 피면접자의 잠재역량을 최대한 이끌어내기 위해 적절한 질문을 효과적으로 던진다. 이런 질문을 구조화된 질문이라고 부른다. 구조화 질문도 그 내용을 모르면 제대로 된 답을 할 수 없다.

구조화된 질문이란 직원들에게 필요한 역량 을 측정하기 위해 정해 놓은 질문들을 면접관이 일정한 기준으로 묻고 피면접자의 반응을 평가하는 체계적 질문기법이다. 면접관의 개인적 성향이나 피면접자의 후광효과와 초도효과를 최소화하려는 것이다. 구조화 질문기법을 이해한다면 질문의 의도와 방향을 알 수 있고, 어떻게 대답해야 하는지를 알 수 있다. 면접 질문이 모두 불확실하고 모호하지는 않은 것이다. 아울러, 면접관의 질문의도를 파악하고 대답하면 소통능력이 뛰어나다는 평가를 받는다.

말이 통通함은 역량의 첫 번째 조건이다. 질문의 초점이나 핵심 단어를 보면 그 질문으로 평가할 수 있는 역량 유형을 파악할 수 있다.

- 역량이란 회사의 채용사이트의 '인재상'에서 볼 수 있는 '도전정신, 국제적 감각, 성실성' 같은 능력요소를 말한다.
- Richard E. Boyatzis는 역량을 "어떤 직무에서 효과적 혹은 탁월한 수행을 보이는 한 개인의 기저 특성(Underlying characteristics)이다."라고 정의한다. "The competent manager : A model for effective performance" 「채용과 선발의 심리학」, 로버트우드, 팀페인, 시그마프레스. (2003)
- 우리나라 중앙공무원교육원은 역량을 능력(Ability)과 역량(Competence)으로 구분하고 능력은 지식, 지능, 인성까지 포함하는 광의의 개념으로, 역량은 주로 직무수행에서 나타나는 개인적 행동특성으로 정의하고 있다. 아울러 정부조직이 필요로 하는 기능에 따라 변할 수 있으며, 행동의 특성상 관찰과 측정이 가능하다고 본다. (중앙공무원교육원 역량진단 홈페이지)

질문 초점(핵심단어)	면접관이 찾는 핵심역량
취미, 여가활동, 관심	시간관리, 계획성, 유연성
실패나 고난 경험	독립심, 리더십, 진취성, 동기부여
성격의 장점, 단점, 자기소개	책임감, 논리력, 동기부여. 성취동기, 자존감
조직이나 단체생활	책임감, 리더십, 성실성, 유연성, 협상력, 영향력
정보, 시사, 지식, 퀴즈	논리력, 유연성, 집중력, 판단력, 문제해결 능력, 의사소통능력
상황제시 후 대처	논리력, 진취성, 유연성, 전략화, 사업적 인식, 판단력, 문제해결능력, 팀워크
지원동기, 직무, 포부	계획성, 진취성, 동기부여, 자기계발, 끈기, 조직력, 학습능력, 의지력, 추진력

요컨대, 면접관의 잘못된 질문에도 적절히 대응할 수 있고, 좋은 질문에는 면접관이 기대한 이상의 답변을 들려주는 방법을 알아야겠다. 당신은 'Garbage in, Gold out.'의 결과를 만들어라.

'제대로 된 질문을 던지는 것만으로도 진리의 절반은 다가간다.'

— 프랜시스 베이컨

항공사 취업을 준비하는 청년들을 위한 안내서

바른 답변

초점을 찾아라

　면접관은 질문을 통해 피면접자의 입사의지와 직무수행 능력, 그리고 조직에 어울리는 성품을 확신할 수 있는 답을 원한다. 즉, 당신의 의지와 역량과 인성의 수준을 파악하고자 하는 것이다. 의지는 열정과 지식에서 확인되고, 역량은 경험과 전문성이 증거로 제시되며, 인성은 태도와 사회성으로 판단된다. 면접관은 직관적으로 자연스럽게 나오는 답에서 당신의 의지와 역량과 인성을 확인하려고 한다.

　이것이 모든 질문이 바라는 대답의 초점이다. 잊지 말아야 할 것은 당신이 말하는 과거와 현재의 상태가 어떠하든 입사 후의 밝고 능동적인 미래가 그 초점을 부각시키기 위한 배경이 되어야 한다는 것이다.

💡 성인이 된 후 실패한 경험이 있는가?

　실패한 사건에 초점을 두지 말고 실패를 겪고 얻은 결과에 중점을 둔다. 경험으로 배운 도전정신, 진취성, 긍정적 마인드에 집중하여 답한다.

'과거 실패 경험' – 실패가 아니라 경험의 교훈을 강조한다.

저는 삼수생이었습니다.

첫해에는 원하는 학교에 지원했다가 실패하였고 둘째 해에는 수능성적 목표 달성에 실패하였습니다. 두 번의 실패를 겪고 제 의지와 적당히 타협한 채 원하지 않은 학과로 진학하였죠. 당연한 결과인지 학과공부에 집중하지 못했었습니다. 카페에서 서비스 아르바이트에 적응해 가던 어느 날 고등학생 손님이 두고 간 책 한 권이 저의 삶의 방향을 바꾼 이정표가 되었습니다.

그 책은 고 정주영 회장의 '시련은 있어도 실패는 없다'였습니다. 그저 시간을 보내기 위해 조금만 읽으려고 했는데 앉은 자리에서 다 읽게 되었습니다. 책을 읽고 제가 당시에 얼마나 무기력한 삶을 목표로 살고 있었는지, 제 스스로 실패라고 여겼던 현실도 실패가 아니라 단지 시련의 과정이 아닐까 하는 생각이 들었습니다.

책을 찾으러 온 학생에게 허락도 없이 책을 읽어서 미안하고 책이 기대하지 않았는데 재미있다고 말하자 그 학생이 '그렇죠, 재밌죠? 저도 이 책 읽고 우리나라 기업인에 대한 생각이 바뀌었어요. 천천히 주세요. 이쪽으로 자주 다니니까 다음에 들를게요.' 하였습니다. 그 학생이 형이고, 제가 동생이 된 듯한 기분이었습니다.

그 날부터 다시 공부를 시작하였습니다. 실패했던 원인을 분석하고 계획을 세워 실천했습니다. 세 번의 도전 끝에 원하던 목표를 이룰 수 있었습니다. 대학은 삼수였지만 인생도전에는 차수가 없습니다. '길이 없으면 길을 찾고, 찾아도 없으면 길을 닦아' 나가겠습니다. ○○항공에서 제 인생의 길을 찾겠습니다.

항공사 **취업을** 준비하는 청년들을 위한 **안내서**

흔한 자기계발 책에 나오는 진부한 사례 같아도 당신의 경험이 스며든 생생한 이야기가 받쳐주는 긍정과 전화위복의 마인드에 어떤 면접관이 야박한 점수를 주겠는가.

💡 입사 후 포부를 말해보라

전문성, 전공지식, 지각력, 사고력, 직무가치 등에서 한두 개의 역량에 집중한다.

'입사 후 포부' – 지원한 직무의 가치를 부각시키는 답변

저는 기업의 환경경영에 관심이 많습니다.

항공사의 환경경영은 연료효율성이 높은 항공기를 도입하는 직접투자가 우선되어야 하지만, 항공기 운영상의 프로세서를 개선하여 항공연료를 감소하는 방안을 개발하고 추진하는 업무를 하고 싶습니다.

우선, 기내에 탑재되는 다양한 기내식과 기물 그리고 기타 서비스물품의 수량을 과학적, 통계적 기법으로 하향 조정할 수 있다고 봅니다. 물론 서비스 품질을 유지하면서 조정해야 할 것입니다.

또한, 화물칸에 탑재되는 알루미늄 재질의 ULD를 경량화할 수 있는 방안도 고민하여 해결하고 싶은 욕심이 있습니다. 국내에서 제작하는 방안을 연구하겠습니다.

끝으로, 항공기가 지상에서 대기하고 움직일 때 연료소모를 최소화할 수 있는 방법과 항공기 세척으로 발생하는 오염물 처리 절차 아이디어도 발굴하고 적용하고 싶습니다.

장기적으로 항공연료절감 업무에서 최상의 능력을 발휘하는 직원이 되어 회사에 이익을 주고 사회에도 보탬이 되는 역할을 수행할 각오가 되어 있습니다.

결혼식인데 출장을 가야 한다면?

"일주일 후에 당신의 결혼식입니다. 오늘 중동으로 출장가려던 직원이 교통사고를 당해 당신에게 대신 갈 것을 요청합니다. 회사로서는 이번 출장에 상당한 공을 들였는데 어떻게 하시겠습니까?"

사랑과 야망! 둘 중 어느 쪽을 선택하겠느냐고 노골적이고 유치하게 물어본다. 이런 질문은 몇 가지 의도를 내포하고 있다. 면접관은 당신이 난처한 상황을 어떻게 대처하는지, 유연성과 융통성이 있는지, 조직문화에 대한 생각이 어떤지를 파악하고자 한다. 실제 일을 하다 보면 퇴근시간을 넘겨 일하고 휴일에도 출근을 해야 하거나 갑작스런 출장을 가야하는 상황이 드물지 않다. 그런 상황에서도 평소와 다름없는 성과를 낼 수 있는 자세가 있느냐를 보려는 것이다.

"결혼식이 예정된 저에게 내려진 명령이라면 그것은 제가 그만큼 중요하다는 뜻이라 판단합니다. 결혼식은 연기해서 다시 할 수 있습니다. 신혼여행 일정을 더 좋은 곳으로 계획하겠습니다."

사랑이냐 야망이냐 갈등하지 마라. 단, 개인의 행복도 소중하다는 가치관을 보여야 한다. 회사와 약혼자, 양쪽 모두의 감정 을 해치지 않고 오히려 당신에 대한 신뢰를 쌓는 계기가 되도록 답변을 해야 한다.

*감정 : 스티븐 코비는 이를 '감정은행계좌'라는 절묘한 표현을 만들었다. 사람들 사이의 신뢰도를 은행계좌에 비유하여 상대에 대한 이해심, 사소한 일에 대한 관심, 약속의 이행, 기대의 명확화, 언행일치, 진지한 사과, 6가지 방법으로 감정은행계좌를 늘릴 수 있다고 한다. 「성공하는 사람들의 7가지 습관」, 스티븐 코비.

항공사 취업을 준비하는 청년들을 위한 안내서

결론부터 말하라

　결론부터 말하는 방법을 뉴스에서 배울 수 있다. 뉴스는 독자나 청자들에게 효과적으로 정보를 전달하는 데 1차 목적이 있기에 정보와 논거를 가독성 우선으로 배열한다. 신문 스트레이트 기사를 대부분 결론부터 내세우는 이유다. 방송에서도 마찬가지다.

　스트레이트 뉴스에서 헤드라인제목 바로 밑에 나오는 기사의 핵심주제를 서술한 첫 문장을 리드Lead라고 한다. 리드만 보고 기사가 전달하고자 하는 내용을 독자가 이해하여 뉴스의 가독성을 높이기 위한 마중 글이다. 리드 다음에

리드를 지지하는 사실들과 사례들이 따라 나오는 부분을 보디Body라고 하는데 여기에서 비로소 중요도, 흥미도에 따라 세부 사실들이 하나씩 서술, 제시되는 것이다. 이런 전개 방식을 역피라미드 형태라고 한다. 면접 질문에 답변할 때 뉴스의 역피라미드 방식을 활용하면 내용 전달력이 뛰어나다는 평가를 받을 수 있다.

　발표와 마찬가지로 질문에 대한 대답도 결론부터 말하는 것이 유효

하다. PREP, STAR, 비행단계, 패러그래프 방식을 응용하여 질문에 짧은 답변을 만들어보라.

"취미가 여행하기인데 특별히 좋아하는 여행타입이 있습니까?"라는 질문을 받았다면 어떻게 답해야 할까?

- "여행은 크게 여행사에서 주관하는 기획단체여행과 개별여행으로 분류할 수 있습니다. 또 여행의 목적으로 구분하면 역사, 문학, 레저 여행으로 나누고, 수단으로 구분하면 항공여행, 기차여행, 선박여행, 자동차 여행 그리고 도보 여행으로 나눌 수 있겠습니다. 저는 국내를 여행할 때는 지리적으로 친숙하고 비용을 절약하면서 자유롭게 다닐 수 있는 개별여행을 선호하고, 해외여행은 비교적 짧은 시간에 많은 곳을 관광할 수 있는 단체여행을 선호합니다.
  하지만 앞으로는 해외여행을 할 때에도 그 나라의 여행자원을 다양하게 즐길 수 있는 개별여행을 할 계획입니다."

- "지역 고유의 자원과 특색을 다양하게 경험할 수 있는 개별여행을 선호합니다. 개별여행 중에서 탐험과 역사문화를 테마로 하는 도보여행을 특히 좋아합니다. 여행은 새로운 것에 대한 모험과 도전이고 그런 경험은 제가 하는 일과 삶에 활력소가 되기 때문입니다."

당신이 면접관이라면 자율성과 창의성의 점수를 누구에게 더 주겠는가?

인터뷰 중의 면접관의 머리는 바쁘게 돌아간다. 적정한 질문을 찾고 대답하는 지원자들의 자세, 태도, 답변 내용의 완성도를 그때그때

항공사 **취업**을 준비하는 청년들을 위한 **안내서**

평가해야 하는 일은 상당한 집중을 필요로 한다. 기억에 의존하여 나중에 평가하게 되면 정확성과 공정성이 떨어지기 때문에 답변을 받는 즉시 평가하려는 경향이 강하다. 지원자들이 대체로 비슷한 답을 하고 차별된 내용이 없을 때 면접관의 머릿속에는 편견이 개입될 틈이 생기게 된다. 그러니 핵심단어를 사용하여 기억에 남을 수 있는 답부터 먼저 들려줘라.

열정을 담아라

'열정적이다'는 무슨 기준으로 평가하는 걸까? 큰 목소리로 열심히 대답하면 되는 걸까? '열정적'과 '열심히'는 다르다. 열정적은 사랑해서 꾸준히 집중하는 마음이고 열심히는 사랑하지 않아도 집중할 수 있는 태도이다. 열정이 없더라도 열심히 할 수는 있다. 열정적은 능동적이고 열심히는 수동적이다. 열심히 하는 피면접자는 괜찮은 평가를 받지만, 열정적인 피면접자는 선택된다. 인터뷰에서 열정을 보여주는 답변 자세를 익혀둬라.

🔅 크고 분명하게 말하라

목소리가 작고 낮으면 자신감이 없어 보이고 믿음이 가지 않는다. 직무에 진정한 관심이 있어 보이지 않는다. 너무 큰 목소리도 꾸민 것 같고 자연스럽지 않아 듣기에 부담된다. 목소리를 음계 '솔'음에 맞추라는 말이 있지만 그런 작위적 시도보다는 평소 자신이 대화할 때의 소리보다 조금 더 크고 높게 한다는 생각으로 말하는 것이 바람직하다.

💡 긍정적인 단어들을 사용하고 미래지향적 의미를 담아라

뚜렷한 목적의식을 드러내야 한다. 목적의식이란 무엇을 얻고 어떤 위치에 오르는 것이 아니다. 무엇을 위해 어떤 일을 어떻게 하는 것이다. 과정이자 행동이지 결과나 이론이 아니다. 목적의식이 뚜렷한 사람은 자신의 비전을 정하고 비전을 향해 회사에서 어떤 일을 어떻게 하겠다는 행동계획을 보여준다. "최고의 마케터가 되겠습니다."보다 "화물수요가 적은 관광노선의 화물상품 시장을 개척하겠습니다."가 목적의식이 뚜렷하다. "뛰어난 정비능력과 기술을 습득 하겠습니다." 대신에 "랜딩기어를 제 다리로 여기고 날개를 제 팔로 생각하여 닦고 조이고 기름치는 습관을 키우겠습니다."가 과정과 행동에 가치를 두는 대답이다. 열정은 이런 답변에서 발견된다.

💡 목적을 향한 성실함을 강조하라

성실함은 어려움을 참는 힘, 끈질기게 버티는 힘이다. 인내와 끈기이다. 속된 말로 (정신적)맷집이다. 기업은 맷집이 있는 사람을 좋아한다. 어떤 주제든지 인내와 끈기에 대한 당신의 이야기나 사례를 넣어서 표현한다. 열정은 당신이 보여주는 것이 아니라 면접관이 보도록 해야 한다. 인내와 끈기를 표현하면 열정이 드러나게 된다.

항공사 **취업을** 준비하는 청년들을 위한 **안내서**

> "여행을 좋아하고 비행기에 관심이 많아서 이 회사가 저의 갈 길인 것
> 같습니다. 인생의 행복은 좋아하는 일을 하는 것이라고 믿습니다."

요즘 여행 좋아하지 않고 비행기에 관심이 없는 청춘이 있나? 랩을
좋아한다고 모두 래퍼가 되고 게임을 즐긴다고 다 프로그래머가 되지
는 않는다. 무리한 연결은 끊어지기 쉽다. 직무에 관심을 갖게 된 구
체적인 계기를 말하고 지속적인 노력을 증명해야 한다. 열정은 말이
나 생각을 넘어 경험과 행동에 의해 뒷받침되는 것이다.

> "좋아하는 여행을 다니다가 공항에 대해 관심을 갖게 되었습니다. 특히
> 우리나라 인천공항이 어떻게 해서 12년 연속 세계 최고의 공항으로
> ASQ* 1위를 수상하게 되었는지를 공부하였고 ○○항공의 서비스 품질
> 이 일조하였음도 알게 되었습니다."
>
> *ASQ : Airport Service Quality Rank. 매년 국제공항협의회(ACI)에서 선정하여 발표한다.

💡 자연스런 표정을 유지하라

면접이 끝나고 회사문을 나갈 때까지 미소를 띠고 있어라. 자연스
런 미소는 서비스 직원으로서 아주 중요한 평가요소일 뿐 아니라 열
정을 가졌다는 무언의 표식이 된다. 자연스런 미소 짓기는 쉽지 않다.
그것을 30분 이상 유지하기는 더 어렵다. 억지로 짓는 미소는 5분이

지나면 안면에 경련을 일으킬 수도 있다. 거울을 볼 때마다 입꼬리를 올리는 연습을 해두자. 면접 시간 동안은 즐거운 일이나 사건을 상상하라.

인생길에 비가 내려도 마음속엔 해를 띄워라 – 정주영

천만 번 넘어져도 웃는 얼굴로 다시 일어나라 – 커넬 할랜드 샌더스

정답은 없지만 오답은 있다

"우리 회사에 지원한 동기가 뭐죠?"라는 질문에 "여행을 좋아하고 해외 경험이 풍부하며 글로벌 감각을 가지고 있기 때문입니다."는 대답은 오답이다. 여행을 좋아하는 것과 국제적 감각은 너무나 상투적이다. "비행기만 생각해도 즐겁습니다. 글과 말과 몸으로 비행기를 다루는 업무가 천직이라 여깁니다. 현재 규모에서 업계 2위인 ○○항공을 업계 1위로 키우는 데 성취 목표를 두겠습니다.", "중장거리 노선 개척을 계획하고 있는 ○○항공에서 성장엔진의 윤활유로 활약하고 싶어서 입니다."는 대답은 질문의 맥락에 부응한다.

"장기적 계획이 무엇입니까?"라는 질문에 "맡은 직무부서에서 최고 임원이 되는 것입니다."라는 답변은 오답은 아니지만 정답도 아니

다. 그 회사의 문화, 직무의 종류, 면접관의 성향에 따라 리스크가 큰 답이다. 도전정신과 성취지향이 우수한 것으로 평가될 수도 있지만 직무가 아닌 직위를 언급하는 것은 적절치 않은 것으로 간주될 수도 있다. "장기적 계획은 아직 없습니다. 합격만 되면 열심히 최선을 다해 배워나가겠습니다."는 답변은 오답이다.

모든 질문은 '왜'라는 이유를 내포하고 있다. '○○이 뭡니까?', '○○입니까?'라고 묻는다면 '왜 그렇게 생각하느냐? 왜 그렇게 되었다고 보느냐?'라는 의미다. 왜 하필 우리 회사인지, 왜 하필 이 직무를 원하는지에 대한 명확한 방향의식을 가지고 있어야 한다. 면접 질문에 딱 부러진 정답은 없지만 탈락의 문으로 안내하는 오답은 항상 있다.

면접관은 평가할 역량을 염두에 두고 질문하지만 당신의 답변을 들으면서 다른 역량도 판단한다. 질문 하나로 여러 개의 역량을 평가하기도 하고 여러 번의 질문으로 하나의 역량을 평가하기도 한다. 평가서의 항목을 모두 평가하지 못하게 되면 확실하게 평가할 수 있는 한두 개의 역량을 기준으로 나머지 항목들을 평가할 수도 있다. 따라서 질문을 받았을 때 질문이 구하는 역량을 의식하며 대답할 필요는 없다. 질문 자체에 충실하여 대답한다. 애매한 질문에 너무 따지다가 당황하거나 아예 답을 못하는 실수가 있어서는 곤란하다.

> '경험이란 당신에게 일어나는 것이 아니라 당신에게 일어난 것을 어떻게 대처하느냐 하는 것이다.'
>
> – 올더스 헉슬리

구조화 질문과 답변

　질문의 초점은 '그 이유'에 있다. ('그렇게 생각하는 이유는 무엇이냐?'라는 말이 없더라도) 이런 질문들은 평소에 당신이 사고하고 상상하고 소통하는 일상의 가치관을 파악하는 데 적합하다. 누구나 말할 수 있지만 대개 진부하거나 과도하게 꾸민 대답이 나오므로 당신에겐 남다르게 보여줄 수 있는 기회이다.

　다음 답변과 당신이 만든 대답을 비교해 보라.

> 저에게는 풀백수비수가 최적의 포지션입니다.
> 풀백은 강인한 체력, 빠른 판단력, 몸을 아끼지 않는 희생정신을 필요로 합니다. 현대 축구에서 풀백은 수비만 하지 않습니다. 공격수에게 결정찬스를 제공하고 빈틈을 공략하여 기회가 포착되면 슛을 날리죠. ○○회사에 입사하여 영업, 운송, 화물 분야를 가리지 않고 오버랩핑* 하는 뛰어난 풀백이 되겠습니다.
>
> *오버랩핑 : 축구에서 수비수가 공격 진영으로 들어가 공격을 돕거나 공격하는 행위.

　많은 남자 피면접자들이 취미나 여가활동이 축구라고 말한다. 그런데 정작 축구에 대해 질문하면 대답은 한결같다. 포지션은 미드필더,

롤모델은 박지성 아니면 손흥민이다. 축구에 전혀 문외한이면, 다른 종목을 사례로 들어 답변하는 순발력이 필요하다.

> 가을 들녘과 강변에 무리지어 피는 갈대를 좋아합니다.
> 갈대는 두드러진 아름다움은 없지만 인내와 신뢰와 지혜의 상징입니다.
> 저는 ○○회사에서 갈대를 닮아 끊이지 않는 믿음을 주는 사람이 되겠습니다.

'○○라고 생각한다', '○○일 것 같다', '○○이면 좋겠습니다' 같은 추측성 어미를 쓰지 말고, '○○입니다', '○○가 어울립니다', '○○를 하겠습니다' 같이 단정적으로 말하라. 확신을 나타내야 한다.

자신이 좋아하는 식물, 동물, 색깔, 스포츠 종목, 영화와 문학 장르에 대해 비슷하게 질문해 보라.

> 저는 보잉787 시리즈 드림라이너의 레이키드 윙팁이 되겠습니다.
> 레이키드 윙팁은 첨단 기술로 제작되어 날개 끝에서 발생하는 와류를 줄이는 데 일반 윙렛보다 연료절감 효과가 뛰어납니다.
> 저 역시 ○○회사에서 레이키드 윙팁과 같은 첨단기술이 융합된 인재로 회사라는 비행기의 효율성을 높이는 데 기여하고 싶습니다.
>
> *윙팁 : Raked Wing Tip. 항공기 주날개 끝부분의 후퇴각을 전체 후퇴각보다 더 크게 해 와류를 억제하는 방식. 특히 수직이 아니기 때문에 윙렛보다 주날개 전체 폭을 넓히는 효과가 더 크다. 이 윙팁의 적용으로 이륙 시 활주거리를 줄일 수 있게 되면서 보잉 767-400ER, 747-8, 787-8, 787-9에도 적용됐다. 「월간항공 2015」. 우리나라에서는 대한항공에서 생산하여 보잉사에 납품 중이다.
> *와류 : 날개의 앞부분에서 직선으로 들어온 공기가 끝부분에서 소용돌이처럼 변하는 현상.

모든 동력장치의 핵심은 엔진이다. 그러나 엔진외의 수만 가지의 부품도 안전에 미치는 영향은 똑같다. 회사에 적절한 아부를 하면서 은근히 상식을 뽐내는 대답이다.

> 빨간 벽돌집을 짓는다면 한 장의 벽돌이 되겠습니다.
> 집을 짓고 지탱하는 구조물에는 집 전체를 지지하는 대들보와 대들보를 받쳐주는 기둥과 기둥을 버텨내는 주춧돌이 핵심을 이룹니다. 그러나 이 모든 것들을 이어주고 감싸주고 아름답게 해주는 것은 벽돌입니다.
> 비록 수많은 벽돌 중에 하나이지만 개체의 역할이 결국 전체의 목적을 이룬다는 가치를 믿습니다.
> 입사하게 된다면 회사라는 집에 벽돌 하나의 역할과 기능을 120퍼센트 발휘하겠습니다.

집이라는 구조물에서 벽돌은 가장 중요한 재료이지만 외장재에 가려져 잘 보이지 않는다. 집이라 하면 대들보, 기둥, 서까래 등의 재목이 두드러지는 데 가장 흔한 재료이지만 핵심적인 벽돌에 자신을 비유하면서 조직 내에서의 벽돌 같은 충실한 팔로워십을 주장하고 있다.

사실 신입직원은 모두 조직의 벽돌 같은 존재이다.

구조화 면접에서 면접관의 질문 방식에는 몇 가지 패턴이 있다. 질문 패턴의 내용과 패턴별로 대답하는 요령을 살펴본다.

항공사 취업을 준비하는 청년들을 위한 안내서

개방형 질문 Open-ended Question

　질문 주제에 대해 당신이 가진 지식과 생각, 느낌을 충분히 말할 수 있도록 대답할 수 있는 범위를 열어놓은 질문을 말한다. 지원동기회사 선택의 동기, 직무동기, 경험의 동기나 특정 사안에 대한 의견과 사고를 파악하기 위해 사용된다. "오늘 면접장까지 어떻게 오셨습니까?", "면접을 마치고 무엇을 할 계획입니까?" 같은 질문이 보편적인 것들이다.

　개방형 질문의 주 포인트는 지원서에서 적어놓은 자격과 경험이 사실인지 조직에서 일할 때 말이 통하는 사람인지 직무성과를 기대할 수 있는지 확인하기 위해 당신이 증명할 수 있도록 기회를 주는 것이다. 대게 이런 질문은 후속 질문Funnel Question, 꼬리를 물고 이어지는 질문으로 이어질 가능성이 많다. 그러니 기회를 준 면접관이 민망하지 않도록 뒤로 빼지 말고 주저 없이 준비한 것들을 말한다.

　1) 대학 때 무슨 동아리에 있었습니까?

　2) 1년간 휴학을 했는데 무슨 일이 있었습니까?

　3) 지금 기분이 어떻습니까?

　4) 환율이 항공사 수지에 어떤 영향을 끼칩니까?

　5) 지금 자신이 원하는 삶(인생)을 살고 있다고 생각합니까?
　　어느 때 가장 행복을 느낍니까?

질문 5)에 너무 심각한 표정을 짓지 마라. 자신이 꼭꼭 숨겨왔던 감정이 폭발할 수 있는 '때'나 '경험'을 떠올리지 마라. 면접관은 철학적이거나 감상적 답변을 기대하는 것이 아니다. 당신이 삶을 긍정적으로 보고 있는지 확인하고 싶을 뿐이다.

- "지금이 가장 행복합니다. 일하고 싶은 회사에 떨리는 심장을 누르며 면접을 보고 있기 때문입니다. 제 삶의 방향성이 올바르다는 것으로 확신하기에 충분히 행복합니다."

- "계획을 세우고 기록할 때가 행복합니다. 여행, 공부, 아르바이트 등 중요한 일들을 앞두고 계획을 세우면 마치 성공한 기분이 듭니다. 대개는 계획대로 되지 않지만 그 다음에는 보다 발전된 계획과 결과를 얻게 되기 때문입니다."

'분명한 목적을 가지면 분명히 행복이 찾아온다.'

– 호아킴 데 포사다

항공사 **취업을** 준비하는 청년들을 위한 **안내서**

폐쇄형 질문 Closed-ended Question

'예' 또는 '아니오'로 대답하게 하는 질문이다.

분위기를 편하게 하기 위한 가벼운 질문 외에는 면접관은 폐쇄형 질문을 사용하지 않아야 한다. 폐쇄형 질문은 피면접자의 인식범위를 좁히고, 사실 유무 답변만 요구하는 틀을 만들기 때문에 피면접자를 올바르게 평가하기 어렵기 때문이다.

어떤 질문이든 대답을 해야 되니까 몇 가지 예를 들어보자.

1) 예전에 우리 회사에 지원한 적이 있습니까?

2) 오늘 면접이 끝나면 기다리는 사람이 있습니까?

3) 아침은 먹고 왔습니까?

4) 조깅을 자주 한다고 하였는데 매일 하나요?

5) 담배 피웁니까?

폐쇄형 질문을 받더라도 면접관의 단순한 궁금증이 아니면 적극적으로 답변하는 것이 좋다. 질문 4)와 5)는 대화를 구체적 목표로 전개시키려는 의도가 있다. '조깅을 매일 하나요?'는 당신의 규칙적 생활태도에 호의적 관심을 나타내는 것이고, '담배를 피우느냐?'는 흡연

여부가 궁금한 것보다 당신이 대화를 발전시킬 수 있는지를 확인하는 것이다. 소통능력과 입사의지를 보려는 것이다. 모든 질문에는 성의를 다해 대답한다. 면접관을 머쓱하게 해서 대화가 끊기게 하거나 좋지 않은 방향으로 질문이 이어지게 두지 마라.

"담배 피웁니까?"
"담배는 졸업하고 끊었습니다."

"(……)"
"(……)"

"왜 끊었습니까?"
"담배는 건강에 좋지 않습니다. 그래서 끊었습니다."

"술도 안 마셔요?"
"술은 조금 합니다."

"술은 건강에 보탬이 되나보죠?"
"조금은 괜찮지 않을까요?"

이런 대화보다는,

"담배는 피지 않습니다. 대학 입학 후 잠시 핀 적은 있지만 여자친구를 만나면서 끊었습니다. 그 결정으로 여자친구의 마음도 얻고 지금까지 6년 동안 8백3십만원을 절약하였습니다."

항공사 **취업을** 준비하는 청년들을 위한 **안내서**

면접관은 당신 여자친구의 영향력과 8백3십만원이 어떻게 계산되었는지 궁금할 것이다.

가설적 질문 Situational Question

실제를 가정한 상황을 주고 그런 상황에서 '어떻게 할 것인가? 무슨 일이 일어날까?'라고 묻는 질문이다. 일을 하다가 부딪칠 수 있는 상황에서 문제를 파악하고 해결하는 아이디어와 방안을 제시할 수 있는지를 보는 것이다. '만약'이라는 단어가 들어갈 수도 있고 그렇지 않을 수도 있지만 문맥을 잘 파악하고 대답한다. 가설적 질문은 한두 번의 연속된 질문으로 이어질 가능성이 크다.

1) 홍보나 광고 부서를 희망하였는데 다른 쪽으로, 예를 들어 화물 영업으로 배치된다면 어떨 것 같습니까?

2) 버스에서 경로석에 앉아 있는데 한 할아버지가 다짜고짜 야단을 치며 자리를 비키라고 한다면 어떻게 하겠습니까?

3) 지금 자신이 우리 회사 경영자라면 제일 먼저 무엇을 하겠습니까?

4) 부서의 상사가 당신에게 단순하고 반복적인 일만을 계속 시킨다면 어떻게 하겠습니까?

질문 4)에 다음과 같이 2개의 답변이 있다면,

- "신입직원이라면 일정기간 동안은 그런 일도 묵묵히 수행해야 한다고 생각합니다. 그러나 수습기간이 끝나거나 그 일을 충분히 했다고 생각되면 상사에게 저의 능력에 맞는 일을 맡겨달라고 정중히 요청드리겠습니다."

- "회사의 일이기에 단순하고 반복적인 일이라도 가치가 있다고 생각합니다. 단순한 일은 능숙하게 달인처럼 해내면서 빠른 시간 내에 처리하고, 남는 시간에 제가 하고 싶은 일을 선배님들에게 배우겠습니다."

당신이 면접관이면 어느 대답을 선택하겠는가?

자기평가 질문 Self-assessment Question

당신은 어떤 사람인가? 당신의 장점과 단점은 무엇이고 외향적인지 내향적인지, 인파이터인지 아웃파이터인지 밝혀보라는 것이다.

"자신의 강점과 약점을 설명해주세요.", "지금 하는 일에 만족합니까?" 같은 질문이다.

서류심사 결과 당신이 '목표를 정하면 책임감과 사명감을 가지고 끝까지 해내는 성실한 역량 보유'라고 적혀있다면 면접관은 어떤 경

험과 공부가 그런 역량을 키웠는지 확인하고자 한다. 자기평가 질문
에 자신을 비하하거나 결점을 드러내려는 피면접자는 없으므로 자칫
자랑만 하다 끝날 수 있다. 겸손한 자세로 당신을 부각시키는 답변을
할 수 있어야 한다.

1) 문제해결능력이 뛰어나다고 하였는데 구체적 예를 들어주세요.

2) 자신이 발전하고 성장하게 되었다고 느낀 계기나 사건이 있습
니까?

3) 자신이 실패하였거나 좌절한 경험이 있다면 얘기해보세요.

4) 자신의 직업관을 설명해보세요.

5) 앞으로 인생의 장기적 목표가 무엇인지 말해주세요.

질문의 시점이 과거
일 경우가 많고 대답
도 과거의 행위에만
초점이 맞춰지기 쉽
다. 질문 문장 시점의
프레임에 갇히지 말고
과거에 체득한 경험과
공부를 바탕으로 지금
의 당신이 되었고 이

를 디딤돌로 미래에 기여할 수 있는 진취적인 인재임을 보여줘야 한다. 긍정적이고 낙관적이며 열정을 지닌 젊음을 보여줘라.

질문 5)에 2개의 답변이 있다.

● "저는 장기 목표(비전)를 두 가지로 나누어 세웠습니다.
'어떻게 살 것인가? 와 '얼마나 가질 것인가?'입니다. 즉, '존재와 소유'의 가치 균형을 적절하게 이루고자 하는 인생의 목표가 있습니다. 구체적으로는 저는 제가 좋아하고 잘하는 일을 하면서 열정적으로 살고 싶습니다.
또 현재는 월 40만원 임대 원룸에 살고 있지만, 15년 후에는 35평 아파트를 구입하여 살고 싶습니다.
그 목표를 이룰 수 있는 곳이 바로 이 회사입니다."

● "저의 장기 목표는 항공서비스 분야의 마케팅 달인이 되는 것입니다. 뛰어난 마케터의 필수 역량인 분석력, 대인친화력 그리고 계획하고 전략을 구성하여 실천하는 능력까지 갖추었습니다. 작년 가을 동아리 회원 2명과 전주시 마케팅 아이디어 경진대회에 참가하였습니다. 저희들이 제출한 '한류문화 확산을 위한 전북관광자원 개발' 안으로 결선까지 진출하였습니다. 그 외에도 청주시와 경기도 지방자치 주관 공모전에 참여하여 실력을 키워왔습니다.
비행기에 관심이 많아 어릴 때부터 항공사에서 일하고 싶었던 제 꿈을 이루고 항공사업 분야에서 마케팅 달인이 되어 회사를 위해, 사회를 위해, 무엇보다 제 자신의 행복을 위해 일하는 사람이 되고 싶습니다."

장기적 목표 또는 비전, 인생관을 묻는 질문의 의도는 가치관, 삶과 직업목표의식, 계획성, 신념, 긍정성, 미래지향적 행동을 파악하는 데 있다. 당신이 회사의 비전을 달성하고 미션을 수행하는 데 적합한 자질을 지니고 있는 사람인지 확인하는 것이다. 당신이 면접관이라면 어떤 답변에 어떤 역량을 평가하겠는가?

눈치를 챘겠지만 질문의 의도를 파악할 수 있어야 한다. 면접관은 당신 개인의 목표에는 관심이 없다. 또 면접관은 최고의 인재보다 최적의 자원을 원한다는 점을 기억하라.

자신이 지니고 있는 보다 실질적이고 피력하기 쉬운 장점도 찾아보라. 예를 들어, 다음과 같은 것들인데 빈칸에 스스로의 장점을 채워보자. 이런 장점강점들은 친숙하고 생생하며 조직문화와 업무수행에 직접적으로 도움이 되는 역량이 될 수 있다. 아울러 역량을 말할 때는 구체적 사례 한두 가지를 제시할 수 있어야 한다.

1. 인사를 잘한다.

2. 좋아하는 책은 10번 이상 읽는다.

3. 약속장소에는 항상 10분 전에 도착한다.

4. 지인들에게 손편지를 쓴다.

5. 언제나 메모하는 습관이 있다.

6. 매일 아침에 '오늘의 할 일' 한 가지를 쓴다.

7. 물건이 고장 나면 고쳐서 사용한다.

8. 엘리베이터를 타고 내릴 때 남보다 늦게 타고 늦게 내린다.

9. _____

10. _____

11. _____

12. _____

13. _____

14. _____

15. _____

16. _____

17. _____

유도 질문 Leading Question

면접관은 당신이 숨기고 있거나 당신 속에 잠재되어 있는 감정과 사고를 찾아내려고 한다. 당신의 경계심을 살짝 무너뜨린 다음 파고들거나 또는 노골적으로 자극하는 질문을 던지기도 한다. 유도 질문은 대개 탐침 질문으로 이어진다. 유도 질문에는 특히 감정을 배제하고 논리적으로 대답해야 한다.

1) 성인이 된 후 살면서 가장 후회스러웠던 일이나 사건이 있습니까?

2) 우리 회사의 서비스에서 고쳐야 하거나 개선이 필요한 점은 무엇이라고 생각합니까?

3) 전공이 화학인데 왜 서비스 직무에 지원했나요?

4) 특기가 한국 무용이라고 되어 있는데 희망직무와 연관성이 없는 것 같군요?

질문 3)은 단골 질문이다. 면접관은 화학 전공자도 서비스 직무 수행에 전혀 문제가 없음을 알고 있다. 서류심사 통과가 그 증거다. 당신이 다른 회사에도 지원하였는지, 채용 후에 이직할 가능성이 있는지, 이 회사에 진심으로 오고 싶어 하는지를 확인하고 싶을 뿐이다.

● "화학공부를 하다 보니 제 적성에 그리 맞질 않았습니다. 대학 여름 방학 기간에 카페와 호텔에서 아르바이트를 하면서 서비스 업무에서 제 역량을 발견하고 지원하게 되었습니다."

● "화학은 물질의 구성요소와 성질을 분석하고 그 반응과 변화를 연구하는 학문으로 공부를 통해 수리력과 분석력을 키웠습니다. 저는 생물유기화학 분야를 좋아하는데 식품 수출 1위 기업인 ○○항공의 기내식 센터에서 저의 능력을 펼치고 싶습니다. 불광동 ○○○ 카페에서 2년간의 아르바이트 경험을 통하여 대면 서비스도 즐거운 마음으로 할 수 있음을 발견하였습니다."

답변 1)에 면접관은 당신에게 연민을 가질지 모르지만 당신을 선택할 근거는 찾지 못한다. 지원서에 기록한 세부적 사항들을 면접관의 입장에서 보고 대답을 준비하라. 특히 대학의 전공은 자신이 지원한 직무와의 연관성을 만들어야 한다. 그리고 스스로 자신 있게 자연스러울 정도로 대답할 수 있도록 연습하라. 연습은 공격적인 질문에도 흔들리지 않게 해준다.

탐침 질문 Probing Question

탐침은 찔러보는 것이다. 수맥을 찾을 때 그 곳이 아니면 옮겨가며 땅을 찔러보는 것처럼 질문하는, 대표적인 구조화 질문기법이다. 탐침 질문은 과거행동을 바탕으로 입사 후의 행동을 예측하기 위한 질문이다. 당신의 과거 경험이나 사건, 행위에 대한 개방형 질문으로 시작되어 단계를 좁혀가며 탐험하듯이 질문을 이어간다. 문제해결 과정을 들어보고 창의력, 의사결정능력, 계획수립과 전략적 사고력을 평가 한다. 지원서에 적힌 역량이나 자기소개에서 나타난 직무성향을 무시하고 처음부터 검증하는 질문이라는 의미로 제로베이스Zero-base 질문이라고도 한다.

탐침 질문기법을 잘 사용하면 지원서에 기록된 성과와 행위를 검증할 수 있고 미래의 행동 패턴을 짐작할 수 있다. 그냥 캐묻는 질문이 아니라 체계적이고 과학적인 면접 질문도구이다.

탐침 질문은 대체로 가설적상황적 질문 다음에 이어진다.

'○○한 상황일 때',
'○○이라면',
'○○가 계속 된다면',

등으로 시작한 후, 다음과 같은 질문이 나온다.

- 그 이유는 어디에 있다고 생각합니까?
- 그런 문제점을 해결하는 데 시간과 비용은 얼마나 걸릴 것 같나요?
- 해결방안을 수행하는 데 다른 어려움은 예상하지 않나요?
- 과거에 그런 방식으로 해결한 사례가 있습니까?

예를 들어보자.

학생 시절에 실패했거나 좌절한 경험이 있습니까?	경험(사례)이 있는가?
그때 그렇게 할 수밖에 없었나요? 그런 방식이 최선이었습니까?	⬇ 어떻게 다루었나?
차선책이 있었나요? 차선으로 고려했던 방식을 구체적으로 설명할 수 있습니까?	⬇ 구체적 사례방법는?
그런 과정에서 무엇을 배웠습니까?	⬇ 느낀 교훈은?

☀️ STAR 기법

위와 같은 탐침 질문을 STAR* 방식이라고도 한다. STAR는 피면접자의 경험을 상황으로 구성하여 질문함으로써 자연스럽게 경험을 떠

*STAR : STAR = Situation, Task, Action, Result. 질문에 대답하는 답변기법으로도 활용된다.

올리게 한 다음 어떤 문제나 과제나 책임을 어떻게 해결하였는지 이해관계자는 누구였는지를 일목요연하게 알아보는 질문이다.

STAR 질문

Situation(상황과 배경 제시) ➡ 특정 경험을 질문한다.

Task(상황을 개선할 과제, 책임) ➡ 그 상황에서 무엇을 어떻게 해야 했는가?

Action(행동) ➡ 그것을 하기 위해 실제 한 행동은?

Result(결과) ➡ 그 경험을 통해 느낀 점, 배운 점은?

위와 같은 순서로 질문을 전개탐침하여 피면접자의 경험이 사실인지, 경험에서 무엇을 얻었는지를 확인한다.

💡 Task를 빼고 S.A.R 기법이라고도 부른다.

"마트에서 아르바이트를 했을 때 특별한 경험이 있습니까?"

"그런 상황이 왜 발생하였나요?"

"그때 당신은 무엇을(어떻게) 하였습니까?"

"그렇게 바람직한 해결책은 아닌 것 같은데요?"

"그 경험을 통해 무엇을 배웠습니까?"

다음과 같은 질문이 나오면 탐침 질문이 시작된다고 봐도 좋다.

1) 개인적인 손해가 있을 것을 알고도 단체조직의 규칙을 따랐거나 거절한 적이 있습니까?

2) 과거에 실패한 적이 있습니까?

3) (과거에) 가장 큰 성과를 낸 경험이 있습니까?

4) 미국(중국, 호주 등)에서 생활(유학)하는 것은 어떤 의미인가요?

5) 아르바이트 경험이 있습니까?

6) 인생에서 가장 즐거웠던 적(실망한 적)이 언제입니까?

7) 자신만의 차별화된 능력이 있다면 무엇입니까?

8) 최고의(최악의) 서비스를 받은 적이 있습니까?

9) 학교에 다니면서 남들과 다른 역량을 개발한 것이 있습니까?

10) 휴학(편입)한 특별한 이유가 있습니까?

우문현답 愚問賢答

기억하라. 면접관의 질문에 우문(愚問)은 없다. 그렇게 보일 뿐이다.

1. 평범한 물음에는 자신만의 사례로 성의를 다하라.
2. 부정적 상황을 묻는 질문에는 긍정적인 결과로 마무리하라.
3. 구조화 질문에는 구조화된 답변으로 응답하라.

항공사 취업을 준비하는 청년들을 위한 안내서

의지, 역량, 인성

의지를 보여라

당신은 진정으로 이 회사에 입사하고 싶은가? 진심으로 이 직무를 할 마음이 있는가? 이 조직에서 자신의 비전과 가치를 찾을 수 있다고 확신하는가? 그렇다면 당신 앞의 면접관에게 어떻게 그 사실을 알릴 건가? 줄곧 이글이글한 눈빛을 보내고 안면에 경련이 일도록 만면에 미소를 띤 채 쳐다보는 것만으로 입사의지가 알려질까? 효과가 있을 수도 있을 것이다. 그렇지만 더 확실한 방법은 회사와 직무에 대한 열정과 지식을 보여주는 것이다.

💡 외부적 동기와 내부적 동기

면접관은 당신이 진심으로 우리 회사에 들어오고 싶어 하는지, 직무목표의 동기부여 수준이 높은지 확인하고 싶어 한다. 동기부여가 높은 것과 동기부여를 지속시키는 것은 같지 않기에 입사 후에도 그 동기를 계속 이어나갈 수 있는 사람을 선택하려고 한다. 당신은 외부적 동기부여뿐 아니라 내부적 동기부여가 높다는 것을 보여야 한다.

회사의 보상체계와 인재육성 프로그램은 외부적 동기를 부여한다. 일의 의미를 통해 가치관을 세우고 삶의 목표를 지향하는 것은 내부적 동기이다. 당신은 특히 당신의 내부적 동기를 면접관의 마음에 전달해야 한다. 당신이 회사와 직무의 과제를 찾으려하고 자발적으로 사고하며 문제를 해결하려는 내부적 동기부여가 충만함을 알려야 하는 것이다. 의미 있고 만족도가 높은 일은 내부적 동기를 높인다. 일이란 '생존문제를 해결한 후 소속감과 성취도를 넘어 결국 자아를 실현하고자 하는 욕구'를 최종 목표로 하는 것이기 때문이다. 이 회사에 입사하여 하게 되는 일이 어떤 내부적 동기를, 왜 유발하는지를 설명할 수 있어야 한다.

*자아를 실현하고자 하는 욕구 : 매슬로우의 '욕구단계설'에서 따옴

당신의 경력이나 스펙이 피면접자들의 평균을 웃도는 수준이라면 면접관은 당신이 합격 이후나 입사 이후에 이직할 가능성을 우려한다. 당신이 그렇지 않다는 것을 적극적으로 표현하지 않으면 당신의 입사 동기부여 수준이 낮다고 여긴다. 당신이 스펙이 곧 직무능력이라고 여긴다면 능력에 비해 직무만족도가 낮을 것이고 낮은 직무만족도는 업무성과를 떨어뜨리게 되며 결국 보다 높은 직무만족을 줄 것이라고 믿는 회사로 이직할 것이라는 학습된 관념이 면접관에게는 있기 때문이다.

면접관들은 자격이나 경력, 학교나 전공, 성적 등의 외면적 스펙이

평균 이하로 평가되는 피면접자들에 대해서도 비슷한 딜레마를 안고 있다. 그들이 직무만족도를 충족할 수 있는 능력이 되는지 검증하고 동기부여가 되어 있는지 확인해야 하는 고민이 있는 것이다.

　면접에서 질문은 대부분 직무일에 관한 내용이다. 설령 직무와 무관한 질문이라도 면접관은 직무와 연관된 대답을 듣고 싶어 한다. 직무에 대한 파악과 준비가 중요한 까닭이다. 회사와 직무 정보를 상세하게 수집해서 파악하고 경험과 사례를 근거로 입사의지를 구애하듯이 진솔하게 말해야 한다. 회사의 보상체계보다 회사 고유의 다양한 성장기회와 문화적 혜택이 더 매력적임을 고백하듯 말하라. 그것들이 당신의 가치관과 일치함을 주장하라. 결과와 보상보다는 문제해결 과정에서 느끼는 유능함과 자존감이 열정의 에너지임을 어필하는 것이다. 진정으로 사랑한다면 그게 그리 어려운 일은 아니지 않는가?

'거짓말이라도 괜찮아. 나만을 사랑한다고 말해줘.'

– 'Wonderful' 캐스커

💡 회사와 직무 정보수집

　정보를 조사하고 수집해서 분류한 후 기록하고 공부하라. 다음 방법을 참고하라.

회사의 홈페이지, 블로그, 카카오톡, 인스타그램, 페이스북, 트위터, 카페에 가입하라.	매일 보내주는 알림메시지만 잘 읽어도 소중한 정보가 된다.

CEO와 희망직무의 최고임원의 페이스북, 트위터, 인스타그램의 팔로워가 되라.	회사의 경영철학과 최신 동향을 파악할 수 있다.
기내잡지를 구해서 읽어보라.	항공사의 최신 동향, 정책, 기재 정보를 확인한다.
기내 엔터테인먼트 지를 구해서 읽어보라.	고객서비스 철학과 비전을 이해할 수 있다. 재미가 있다.
DART(https://dart.fss.or.kr/)에서 해당회사 정보를 확인하라.	회사 사업내용과 최신 실적 부문을 파악한다.
회사의 지속경영보고서를 인쇄하여 요약해보라. 회사 홈페이지에 있다.	기업의 비전, 미션, 핵심가치, 사업구조와 현황 상세정보를 그래픽 자료와 함께 알 수 있다.
최근 6개월간 관련 산업의 주요 기사를 검색하여 유형별로 정리하라.	이것만 잘해도 발표, 면접, 토론에 대비할 수 있다.
직영 발권 영업장과 공항카운터를 방문하여 관찰하라.	회사의 일선 서비스 실태와 문제점을 확인할 수 있다.
현재 재직 중인 직원을 만나 대화를 한다.	조직문화, 업무의 강도와 난이도, 성장과 자기계발 성취도를 확인한다.
비행기를 타본다.	비행기를 한 번 타보는 것으로 회사의 전반적 서비스 프로세스를 경험하고 확인할 수 있다. 서비스모니터로서 체크리스트를 준비하여 기록하고 사후에 정리한다.
항공사의 마일리지 프로그램에 가입하라.	회원고객이 되어 서비스를 체험한다. e-Business 채널을 체험할 수 있는 기회이다.

항공사 취업을 준비하는 청년들을 위한 안내서

💡 질문

다음과 같은 질문은 당신의 취업 의지를 확인하고자 하는 것이다. 회사나 직무, 상품이나 서비스, 회사 이름또는 우리 회사이 들어가는 질문 은 거의 피면접자의 의지 강도를 측정할 목적이다.

1) 경쟁회사와 비교하여 잘하는 것과 그렇지 않은 것은 무엇입니까?

2) 당신이 책임자라면 우리 회사 비용절감을 위해 어떻게 하겠습니까?

3) 올해 우리 회사가 신규 취항한 곳을 아는 대로 말해보세요.

4) 왜 하필 (경쟁사가 아니고) 우리 회사에 들어오려고 합니까?

5) ㅇㅇ사 하면 떠오르는 이미지나 단어가 있다면 무엇입니까?

6) 우리 회사(이미지)를 한 문장이나 단어로 정의해보세요?

7) 우리 회사가 전략적으로 제휴 할 항공사 또는 제외할 항공사를 선정한다면 어떤 회사를 택하겠습니까?

🌸 *전략적 제휴 : 항공사들의 제휴에는 다양한 형태가 있으나 여기서는 제휴그룹(Alliance) 항공동 맹체를 말한다. 우리나라는 대한항공이 SkyTeam에, 아시아나가 Star Alliance에 가입되어 있 다. 동맹체에 가입된 주요 항공사들 정보는 알고 있어야 대답할 수 있는 질문이다.

8) 우리 회사가 처음 지원한 회사인가요?

9) 우리 회사가 향후 5년 동안 어떻게 성장할 것이라고 생각합니까?

10) 우리 회사만의 차별화된 상품이나 서비스를 꼽는다면?

11) 우리 회사의 광고 중에 기억에 남는 카피가 있습니까?

12) 우리 회사의 사업영역을 말해보세요.

13) 우리 회사의 서비스 상품 중에 없앨 것이 있다면 무엇입니까?

14) 우리 회사의 서비스에 대해 아는 대로 말해보세요.

15) 우리 회사의 잘못된 점, 잘못하는 점, 단점을 말해보세요.

16) 우리 회사의 제품이나 프로젝트를 아는 대로 말해보세요.

17) 우리 회사의 핵심 자원이 무엇이라고 생각합니까?

18) 우리 회사의 홈페이지 · SNS 사이트를 어떻게 생각합니까?

19) 정확히 어떤 직무에서 일하고 싶습니까??

20) 졸업 후 입사지원한 회사가 몇 곳인가요?

 답변

면접관은 당신이 다른 회사가 아닌 하필 우리 회사에 들어오고 싶어 하는지 지원서만으로는 확인할 수 없다. 당신이 회사와 직무를 얼마나 알고 있는지 정량적으로 확인하는 것이 가장 확실하다. 지식이나 정보를 알게 된 과정도 구체적으로 말할 수 있어야 한다.

다음 질문에 스스로 답변을 만들어 보고 비교해 보라.

 우리 회사의 서비스나 상품을 아는 대로 말해보세요.

"서비스와 제품으로 구분하여 말씀드리겠습니다.

먼저 서비스 부문에서 기내식 부문의 비빔밥과 비빔국수가 있습니다. 특히 비빔밥은 기내식 분야 최고상인 머큐리상을 받았고, 매년 세계의 주요 도시의 여행 박람회에 출품되어 한식의 우수성을 알리는 전령입니다. 제품 부문에서는 항공기 제조와 부품 생산입니다. 국산 전투기와 헬기를 제작하며, 보잉과 에어버스의 여객기에도 날개를 비롯한 핵심 부품들을 생산하여 수출하고 있습니다.

창사 이래 항상 최고의 자리에서 산업과 서비스문화를 선도해온 ○○항공에서 제 미래를 담보로 역량을 유감없이 발휘하고 싶습니다."

*머큐리상 : 국제기내식협회(ITCA)가 기내서비스, 기내식 및 식음료, 설비, 기술발전, 시스템 및 프로세스 개발 5개 분야로 나누어 매년 시상하는 상으로 항공서비스 부문의 오스카상으로 불린다.

Q '○○항공' 하면 생각나는 이미지나 단어가 있다면?

"하나의 이미지와 하나의 문장, 그리고 단어 하나가 떠오릅니다. 'Excellency in Flight!' 라는 이미지, '미국 어디까지 가봤니?' 라는 문장, 그리고 '한 가족' 이라는 단어입니다.

작년 독일 여행을 하면서 체험한 A380의 웅장한 모습, 안락한 기내 시설, 세심하고 편안한 서비스로 인해 Excellency in Flight!는 저에겐 하나의 이미지로 남았습니다. Excellency in Flight!이 Excellency in Earth!가 될 것으로 믿습니다.

*Excellency in Flight! : 대한항공의 슬로건.
*미국 어디까지 가봤니? : 2008년 스토리텔링 광고 형식으로 인기를 끌었던 대한항공의 미국 취항지 광고 카피.
*한 가족 : '한 가족 서비스', 대한항공의 운송서비스 상품 중 하나.

○○항공의 광고는 단순히 기업이나 제품을 소개하는 게 아니라 여행 문화를 선도 창출하고 있습니다. 최근에도 많은 화제를 뿌리고 상을 타기도 하였으나, 과거 '미국 어디까지 가봤니?'라는 copy는 저를 비롯한 수많은 젊은이들의 마음에 여행으로 도전과 모험심을 심었습니다.

끝으로 초등학교 3학년 때 어머니와 동생과 함께 미국 덴버의 이모님 댁을 방문할 때 낯선 이국에서도 ○○항공의 한 가족 서비스로 즐거운 여행을 하였습니다.

저도 국내외에서 항공산업에서 최상의 가치를 지향하고 여행 문화를 선도하며 탁월한 서비스 정신을 실천하는 ○○항공의 일원이 되고 싶습니다."

왜 하필 우리 회사에 들어오고 싶어 하는가?

"저는 변화를 통해 역동성을 즐기고 도전을 통해 자아를 실현하고자 하는 삶의 목표가 있습니다.

○○항공의 3가지 미션 중에 '변화지향적 기업문화'에 나오는 창의성과 자유로운 사고가 존중받는 조직문화가 제 인생의 가치관과 일치한다고 판단했습니다.

*변화지향적 기업문화 : 대한항공의 기업 미션 중 하나. 미션 3개 중 나머지 2개는, '고객감동과 가치창출, 최상의 운영체제'임.

중학교 3학년 시절에 김포공항에서 처음으로 보잉747기를 보았습니다. 탱크만 한 Towing트럭이 점보기 앞에서는 장난감처럼 귀여웠고 굉음을 지르며 활주하는 지상에서의 점보기는 저에게 새로운 황홀감을 주었습니다. 그 이후 공항에서 놀기가 저의 취미가 되었으며, 공항의 구조, 첨단시설, 다양한 문화를 확인하고 공항이 현대 문명이 집약된 곳임을 알게 되었던 것이지요.

저의 가치관을 항상 북돋아줄 수 있는 ○○항공의 직원으로 제가 좋아하는 공항에서 저의 미래를 개척하고 싶습니다.”

역량을 표현하라

　면접관은 지원서에 적혀있는 당신의 여러 가지 경력과 스펙들을 보고 당신의 역량을 어느 정도 예측한다. 출신학교와 학과, 성적, 직장, 사회, 군대의 경험과 경력, 외국어 성적 등을 보고 '아! 이 사람은 이 정도의 실력이 있겠구나! 이 사람은 이런 일을 잘 해낼 수 있을 것 같다!' 기대하는 것이다. 따라서 지원서에 기록한 정보들은 거짓이 있어서는 안 되며, 비록 당신 자신의 내용이라도 면접관의 입장에서 보고 질문 대상이 될 수 있는 항목들을 세세히 파악하고 있어야 한다. 스스로를 잘 안다고 자신하지 마라. 사람은 생각하는 것보다 자기 자신을 알지 못한다. 우리 마음에는 서로가 모르는 '네 개의 창(窓)'이 있다고 하지 않는가.

'역량기반 면접기법'에서도 면접관이 비구조화 질문을 혼합하여 쓰거나 종종 즉흥적이고 주관적 질문을 던지므로 면접 질문의 유형을 따지며 신경 쓸 필요는 없다. 학창시절, 아르바이트, 봉사활동, 군대나 종교단체, 직장에서의 조직생활경험 등 모든 것이 역량의 증거가 될 수 있다. 당신이 지니고 있는 역량과 잠재적 역량까지 최대한 찾아내야 한다.

역량이란?

역량은 흔히 '능력'과 혼용되고 있는데 능력이 '어떤 일을 감당해낼 수 있는 힘'이라면, 역량力量은 '어떤 일을 해낼 수 있는 힘'을 뜻한다. 능력이 수동적으로 버티는 힘이라면 역량은 능동적으로 헤쳐 나

*어떤 일을 해낼 수 있는 힘 : 국립국어원. 능력과 역량의 사용 예시
- 몸과 마음을 바쳐 열심히 일을 했어도 그 대가가 돌아오지 않는다면 그것은 내 능력 밖의 일이다. [김용성, 도둑 일기]
- 당수라고 하면 인간으로서의 위신을 충분히 지키며 투쟁을 일관할 수 있는 역량을 가진 사람이라야 한다. [이병주, 지리산]

항공사 취업을 준비하는 청년들을 위한 안내서

가는 힘이다. 기업에서 말하는 역량Competencies은 특정 직무나 역할을 수행하는 데 있어 성과를 낼 수 있는 실제적이고 이론적인 지식, 기술, 가치, 행동특성의 집합을 의미한다. 조직의 목표를 달성할 수 있는 능력잠재능력 포함과 태도인 것이다. 간단히 말해 '성과를 낼 수 있는 힘'이다. 역량에는 확인할 수 있는 역량과 확인이 어려운 역량이 있는데 면접에서 역량을 평가하는 것은 이 둘을 함께 파악하기 위함이다.

*행동특성의 집합 : 역량(Competencies)이란 개념은 하버드대 David McClelland 교수가 처음 정립하였다. 역량에 대한 주요 학자들의 정의는 다음과 같다.
'업무에서 효과적이고 탁월한 성과를 내는 개인의 기저특성', 클렘프(George Klemp)
'어떤 역할을 수행함에 있어 성공적인 결과를 산출할 수 있는 개인의 내재적 특성', 보야치스(Richard Boyatzis).
'역량의 5가지 유형 : 기술, 지식(보이는 역량), 자아개념, 특질, 동기(보이지 않는 역량)', Spencer and Spencer.
「Managing Employee Performance and Reward: Concepts, Practices, Strategies」 By John Shields.

확인 가능한 역량은 눈에 보이는 물리적 힘이다. 사람의 물리적 힘을 측정하는 것은 어렵지 않다. 역기를 들게 하거나 쌀가마니를 얼마나 빨리 또는 오래 옮기거나 들고 있게 하면 될 것이다. 기업에서 요구하는 역량은 그렇게 단순하지 않다. 체력도 역량의 하나로 평가하지만 기업은 체력을 업무성과로 연결할 수 있는 정신력을 더 중요시한다. 정신력은 실제 업무하는 것을 보기 전에는 확인하기 어렵다. 보이지 않기 때문이다. 기업은 당신의 체력보다는 당신의 정신력이 얼마나 되는지를 알고 싶어 한다. 정신력은 무엇인가? 정신력은 감정과 사고와 행동을 목표에 집중하는 능력이다. 우리는 정신력 하면 떠오르는 말들이 많다. 강인함또는 허약함, 해병대, 정신일도 하사불성, 캔두

Can Do 스피릿, 혼魂으로 싸우는 투혼, 박세리, 김연아, 불가능은 없다, 열정페이, 군기, 우주의 기운, 요즘 애들은 정신력이 약해 등

기업에서 요구하는 정신력도 이런 이미지와 크게 다르지 않다. 기업에서 요구하는 정신력은 세 가지다.

1. 조직 목표를 위해 버티고 지속하는 끈기와 인내심 (맷집)
2. 부정직한 지시를 거부하는 용기 (청렴)
3. 기술과 환경의 변화에 적응하는 유연성 (팀워크)

인내심과 용기는 전통적으로 강조되는 정신력이지만 면접에서 검증하기가 쉽지 않다. 유연성은 현 시대의 비즈니스가 요구하는 정신력이자 최근 면접에서 측정하고자 하는 주요 역량이다. 유연성은 변화가 가져올지 모를 좋아하지 않는 일, 결과가 불확실한 일을 기꺼이 하는 행동으로 적응력과 유연성이야말로 다가오는 미래의 필수 역량이기 때문이다.

사람들은 대체로 변화를 좋아하지 않는다. 자신이 만든 변화는 좋아하지만 남이 일으킨 변화에 움직이는 건 내키지 않는다. 변화가 가져올지 모를 불안감이 거북하기 때문이다. 익숙한 습관을 바꿔야 하

항공사 취업을 준비하는 청년들을 위한 안내서

거나 현재보다 일이 많아지는 것도 두렵다. 변화의 시대에 빠르게 적응하는 데 필요한 요건으로 기업에서 유연성이 강조되는 이유다. 질문에 변화의 의미가 들어있다면 당신의 유연성을 유감없이 보여줘라.

*미래의 필수 역량 : 미래학자 토마스 프레이는 적응력, 유연성, 지력을 미래에 필요한 3가지 기술이라고 주장한다.

*변화 : Ten Reasons People Resist Change, Rosabeth Moss Kanter, HBR(하버드 비즈니스 리뷰).

'정신력이 강한 사람들이 하지 않는 13가지'가 무엇인지를 보고 기업이 요구하는 역량과 비교해 보자.

13 Things Mentally Strong People Don't Do. by Amy Morin.	기업이 요구하는 역량
1. 자기 탓을 하며 시간을 낭비하지 않는다.	1. 책임감, 계획성, 논리력
2. 자신의 자주성을 포기하지 않는다.	2. 독립심, 리더십, 성실성
3. 변화를 피하지 않는다.	3. 진취성, 유연성, 협상력
4. 비생산적 일에 에너지를 낭비하지 않는다.	4. 동기부여, 전략화, 집중력
5. 모든 이에게 잘 보이려고 하지 않는다.	5. 영향력, 관계구축, 설득력
6. 예측 가능한 위험은 감수한다.	6. 사업적 인식, 결과지향
7. 지나간 일에 집착하지 않는다.	7. 판단력, 성취동기, 기획력
8. 같은 실수를 반복하지 않는다.	8. 문제해결, 리더십, 자기계발
9. 다른 이의 성공을 시기하지 않는다.	9. 포용력, 의사소통, 팀워크
10. 실패를 겁내지 않는다.	10. 끈기, 조직력, 의지
11. 혼자 있는 것을 두려워하지 않는다.	11. 적응력, 사고력, 혁신성
12. 세상에 빚진 것이 있다고 여기지 않는다.	12. 자존감, 자율성, 책임감
13. 즉각적 결과를 바라지 않는다.	13. 학습능력, 의지력, 추진력

당신은 위의 13가지의 정신력 중 몇 개를 가지고 있다고 생각하는가?

어떤 역량을 가지고 있는지 스스로 진단하고 찾아내서 그것들을 면접관에게 전달할 수 있도록 준비해야 한다.

☀️ 역량 평가의 기준

역량은 특정 업무를 수행하여 성과를 내는 것이다. 성과를 내면 역량이 우수하다는 평가를 받고 보상이 따라온다. 기업들은 물론 정부부처, 공기업까지 역량기반의 인사관리제도를 운영하고 있지만 조직구성원들이 모두 인정하는 평가 기준이란 있을 수 없다. 역량과 성과의 인과관계를 공정하고 객관적으로 측정한다는 것이 쉬운 일이 아니고 구성원들의 인정을 받기는 더 어렵기 때문이다. 성과를 내면 역량이 있다고 평가되지만 그것을 측정하는 과정에 영향을 끼치는 변수 또한 많기 때문이다. 평가자와 피평가자의 주변 환경, 분야별로 다를 수 있는 조직문화, 물리적 심리적 지원체계 등이 그런 것들이며 직무와 조직 성격에 따라 같은 항목의 역량이 다르게 정의될 수도 있다.

면접에서 기업이 요구하는 역량을 평가하는 체크리스트에는 피면접자의 행동특성, 직관력, 판단력 등을 측정하는 항목이 있는데 개인의 성격을 짧은 시간에 판단하는 것이 가능한가에는 논란이 많다. 기업은 대체로 외향적인 사람을 선호한다고 알려져 있지만 판단력은 빠르지 않으나 깊이 사고하는 능력을 지닌 사람이 뛰어난 성과를 이루

*역량 : 대부분 회사들은 채용 홈페이지나 채용 공고문의 인재상에 필요역량을 안내하고 있다.

항공사 취업을 준비하는 청년들을 위한 안내서

는 분야도 많이 있는 것이다. 더욱이 외향적이다, 내향적이다 하는 판단을 신뢰하기에는 구조화 면접에서 요구되는 충분한 시간이 주어지지 않는 점도 꺼림칙하다.

> '내가 직위를 하나 줄 때마다 불만을 품는 자 100명과 은혜를
> 모르는 자 한 명이 생긴다.'
>
> – 루이 14세

💡 역량 분류

항공사는 업무의 성격상 역량 중에서 국제적 감각과 서비스 마인드를 중요시하고 있다. 인터뷰의 역량 항목을 종합하면 다음과 같다.

역량	측정 요소
팀워크	● 동료들과 정보를 교환하고 효율적으로 활용할 수 있는가? ● 개인보다 팀이나 조직의 목표를 우선시하는가? ● 팀, 조직 내에서 동료와 선후배 간에 협력하고자 하는가?
의사소통	● 자신의 아이디어를 효과적으로 표현하는가? ● 남의 말을 경청하는 자세가 되어 있는가? ● 업무의 정보와 자료를 적절하게 전달하는가?
적응력	● 일의 우선순위와 변화 환경을 빨리 파악하는가? ● 직무 이해당사자들과 효과적으로 소통하고 협력하는가?
판단력	● 결정 전에 적합한 근거와 대안들을 고려할 수 있는가? ● 수집, 분석된 정보를 이용하여 현상을 명확히 파악하는가? ● 그러한 정보를 이용하여 올바른 결정을 할 수 있는가?

역량	측정 요소
동기부여	● 목표를 향해 에너지와 열정을 집중할 의지가 있는가? ● 자발적으로 높은 수준의 생산성을 설정하고 지향하는가? ● 회사의 비전과 핵심가치를 충분히 이해하는가?
신뢰성	● 일의 성과와 실패에 대해 책임감을 지려고 하는가? ● 꾸준한 자세로 몰입하여 시간 내에 일을 완성하는가? ● 회사와 팀의 규칙과 정책을 지키는가?
문제해결	● 업무와 연관된 다양한 정보들을 수집, 분석할 수 있는가? ● 일이나 사안의 인과관계를 파악할 수 있는가? ● 문제에 적절한 해결책을 제시할 수 있는가?
조직력	● 목적을 달성하기 위해 임무와 책임을 조정할 수 있는가? ● 주어진 자원을 적절하게 배정하고 사용할 수 있는가? ● 일의 우선순위와 실천계획을 정할 수 있는가?
인내력	● 압박과 스트레스를 견디고 감정을 통제할 수 있는가? ● 일을 진행하면서 만나는 어려운 상황을 다룰 수 있는가? ● 적절한 대처기술을 사용하고 필요시 도움을 요청하는가?
창의력	● 기회를 포착하고 아이디어를 제시할 수 있는가? ● 일이나 상황에 영향을 줄 수 있는가? ● 문제나 상황을 새로운 시각으로 해석하려고 하는가?
성실성	● 높은 수준의 자기 성취목표가 있는가? ● 일처리에 정확하고 세세한 관심과 학습의지를 보이는가? ● 결과를 도출하기 위해 일의 모든 관점을 고려하는가?
서비스 마인드	● 용모와 자세가 고객서비스에 적합한가? ● 말씨와 말투가 예의에 어긋나지 않는가? ● 고객 문제를 해결하기 위해 자원을 최대한 활용하는가?
국제적 감각	● 전통과 현대의 특질들을 유연하게 수용하는가? ● 국가별 문화의 다양성 지식이 있는가? ● 해외 시장 이해도가 높은가?

항공사 취업을 준비하는 청년들을 위한 안내서

　한국표준협회KSA는 기업이 채용전형에서 가장 중점적으로 평가하는 핵심역량으로 '자기관리, 전문성, 의사소통, 대인관계, 문제해결, 조직이해, 글로벌' 7가지를 들고 있다.

🔅 나의 역량 찾기

　기업이 요구하는 역량과 당신이 지닌 역량을 어떻게 매치해야 할까?

　많은 지원자들이 자신의 역량을 찾아내는 데 어려움을 호소한다. 당신도 그런 문제로 곤란을 겪는다면 당신의 경험과 생활에서 잘하고 좋아하는 것들을 기억해내어 마인드맵으로 작성해 보라. 잊어버린 역량의 핵심 단어들을 찾을 수 있을 것이다. 자신의 역량을 찾아서 기록하다보면 보이지 않던 역량도 끄집어낼 수 있을 것이다. 다음과 같은 힘과 기술은 역량으로 연결할 수 있다.

잘하는 것	역량
SNS를 잘 활용한다.	자신만의 테마 블로그나 홈페이지가 있다. 전문성이 있다. SNS 콘텐츠를 위해 시간과 돈을 투자한다. - 생산성, 전문성
결정을 빨리 한다.	해야 할 일과 하지 않아도 될 일을 빨리 결정한다. 지난 일은 크게 신경 쓰지 않고 다음 과제를 한다. - 결정력, 판단력
관리자나 감독자가 없어도 일처리에 불안하지 않다.	일을 맡기 전에 절차서나 매뉴얼을 잘 파악한다. 자율적으로 진행하기를 좋아한다. - 자율성, 성실성

잘하는 것	역량
글씨를 잘 쓴다.	서예, 손글씨, 차트 글씨, 캘리그래피를 한다. 구체적 결과물이 있다. - 기획력, 표현력
글을 잘 쓴다(문학).	어떤 장르든지 글을 기고한 적이 있다. 글을 써서 입상한 경험이 있다. 매일 일기를 쓰거나 메모와 그리기가 습관이다. - 창의력, 설득력
기획문서 작성을 잘한다.	학교, 직장, 동아리에서 문서로 제안하여 채택된 적이 있다. 기획공모전에 나간 적이 있다. - 기획력, 설득력
맡은 일의 결과에 책임을 진다.	책임을 지고 개인적 손실을 감수한 적이 있다. 그 과정에서 배운 점이 있다. - 책임감, 신뢰성
무슨 일이든 결론이 나거나 더 이상 할 수 없을 때까지 한다.	한 가지 일에 몰입을 한다. 지구력이 강하다. 마니아 소리를 듣는다. - 집중력, 끈기
사람들과 대화하는 걸 즐기며 잘 한다.	남들이 세 번 말할 때 한 번 말한다. 남들이 말할 때 피드백을 잘 해주고 다음 화제를 유도한다. 말하기보다 듣는다. - 배려심, 설득력
세부적인 항목까지 잘 챙긴다.	단체 활동에서 항상 총무나 회계담당을 한다. 메모하고 필기를 잘한다. 집안의 물건이 어디 있는지 모두 안다. - 사고력, 성실성
순발력 있게 대처한다.	단거리 경주, 스포츠에 소질이 있다. 대화를 잘하고, 상황 판단력이 빠르다. - 적응력, 판단력

잘하는 것	역량
숫자나 계산을 잘한다.	수학, 회계, 통계를 전공했다. 암산을 잘한다. 주산급수가 높다, 바둑을 잘 둔다, 수리력이 좋다. - 분석력, 논리력
스스로 찾아서 한다.	남들이 움직이기 전에 먼저 주도한다. 올바르다고 생각하면 남들의 시선을 신경 쓰지 않는다. - 자율성, 신뢰성
압박과 스트레스를 잘 견딘다.	아파도 할 일은 끝까지 한다. 시간에 쫓기더라도 하던 일은 마무리한다. 누가 뭐라고 해도 옳다고 여기면 주장을 굽히지 않는다. 맷집이 좋다. 스트레스 내성이 강하다. - 지구력, 인내력
이메일을 활용하여 효율적으로 일을 처리한다.	이메일로 일정관리를 한다. 모든 메일을 정리, 보유한다. 분류하고 정리하는 능력이 있다. - 계획성, 분석력
일머리를 빠르게 익힌다.	농촌에 가서 조금만 배우면 스스로 모내기를 한다. 이사를 도우러 가면 스스로 포장하고 옮긴다. 어떤 분야에서는 설명을 듣지 않아도 처리 절차를 알 수 있다. - 적응력, 자율성
일을 주도하는 타인의 지시에 잘 따른다.	잘 모르거나 익숙하지 않은 일은 전문가에게 잘 묻는다. 팔로워십이 있다. 일을 정확하게 처리한다. 정밀한 작업을 잘한다. - 성실성, 근면성
일의 순서를 잘 정한다.	무슨 일이든 계획부터 세운다. 노트나 컴퓨터를 이용해 타임플랜을 잘 짠다. 긴급성, 중요도를 잘 구분한다. 실행 후에도 다른 사람들에게 진행사항을 알려준다. 계획적이고 순위 매김을 잘한다. - 계획성, 팀워크

잘하는 것	역량
전기, 공구, 목공 등 손재주가 있다.	집안이나 직장의 간단한 장애는 다 처리한다. 각종 공구를 많이 알고 가지고 있다. 작품 내지는 그에 버금가는 창작물이 있다. - 창의력, 집중력
정보를 빨리 이해하고 처리한다.	신문, 인터넷 등을 이용하여 정보검색을 잘한다. DB를 이용하여 사용목적과 유형을 분류하여 보관한다. 디지털 마인드가 뛰어나다. - 분석력. 의사결정
조직 구성원과 협업을 잘한다.	자신이 알고 있는 지식과 자원을 공유한다. 그런 식으로 처리한 일의 경험이 있다. 공동의 일을 우선으로 둔다. - 팀워크, 소통력
일을 주어진 시간이나 기간 내에 마무리한다.	할 일이 생기면 끝나는 시기에 일정을 맞춘다. 할 일을 항상 일찍 마치고 다른 사람들을 돕는다. 배려심이 있다. - 팀워크, 판단력
컴퓨터를 이용한 문서 작성을 잘한다 (MS오피스 등).	관련 자격증이 있다. MS오피스를 사용하여 완성한 프로그램을 사용한다. 문서 작성으로 성취감을 이룬 경험이 있다. - 분석력, 문제해결
컴퓨터를 잘 다룬다.	컴퓨터 언어를 할 줄 안다. 프로그래밍을 한다. 게임이나 그래픽 프로그램을 만든 적이 있다. 컴퓨터를 분해하고 조립할 수 있다. - 창의력, 이해력
타인에게 동기부여를 잘한다.	작은 모임이라도 적극적으로 주도한다. 약속을 잡고 확인하고 사후 피드백을 해준다. 학교, 사회에서 장(長)을 해본 경험이 있다. - 리더십, 영향력

잘하는 것	역량
타인에게 설명을 잘 한다.	남들 앞에서 발표를 잘한다. 대화를 주도한다. 사물이나 사건을 보고 빨리 이해하고 판단한다. - 표현력, 설득력
타인에게 작업을 잘 가르친다.	아는 기술을 남들에게 알려주기를 좋아한다. 가방에 항상 관련된 뭔가를 가지고 다닌다. - 적극성, 협상력
타인에게 조언을 잘 한다.	항상 책을 가까이 두고 읽는다. 강연이나 토크쇼를 좋아한다. 어떤 주제든지 대화에 적극 참여한다. - 외향성, 의사소통
타인을 배려하며 일을 진행한다.	남들에게 피해가 가지 않도록 조심한다. 엘리베이터 문을 닫기 전에 항상 바깥을 살핀다. 공동작업 시에는 다른 사람의 의견을 확인하고 진행한다. - 팀워크, 성실성
타인을 잘 돕는다.	버스를 탈 때 노약자 다음에 탄다. 무거운 물건을 내리는 택배기사를 보면 도와준다(주고 싶다). - 배려심, 협동심
타인의 말을 잘 듣고 이해한다.	다른 사람이 말하면 내 말을 멈추고 듣는다. 상대의 말에 집중한다. 눈을 보고 고개를 잘 끄덕인다. 관련된 질문을 꼭 한다. 다음에 만나면 지난번 대화 내용을 기억하고 묻는다. - 경청, 설득력
팀이나 조직의 결과에 대해 책임을 진다.	결과의 성공 여부에 상관없이 자기 역할의 기여도는 따지지 않는다. 실패로 끝난 사례에서 배우고 다음을 대비한다. - 책임감, 진취성
정확한 판단을 선호한다.	식당을 고르거나 여행지를 선택하거나 영화를 볼 때 결정을 하기 전에 정보를 수집하고 분석한다. - 판단력, 협상력

잘하는 것	역량
퍼즐이나 낱말풀이 같은 지적 게임을 잘한다.	특히 좋아하는 종목이 있으며, 관련 서적을 탐독한다. 카드, 보드게임, 바둑, 크로스워드, 체스, 퀴즈 대회에 참여한다. 취미로 즐기며 사람들과 시합을 한다. - 사고력, 논리력
프로그램 언어나 기타 소프트웨어를 잘 다룬다.	코딩, 파이썬, 자바 컴퓨터 언어를 어느 정도 한다. 프로그래밍을 해본 적이 있다. 실제 학업이나 업무에 사용한다. - 논리력, 학습능력
협상을 잘한다.	갈등 상황이 발생하면 상대방의 입장에서 본다. 현상을 사례를 들어 비유를 잘한다. 다른 사람과 협상하여 크든 작든 문제를 해결한 적이 있다. - 협상력, 설득력
환경 변화에 빠르게 적응한다.	예상된 변화에는 미리 조사하고 준비한다. 이사, 유학, 편입, 이직, 직종 변경, 환경이 바뀌어도 사람들과 빨리 친해지고 지리와 분위기를 빨리 파악한다. - 적응력, 팀워크
회의나 대화를 하면서 결론을 잘 도출해낸다.	공식적 모임에서는 항상 종료시간을 지킨다. 참석자와 회의 주제에 대해 사전 조사를 많이 한다. 대안을 준비한다. 참석자들의 의견을 잘 조율한다. - 의사소통, 리더십

이외에, '노래를 잘한다, 성량이 풍부하다, 판소리, 창을 할 수 있다, 암기력이 좋다, 시나 명문장을 즐겨 외운다.' 같은 능력도 훌륭한 역량 요소들이다.

항공사 취업을 준비하는 청년들을 위한 안내서

💡 경험에서 뽑아내라

경험은 지식의 어머니고 최고의 교사 며 뚜렷한 이유 없이 공감을 부른다. 면접관이 당신의 경험과 유사한 경험을 겪었다면 당신이 하는 말을 이해한다. 그렇지 않은 경험이라도 면접관은 당신의 이야기에 흥미를 보일 것이다. 경험은 '자신이 실제로 해보거나 겪어 보는 것 또는 거기서 얻은 지식이나 깨달음 '이다. 그러니 내세울 경험이 없다고 말하지 마라. 당신이 보잘것없다고 여기는 당신만의 경험에서 그 교훈을 뽑아낼 수 있다. 반드시 좋은 결과를 남긴 경험일 필요가 없다. 오히려 실패한 경험이 더 바람직할 수 있다. 결과보다 동기와 과정, 경험으로 부터 얻을 수 있었던 교훈이 경험을 들려주고자 하는 이유다.

*최고의 교사 : '경험은 지식의 어머니다.' [니콜라스 브렌튼, 16세기 영국의 저술가], '경험은 최고의 교사다. 다만 수업료가 비쌀 따름이다.' [토마스 칼라일, 19세기 영국의 역사가]
*깨달음 : 경험의 정의 : [사전] 보거나 듣거나 느끼면서 겪는 것 또는, 거기서 얻은 지식이나 기능. [철학] 객관적 대상에 대한 감각 내지 지각 작용에 의하여 깨닫게 되는 내용. 구글 사전.

구조화 면접의 핵심은 피면접자의 과거 경험을 질문하여 피면접자의 미래 행동을 예측하는 것이다. 행동사건 면접 또는 핵심사건 면접 BEI. Behavior Event Interview이라고 하는데, 당신의 경험 사례를 다양하게 표현하는 방법을 생각해놓지 않으면 면접에서 이런 질문이 나올 경우 대답하기가 어려울 수 있다. 뛰어난 스펙과 다양한 자격을 갖추고 강한 의지를 표현하더라도 경험이 뒷받침되지 않으면 신뢰도가 떨어지기 때문이다. 행동사건 면접은 구조화된 질문 리스트를 토대로 하는 것이지만 면접관들이 동일하게 질문하고 반응하지 않는다. 같은 질문이라도 의도가 다를 수도 있고 면접관이 고위직일수록 구조화 질문과는 멀어지는 경향도 강하다. 구조화 질문과는 상관없이 면접관이에게 직관적으로 보는보이는 역량이 있음을 기억하라.

면접관은 실제로는 질문을 이렇게 (이런 걸 확인) 하고 싶다.

1) 감정조절을 잘하는가?

2) 긍정적이고 미래지향적 가치를 지향하는가?

3) 말귀를 알아듣는가? (소통능력)

4) 문제를 발견하고 분석할 수 있는가?

5) 문제를 해결할 수 있는가?

6) 사업적 감각을 지니고 있는가?

7) 스트레스 내성이 어느 정도인가?

8) 어려운 임무나 프로젝트를 기꺼이 맡을 수 있는가?

9) 융통성과 규칙성을 구분하는 분별력이 있는가?

10) 일을 추진할 때 계획성이 있는가? (사소한 일에도)

11) 업무적으로 자기관리를 잘 하는가?

12) 전공학과 전문성이 어느 정도인가?

13) 조직 구성원들에게 영향력을 끼칠 수 있는가?

14) 조직 구성원들의 영향력을 수용하는가?

15) 상사의 지시에 잘 따르면서 후배들을 강하게 이끌 수 있는가?

16) 창의력을 가지고 있는가?

17) 팀워크를 중요시하는가?

18) 혁신성이 있는가?

항공사 취업을 준비하는 청년들을 위한 안내서

참고가 될 만한 경험의 예시

1) 가족이 아닌 노인들과 특정 주제에 대해 대화를 나눈 적이 있다.

2) 공모전인 경진대회에 참여하였거나 참여하여 입상한 적이 있다.

3) 최고급 호텔에 투숙해본 적이 있다.

4) 최고의 레스토랑에서 밥을 먹어본 적이 있다.

5) 김치를 담가본 적이 있다.

6) 농촌, 어촌, 산촌 시골에서 일을 하거나 도운 적이 있다.

7) 대학원에서 연구한(하고 있는) 분야가 있다.

8) 비행기가 지연되어 공항에서 기다려본 적이 있다.

9) 비행기를 처음 탔을 때 느낀 특별한 기억이 있다.

10) 신문이나 비디오를 제작해본 적이 있다.

11) 아르바이트, 인턴, 직장 체험을 한 적이 있다.

12) 어떤 종류와 규모든지 사업을 해본 적이 있다.

13) 어려운 문제나 프로젝트를 맡은 적이 있다.

14) 특정 영화나 음악, 미술, 소설, 시에 빠져본 적이 있다.

15) 운동선수로 뛰어본 적이 있다.

16) 이질적인 조직이나 사람들과 협력했거나 협업한 사례가 있다.

17) 일정기간 (학교, 학생의) 교사로 활동한 적이 있다.

18) 일정기간 유치원이나 유아들을 돌본 적이 있다.

19) 자원봉사를 한 적이 있다.

20) 지역사회의 단체에서 활동한 적이 있다.

21) 팀을 이뤄 프로세스를 개선하거나 프로젝트를 해본 적이 있다.

22) 학교나 아르바이트를 하면서 특별한 보상을 받은 적이 있다.

💡 질문

역량 질문은 대체로 앞서 언급한 행동사건 질문과 가설적 질문으로 시작된다.

'○○○ 상황에서 무엇을 느꼈는가?'

'당신이 ○○○이라면 어떻게 할 것인가?'

'○○○한 상황을 설명해보세요.'

라는 식으로 가설적 상황이 먼저 제시된 후 하나 이상의 일관성 있는 연속 질문, 탐침 질문이 이어진다. 이를 상황 면접, 시뮬레이션 면접, 역할수행 면접으로 부르기도 한다. 업무상황을 가정한 질문에 답변태도와 내용의 충실도를 관찰하여 잠재역량을 파악하는 것이다. 앞서 탐침 질문에서 본 STAR 방식이 대표적으로 사용되는 역량질문기법이라 하겠다.

다음과 같은 질문은 역량을 평가하려는 구조화된 질문이다. 당신의 대답을 만들어 보라.

 역량평가 질문 예시

1) 가장 스트레스가 심했던 시기나 경험을 설명해 보세요.
2) 과거에 자신이 성취한 가장 보람 있는 일(것)은 무엇입니까?
3) 기업가 정신이란 무엇이라 생각합니까? 본인이 실제 겪었던 사례가 있습니까?
4) 대학전공을 바꿔 편입한 상황을 설명해주세요.

항공사 **취업**을 준비하는 청년들을 위한 **안내서**

5) 문제가 닥쳤을 때 어떻게 해결합니까? (또는 그런 적이 있습니까?)

6) 본인의 어떤 역량이 우리 회사에 어떻게 적합한지 설명해주세요.

7) 본인이 겪었던 협상이나 설득 경험을 이야기해보세요.

8) 상사로서 팀 내에 불화를 일으키는 부하가 있으면 어떻게 할 건 가요?

9) 경제학을 부전공한 것은 취업 때문입니까? 다른 이유가 있습니까?

10) 선후배나 동료와 갈등을 겪은 적이 있으면 이야기해주세요. 그 런 일이 있게 된다면 어떻게 해결하겠습니까?

11) 스스로 어떤 일을 개선하여 좋은 결과가 나온 경험이 있습니까?

12) 어떤 일이나 조직에서 리더십을 발휘한 적이 있습니까?

13) 어떤 일이나 프로젝트가 있을 때 작업 우선순위를 어떻게 세웁 니까?

14) 자신의 가장 큰 장점(단점) 세 개를 든다면?

15) 전 직장에서(또는 학교 동아리에서) 어떤 기여를 했습니까?

16) 지원서를 보면 도전과 모험을 즐기고 진취적 성향이 강하다고 했는데 하고 싶은 직무와 무슨 연관성이 있나요?

17) 지원서에 여객예약관리에서 RM* 업무를 하고 싶다고 하였는데 이 업무에 어울리는 본인의 능력이 무엇입니까?

18) 학점이 겨우 커트라인을 넘었는데 공부를 열심히 하지 않은 사 연이 있나요?

19) 학창시절에 직장 경험이나 아르바이트한 적이 있습니까?

20) 혼자 일을 하는 것과 여러 명이 같이하는 것 중 어느 것을 선호 합니까?

---

*RM : Revenue Management. 항공여객편의 좌석을 세분화하여 가격대별로 세분화된 시장에 판매하여 수익을 극대화하려는 항공사의 좌석관리전략.

💡 답변

　대답할 때는 역량을 표현하는 단어들과 항공 산업에서 보편적으로 사용되는 용어들을 적절히 혼합하여 문장을 구성한다. 강조하고 싶은 역량에 관한 단어와 어휘들만 사용하라. 그럴듯하다고 중복, 상충되는 단어를 남발하면 역효과다. 성실성, 팀워크, 미래지향, 열정, 창의, 글로벌, 소통, 설득에서 하나의 개념만을 부각시켜야 한다. 구체적 사례와 잘 짜인 답변이라면 다른 역량들을 면접관이 알아서 찾아낼 것이다. 면접관이 '○○○한 때는 언제인가?', '왜 ○○○했느냐?', '○○○한 적이 있었는가?' 와 같이 간단하게 묻는다고 단답형으로 답해서는 안 된다.

　경험을 말할 때는 경험이 활용될 수 있는 직무 연결성을 만들어야 한다. '❶ 의견 ➡ ❷ 상황(사례) ➡ ❸ 이유 ➡ ❹ 직무연결성'의 형식을 갖춰 대답하라. 상황이나 사례는 구체적이고 생생하게 묘사한다. 추상적이고 모호한 형용사나 과장된 표현은 쓰지 않는다.

　'많은 일을 처리하면서',

　'매우 바쁘게 고객들에게 서비스를 하고',

　'밤 새워 공부를 하며'

라는 표현 대신에

　'상자를 트럭에서 하역해서 창고까지 운반하면서',

　'한 시간에 스무 번 이상 수신 콜을 받으며',

　'기말리포트에 필요한 사진자료를 구하러 인천공항공사와 국토교통부를 3번씩 방문하고'

라고 하라.

아울러, 장소, 회사, 사람 등을 언급할 때는 구체적 명칭을 함께 사용하는 것이 말에 신뢰감을 준다.

- '영화관에서 검표와 안내를' ➡ '성수동 CGV에서 주말 안내원으로'
- '담임선생님을' ➡ '고등학교 2학년 담임이신 홍길동 선생님을'
- '캐나다 어학연수 시절에' ➡ '캐나다 밴쿠버 대학에서'

STAR

탐침 질문에서 보았던 STAR 질문기법을 답변에서 활용해보자. STAR 방식으로 대답할 때는 경험이나 사례, 대응과정이 구체적이어야 한다. 장소나 시기, 주제는 가능한 실제 명칭으로 말한다. 결과는 측정할 수 있는 정량적 수치나 비율로 제시한다. 수치와 통계는 모든 기업에서 의사결정에 핵심요소의 하나이기 때문에 수치를 다루는 능력을 중요하게 여긴다. 통계와 숫자는 다리의 교각처럼 주장이나 의견이란 다리를 지지하고 안정감을 준다. 이를 잘 이용하면 직무에 대한 관심과 의지를 드러낼 수 있다.

교훈은 긍정적이고 미래지향적이어야 하며 직무와 연결되어야 한다. 첫 질문에 '그런 경험이 없다'라거나 '기억이 나지 않는다'라고 답하면 면접관은 맥이 빠진다. 자신의 경험 서너 가지를 유형별로 정리하여 회사의 핵심 가치, 직무의 특성과 연결되도록 작성하고 연습해보라. 몇 번의 훈련만으로도 경험을 구조화하는 데 꽤 익숙해질 것이다. 정말 질문에 적합한 경험이나 사례가 없다면 상황을 유사하게 적용하라. 면접관이 원하는 건 정답이 아니라 당신의 입사의지임을 잊지 마라.

● "인생에서 가장 즐거웠던 때가 언제입니까?" – Situation

"고등학교를 졸업 후 가족들과 ○○항공을 타고 하와이의 호놀룰루로 5일간 여행을 갔을 때입니다. 저희 가족 첫 해외여행이어서 더 기억에 남습니다."

● "패키지로 갔나요?" – Task

"아닙니다. 가족들이 함께 여행 계획을 짜고 항공권 구매와 여행서류는 제가 준비하였습니다. 항공권은 ○○항공의 모바일 사이트에서 가격과 여정시기를 비교하여 가장 적절한 예약클래스*인 H클래스로 구매하였고, 미국 ESTA*는 미 TSA 사이트에서 취득하였습니다."

● "기내에서 기억나는 일이 있습니까?" – Action

"기내 개인용 모니터에서 본 기내 Air-Show*가 감명 깊었습니다. 비행기 운항 궤적과 조종실에서 보는 영상을 실시간으로 볼 수 있었던 점이 가장 기억에 남습니다. 사실 그때 받은 감명이 오늘 ○○항공을 지원하게 된 직접적 계기가 되었습니다."

● "우리 회사를 지원하게 된 다른(직접적이 아닌) 계기가 있나요?" – Result

"항공사를 제 진로로 결정하고 나서 여러 회사를 조사하였습니다. ○○항공의 비전과 조직문화를 현직에 계시는 선배들에게 확인하고, 그 이후에도 몇 차례의 항공여행 경험과 영업점, 공항부서 외 ○○항공의 다양한 유통채널을 몸으로 체험해보고 제가 추구하는 비전과 열정을 펼칠 수 있는 최적의 직장임을 확신하였습니다."

*예약클래스(Booking Class) : 항공권 구매 시 가격조건으로 분류한 예약 등급 코드. First, Business, Economy와 같이 비행기내 객실 등급은 Cabin Class라 한다.

*ESTA : Electronic System for Travel Authorization. 미국에 단기 관광 목적 입국 시 사전에 인터넷을 통해 신청하는 여행허가제도.

*Air-Show : In-Flight Air Show. IFE(In-Flight Entertainment)의 한 종류로 비행기 운항 궤적을 나타내는 3차원 지도를 포함하여 운항에 관한 일반정보를 비행 실시간으로 볼 수 있다.

항공사 취업을 준비하는 청년들을 위한 안내서

당신의 경험을 STAR 방식으로 전개하는 연습을 하라. 경험이 아무리 특별하다고 해도 전달되지 않는다면 무슨 소용이겠는가? 뛰어난 연설가들, 정치인들이 STAR 방식을 즐겨 사용한다.

아래 질문에 당신만의 답변을 생각해보라.

문제 상황이 닥쳤을 때 어떻게 해결합니까?	STAR 방식 답변
문제가 생기면 우선 현상을 진단하고 원인 파악 후 분석합니다. 그것을 토대로 효과적인 해결방안을 찾습니다.	Situation
제가 ○○ 편의점에서 야간 일을 할 때 가게 앞을 깨끗이 청소하는데도 아침이면 담배꽁초들로 지저분해졌습니다. 원인은 옆 술집 손님들이 밖에서 담배를 피우고 버린 꽁초들이었습니다.	Task
저는 플라스틱 상자를 구해서 커피찌꺼기를 담아 재떨이를 만들어 두었습니다. 며칠 후부터 술집 사장님께서 저녁에 가게 문을 열 때 제대로 된 휴지통을 놓고 새벽에는 치우고 문을 닫기 시작하였습니다.	Action
이를 계기로 어떤 문제든지 진심으로 접근하면 해결책을 찾을 수 있다는 것을 깨닫게 되었고 그 과정에서 사람들과의 협상능력도 배울 수 있었습니다.	Result

① 문제해결 과정을 먼저 답변하여 능력이 있음을 강조한다.
    결론부터 말하고(문제해결 방식 : 원인파악, 분석, 분류, 해결)
② 근거를 생생한 사례로 제시한다(아침에 담배꽁초로 어질러진 가게 앞의 아침 풍경).
③ 자신의 책임이 아니지만 목적을 위해 타인과 창의적으로 소통하고 협상한다(재활용상자를 재떨이로 제공하고 가게주인과 협의).

면접관은 문제해결능력, 설득력, 협상력, 창의력을 발견할 수 있고 스토리에서 드러나는 피면접자의 근면, 성실성을 느낄 수 있다.

학창시절에 직장 경험이나 아르바이트한 적이 있습니까?

"네! 여러 가지 경험이 있습니다. 가장 기억에 남는 것은 올해 추석 연휴 때 ○○ 물류창고에서 2주간 화물 상차 작업을 한 일이었습니다.
하루 10시간, 많을 때는 1분에 25개의 화물을 1톤 트럭에 실었는데 추석 때 부모님을 찾아뵙지도 못했고, 끝나고 근육통으로 파스 값만 5만원이 들었지만, 110만원을 벌어 석 달 치 방값을 내고도 부모님께 내복을 사드린 보람을 느꼈습니다.
무엇보다 앞으로 어떤 풍파도 헤쳐 나갈 자신감을 갖게 된 것이 가장 큰 소득이라고 생각합니다."

'경험이 최상의 증명이다. 나는 나의 길을 인도해 주는 유일한 램프를 지니고 있다. 그것은 경험이란 램프다.'

– 패트릭 헨리

역량을 파악하기 위해서 '예, 아니오'로 답하게 하는 폐쇄형 질문을 하는 것은 적절하지 않다. 면접관이 훈련이 되지 않았거나, 때로 의도적으로 소통능력을 보고자 하는 경우에 쓴다. 이는 탐침 질문의 시작일 수도 있다. 폐쇄형 질문을 받더라도 단답형으로 말하지 마라. 면접장은 법정이나 취조실이 아니다. 긴장하지 말고 당신의 말을 해야 한다. 단답형 대답은 면접관의 재질문으로 연결되기 쉽고 면접관을 피

로하게 할 뿐이다. 앞 사례의 답변을 보면

　① 폐쇄형 질문에 긍정적으로 답변(예! 있다)

　② 자신의 경험 사례를 구체적으로 제시(하루 10시간, 1분에 25개)

　③ 경험의 결과와 교훈을 시각적으로 표현하고 있다(110만원, 내복,

　　　난관을 극복할 자신감).

　이 답변은 피면접자의

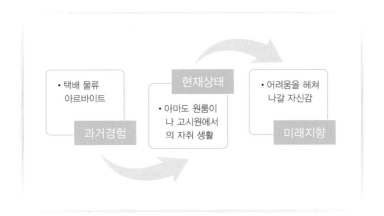

으로 연결되며, 시간순서로 표현하여 짧고 간결한 답변 안에 피면접
자의 Task 수용력, 스트레스 내성, 미래지향적이며 긍정적 가치관, 사
업적 감각까지 평가받을 수 있다. 면접관은 답변 문장 행간에 들어 있
는 피면접자의 자립심과 효심도 엿볼 수가 있다.

🔹 DESC

　STAR와 유사하지만 결론을 더 적극적으로 이야기할 수 있는 방법
으로 DESCDescribe, Express, Specify and Consequence 응용 방법이 있다.

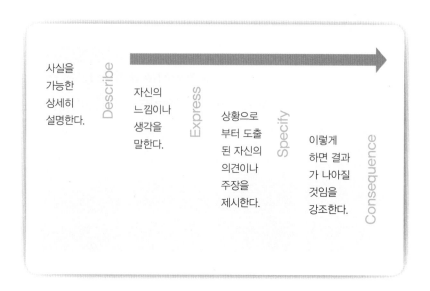

일상에서 흔히 이런 방식의 대화를 한다.

"주말에 갈 부산여행 일정을 생각해봤는데, 달맞이고개에서 부산역까지 지하철로 1시간 이상 걸리더라고!"	Describe 사실
"당일치기로는 계획일정을 다 소화하기 힘들 것 같아."	Express 생각
"해지는 바다를 보면서 촬영을 제대로 하려면 1박 해야 돼!, 저렴한 숙소를 찾아서 말이야."	Specify or Suggest 주장, 의견
"다음 날 보수동 국제시장이랑 책방거리를 들러서 부산의 고풍스런 모습도 카메라에 담으면 좋잖아?"	Consequence 결과 암시

다음의 사례에 다시 한 번 적용해보자.

"RM 업무를 하고 싶다고 하였는데 RM이 무엇인지 설명해보고 업무에 적합하다고 생각하는 본인의 능력은 무엇입니까?" | DESC

"마케팅을 공부하면서 항공사의 좌석세분화 정책을 알게 되었습니다. RM은 소멸성과 비재고성 을 지닌 항공좌석상품을 합리적이고 통계학적 기법으로 관리하여 수익을 극대화하는 마케팅 전략입니다." | Describe

"저는 마케팅 기법 중에 고객세분화가 가장 중요하다고 보고 공부를 했는데 항공사의 RM이야말로 Segmentation 의 진수라 생각했습니다.
작년 여름 환희여행사 예약부서에서 인턴근무를 하면서 ○○항공의 다양한 Booking Class를 실제로 접하며 익힐 수 있었습니다." | Express

"제가 ○○항공에서 RM 담당업무를 맡게 된다면 기존의 세분시장을 판매채널별로 재편성하여 해당 시장의 고객에게 최선의 가치를 줄 수 있는 방법을 만들어 보겠습니다." | Specify or Suggest

"앞으로 ○○항공에서 제가 만든 RM기법을 활용하여 회사의 수익을 높이면서 고객에게 더 많은 가치를 제공할 수 있는 사람이 되고자 합니다." | Consequence

*소멸성과 비재고성 : 서비스 상품의 대표적 특질 – '소멸성, 무형성, 비재고성, 비분리성'

*Segmentation : 마케팅의 기본원칙 STP(Segmentation, Targeting, Positioning) 전략의 첫 번째 단계인 고객세분화를 말한다. 면접관이 비교적 전문적 용어인 RM의 설명을 요구했으니 마케팅 용어로 대답하고 있다.

인성을 드러내라

신입사원이 입사하고 1년 이내 사직률이 약 30%라고 한다. 치열한 경쟁을 뚫고 들어온 직장을 그만두려는 퇴준생이란 말도 생겼다. 이유가 뭘까? 직원은 주로 회사 탓을 하지만, 회사는 조직문화에 적응하지 못하는 개인의 인성에 원인이 있다고 본다. 많은 기업들이 면접 전에 인성검사부터 하는 이유가 여기에 있다. 인성이 회사가 원하는 기준에 맞지 않으면 면접기회조차 주지 않는다. 인성검사를 필기 테스트로 치루지 않는 회사는 면접과정에서 인성평가를 한다. 물론 필기로 인성검사를 한 곳도 면접과정에서 인성평가를 한다.

*사직률 : 한국경영자총협회가 조사한 2016년 신입사원 채용실태조사 결과 전국 306개 기업 대졸 신입사원의 1년 내 퇴사율이 27.7%이라고 한다.

인성은 무엇인가? 인성人性은 인격과 성품이다. 그러나 회사에서 면접도구로서 평가하는 인성은 개인의 그것과 반드시 일치하지는 않는다. 채용 인성검사에 불합격했다고 해서 개인으로서 인성이 반드시 나쁘다고 할 순 없다. 회사에서 요구하는 인성은 기업이라는 조직에 맞는 인성이지 개인의 자유의지에 따른 인성과는 일치하지 않을 수 있기 때문이다. 그런 의미에서 면접에서 보고자 하는 인성은 기업법인

항공사 취업을 준비하는 청년들을 위한 안내서

이 공통적으로 요구하는 법인성法人性 이라고 할 수 있다.

*법인성 : 바버라 에런라이크는 저서 「노동의 배신」에서 기업의 인성검사가 피고용인의 정보를 얻고자 하는게 아니라 피고용인에게 다음과 같은 고용주의 의사를 전달하는 데 있다고 주장한다. "당신은 아무것도 숨겨서는 안 된다. 우리는 당신의 근육과 그 근육을 움직이는 두뇌활동뿐만 아니라 당신 생각의 가장 깊숙한 부분까지 소유하고자 한다."

수십 년간 쌓아온 개인의 성격과 인품을 짧은 시간에 측정하는 것은 가능하지 않다. 특히 필기로 치러지는 인성검사는 방대한 문항수로 극단의 스트레스 속에 속도전으로 치르는데, 짧은 시간 내에 수백 개의 문제를 풀게 하여 피면접자의 직관적이고 솔직한 반응으로 신뢰도와 일관성을 측정하려는 의도다. 그렇지만 시중에 인성검사를 대비한 참고서가 넘쳐나는 현실은 '솔직한 반응'과는 거리가 멀어졌음을 말해준다. 그렇다고 이러한 필터링 방법을 하지 않을 수 없다. 구조화면접의 다양한 기법들을 활용하는 것이 현재로서는 최선이라고 생각하지만 그러기에는 구직자는 너무 많고 회사는 너무 바쁘다.

바른 자세의 중요성

인성평가는 면접관에게도 가장 부담스러운 작업이다.

채용평가표에는 '성격', '태도와 자세'와 같이 한 부문을 떼어 피면접자의 인성을 평가하는 란이 있다. 세부 항목을 보면 '성실성, 근면성, 의지, 적극성, 마음가짐, 패기, 명랑, 쾌활함, 지구력, 자제력, 인화성, 인품, 호감도, 안정감, 신뢰감, 침착함 등, 수많은 항목으로 분류해

놓고 숫자로 계량화하여 점수를 매긴다. 면접은 짧은 시간에 피면접자의 말을 듣고경청 표정과 태도를 보고관찰 판단하는평가 작업이다. 다수의 피면접자를 상대하는 면접관은 고도의 집중이 요구될 수밖에 없다. 때로 항목별 평가를 다 못하면 면접 종료 후 기억에 의존하여 평가를 해야 되는데 피면접자들의 역량에 별다른 차별성이 없다면 면접관들의 기억에는 피면접자들의 말보다 그들의 자세나 태도, 표정이 오래 남게 된다. 그리고 인성은 말보다는 태도에서 더 많이 드러난다.

그러므로 질문 응답 동안에는 올바른 자세와 태도에 특히 유의해야 한다. 면접을 보면서 좋지 않은 인성을 드러내려는 피면접자는 없다. 면접관은 당신이 용모가 단정한지, 때와 장소에 맞는 옷을 입었는지 같은 사소한 증거부터, 면접 과정에서 자연스레 드러나는 말투나 제스처, 부적절하다고 생각되는 표정과 행동 같은 비언어적 증거들을 당신의 인성으로 평가한다. 회사의 가치와 조직문화에 잘 스며들 수 있을지 연결하여 가늠하는 것이다.

때로 정신적으로 압박하는 질문을 할 수도 있다. 훈련된 면접관들은 '압박질문'을 잘 하지 않지만 당신의 신상이 아닌 직무에 관련된 질문이라면 고의적으로 당신을 자극할 수도 있다. 이런 질문을 통하여 당신이 부정적이고 소극적인 사고를 지니고 있지 않은지, 압박감을 이기고 감정을 조절하며 이성적으로 대응하는지를 보려는 의도이다.

*압박질문 : 스트레스 질문. 스트레스 테스트라고도 한다. 압박면접으로 뛰어난 인재를 오히려 놓치기 쉽고, 실력보다 순간의 기지를 잘 발휘하는 사람을 뛰어나다며 잘못 평가할 수 있다. [베일락, 카, 드카로의 실험], 「착각하는 CEO」, 유정식, RHK

항공사 취업을 준비하는 청년들을 위한 안내서

"그게 말이 안 되는 것 같은데"

"여기보다 다른 업무(회사)가 맞지 않겠어요?"

"몸이 약해서 교대근무를 할 수 있을까요?"

이런 식이다. 때로는 혼잣말로 질문 같지 않게 질문한다.

압박질문은 당신에 대한 관심이 있다는 증거일 수도 있다. 채용은 하고 싶은데 조직에 적응할 준비가 되어 있는지 강도 높게 테스트하는 거다. 그러니 압박, 자극, 공격적 질문이라고 기분 나빠하거나 감정적 반응을 보일 필요가 없다. 어차피 입사하면 업무적 압박은 일상사가 될 수도 있으니 즐기는 마음으로 대답하라.

"그게 말이 안 되는 것 같은데"라고 비난조 반응을 받더라도 흔들리거나 자신의 인격에 상처를 준다는 생각을 하지 마라.

"제가 표현이 부족했습니다. 다시 말씀드리겠습니다."

면접관이 당신을 비난할 이유는 없다. 비난으로 들리더라도 당신을 위한 비판으로 받아들여라. 말투에 신경 쓰지 말고 행간의 암시를 파악해야 한다. 긍정적 비판은 수용하라. 설령 비난이라 하더라도 면접관의 기분을 맞추어줘서 나쁠 건 없다. 기분을 맞춰준다고 고득점을 얻는다는 보장은 없지만 기분을 나쁘게 하면 감점당할 확률이 높다. 불확실한 상황에서는 확률이 높은 쪽에 기대는 편이 안전하지 않겠는가?

> *'위대한 군주가 지나갈 때, 현명한 농부는 깊이 허리를 숙이면서*
> *조용히 방귀를 낀다.'*
>
> *– 에티오피아 속담*

면접관의 부정적 질문에도 당신은 긍정적으로 대답한다. "아닙니다. 그렇지 않습니다."라면서 면접관의 말을 부정하지 말고 긍정문으로 대답하라. "몸이 약해서 교대근무를 할 수 있을까요?"라는 질문에는

- "네! 그런 말을 자주 듣습니다. 군살이 없고 지방 대신 근육으로만 구성되어 있어 그렇게 보입니다. 농구하면 제가 가장 오래 뛰고, 갈빗집 아르바이트하면서 하루 저녁에 불판을 80개씩 닦았습니다."
- "학교까지 거리가 네 정류장, 3.5킬로미터입니다. 매일 걷거나 자전거로 등하교를 했지만 지각은커녕 도서관에 지정석을 둘 정도로 일찍 다녔습니다. 보이는 것과 달리 걷기와 자전거 타기로 끈기의 체질을 지니고 있습니다."
- "집에서 가까운 무등산에 가족들이랑 매주 갑니다. 항상 제가 정상에 가장 먼저 오릅니다. 무게는 많이 안 나가지만 폐활량과 지구력은 누구에게 뒤지지 않습니다."

면접관의 질문을 부정하지 말고 이렇게 답변하라. "이런데도 몸이 약하다고 압박하시겠습니까?"라고 우아하게 되묻는 것이다. 면접관은 당신에게 흔들리지 않는 자신감과 긍정마인드를 확인하게 된다.

항공사 취업을 준비하는 청년들을 위한 안내서

면접에서의 모든 질문은 인성평가 요소를 포함한다. 창의력, 열정, 추진력이 인성평가 항목으로 있는 평가서도 있다. 인성과 전혀 관련 없는 질문에도 대답하는 자세는 인성으로 귀결된다. 결국 인성평가는 면접대기부터 인사, 자세, 발표, 질의응답, 토론이 끝나고, 면접장을 나설 때까지, 어쩌면 결과 발표할 때까지 이루어지고 있다. 많은 기업들이 피면접자들의 SNS까지도 살펴보고 있기 때문이다. 내부적으로 합격 결정이 내려진 피면접자가 무심결에 자신의 페이스북에 올린 글로 합격이 취소되는 사례도 있음을 기억하라.

'미모의 아름다움은 눈만을 즐겁게 하나 상냥한 태도는 영혼을 매료시킨다.'

– 볼테르

💡 면접관이 보는 인성

기업의 일반적인 필기인성검사 문항은 수백 개에 달하지만, 면접관이 보고자 하는 인성은 다음의 세 카테고리로 요약된다.

> ① 기업에 반(反)하는 성향인가? (기업 성향)
> ② 팀(단체) 구성원으로서 어울릴 수 있는가? (조직적응력)
> ③ 고객지향성이 있는가? (서비스 마인드)

🌐 기업에 반反하는 성향인가?

우리나라의 기업호감도 는 낮은 편이다. 일부 기업의 부도덕한 경영활동과 정치권력과의 유착에 따른 현상이다. 따라서 기업의 역할이나 사회적 인식에 대한 질문에 이러한 기업 정서를 근거 없이 비판하거나 실재하는 현상을 부정할 필요는 없다. 그렇다고 감정적이고 주관적 견해를 밝혀서도 곤란하다. 객관적 근거로 그 원인과 현상을 설명할 수 있어야 한다. 뉴스나 소문으로 떠도는 부정적 사례를 언급해서는 안 된다. 보다 중요한 대응은 경제주체 중에 시장에 상품과 서비스를 공급하여 세상에 공헌하는 기업의 순기능을 구체적 사례와 근거로 설명하는 것이다. 이윤추구를 경영활동의 동기로 삼는 기업이 그 이윤을 토대로 더 좋은 상품과 서비스를 만들고 일자리를 늘리고 자본 증식과 국가 경제에 기여하는 선순환구조의 중심에 있음을 강조할 수 있어야 한다.

*기업호감도 : CFI(corporate favorite index). 국민들이 기업에 대해 호의적으로 느끼는 정도를 지수화한 것으로 생산성, 국가경제 기여도, 윤리경영, 국제 경쟁력, 사회공헌도, 5대 요소와 전반적 호감도를 합산하여 지수화한 것. 2016년 기준으로 100점 만점에 50점이 안 된다.

기업에 대한 사회일반의 평가를 떠나 구직자 입장에서 지원하는 회사에 호감을 가지지 않는다면 그 회사에 지원하지 말아야 한다. 입사후에도 그러한 감정이 지속된다면 원만한 조직생활을 하기 어렵다. 면접관은 반 기업 성향으로 보이는 지원자는 뽑지 않는다. 이는 면접관이 개인적 가치관이나 감정에 의해서라기보다 기업의 대리인이라는 직무에 충실하기 때문이다.

기업의 사회적 책임CSR, Corporate Social Responsibility과 지속가능경영의

항공사 취업을 준비하는 청년들을 위한 안내서

중요성을 언급하고 기업의 사회기여활동의 효능 의견도 제시해야 한다. 기업가정신Entrepreneurship, 메세나의 개념과 우리나라 기업들의 사례를 알아둔다.

*기업가정신(Entrepreneurship) : 조지프 슘페터(Joseph Schumpeter)가 주장한 개념으로, 기업의 기술혁신으로 창조적 파괴가 경제발전의 원동력이라는 의미. 창업가정신이라고도 한다.
*메세나 : 기업들이 문화예술 분야 지원으로 사회와 국가 경쟁력에 공헌하는 활동.

'사는 사람도 이롭고(고객), 파는 사람도 이롭고(회사, 나), 세상에도 이롭다(사회, 국가).'

– 삼포요시

팀단체 구성원으로서 어울릴 수 있는가?

직장인들이 사표를 던지고 싶은 이유는 세 가지다.

① 급여가 작아서
② 일이 힘들어서
③ 상사가 싫어서 이다.

살아가면서 우리는 급여와 일직업을 선택할 여지는 있지만 상사를 피할 수는 없다. 어딜 가든지 상사 없는 조직과 상사와 같은 힘 없는 일은 있을 수 없다. 취직 대신 창업을 하여 구멍가게를 하거나 큰 사업체를 운영하더라도 '상사 못지않은 윗사람'들이 도처에서 힘을 과시

한다. 좋은 상사를 만나기는 특히 쉽지 않다. 조직은 다양하고 이질적인 사람들이 모여 공동의 목적지를 향해 항해하는 배이다. 대체로 구성원의 인성이 좋든 나쁘든 목적지로 가는 항해에 도움이 되면 개의치 않는다. 아주 나쁜 상사나 직원*은 결국에는 전체 항해에 방해가 되는 것으로 판명될 개연성이 높겠으나, 면접관은 그런 위험성이 없는 사람, 나아가 그런 구성원도 포용하고 함께 갈 수 있는 사람을 원한다. 배가 올바른 방향으로 항해하기 위해서는 선원들의 개성과 창의성보다 전체 팀워크가 더 중요하기 때문이다.

*아주 나쁜 상사나 직원 : 이런 직원을 영어로 Toxic Worker, 순 우리말로는 '또라이'라 부른다.

면접관은 당신이 입사한 후 조직 구성원으로 원만하게 어울릴 수 있는지, 협동적이고 생산적으로 사고하고 행동할 것인지, 힘든 상황을 만나더라도 감정을 통제하고 긍정적으로 헤쳐 나갈 수 있는지를 확인한다. 그렇다는 확신이 없으면 자신들이 탄 배에 당신을 태울 수 없다고 판단한다. 압박성 질문은 주로 이 점을 측정하려는 것이다.

🔵 고객지향성이 있는가?

고객은 누구이고 서비스란 무슨 의미인가?

회사와 당신의 고객을 정의할 수 있는지, 그 고객의 범위는 어디까지인지, 고객서비스란 무엇인지, 나아가 우리의 고객이 지향하는 가치는 무엇인지 당신만의 의견을 가져야 한다. 고객에 관한 이론적, 마

항공사 취업을 준비하는 청년들을 위한 안내서

케팅적 의미도 알아야 하지만, 면접관은 당신의 학문적 지식이나 이해도보다 실천하는 행동의지를 더 중요시한다. 고객과 서비스에 대한 당신만의 개념이 서 있으면 면접관은 당신의 행동의지력을 확신할 수 있다.

"○○항공의 고객은 누구인가?"

"○○항공 서비스의 차별적 특성은 무엇인가?"

"고객이 ○○한 상황이라면 어떻게 하겠는가?"

이러한 질문에 분명한 의견을 가지고 있어야 한다. 기본적으로 고객의 이익이 회사의 이익이고, 회사의 이익이 곧 직원의 이익이라는 인식을 가져라. 일을 한다는 것은 궁극적으로 자기 자신의 이익을 위한 것임을 잊지 마라.

'고객에게 즐거움을 줘라. 물론 자신도 일이 즐거워야 한다. 수익을 걱정하지 마라. 고객서비스만 생각하라.'

– 허브 켈러허

면접관은 당신의 이런 점을 관찰한다.

1) 간단하고 명료하게 말하는가?

2) 근성과 끈기가 있는가?

3) 다른 사람과 협업을 잘 할 수 있는가?

4) 다수가 참여하는 일을 진행하고 조율하는 능력이 있는가?

5) 다양한 상황에서 회사의 입장을 이해하고 대응할 수 있는가?

6) 단점이나 결점을 보완하는 노력을 하는가?

7) 대답과 자세에 끈기와 성실함이 느껴지는가?

8) 대답과 자세에 열정이 느껴지는가?

9) 대화 중의 얼굴 표정이나 시선 처리에 불안감은 없는가?

10) 머리모양이나 화장, 손톱이 단정한가? (머리 모양, 염색 정도)

11) 면접관이나 다른 피면접자가 말할 때 경청하는가?

12) 면접장에 들어오고 나갈 때 자세는 자연스럽고 당당한가?

13) 보기에 좋지 않은 반복적 제스처나 움직임이 있는가? (다음표 참조)

14) 복장이 자연스럽고 어울리는가?

15) 앉거나 선 자세 또는 앉을 때나 설 때의 자세가 바른가?

16) 압박상황에서의 성격이 노출되지는 않는가?

17) 예의바르고 올바른 말을 사용하는가? (존칭, 경칭, 문장의 끝맺음)
    *사투리는 억양은 상관없지만 단어는 표준어를 사용하라.

18) 의견이나 주장이 대립할 때 대처하는 표정에 변화가 많은가?

19) 임무를 수행할 때 조직 내 구성원들과 협력할 의지가 보이는가?

20) 젊음다운 발랄한 이미지를 지니고 있는가?

21) 젊음다운 신선한 감각을 유지하는가?

22) 조직에서 어울릴 수 있는 소통능력이 있는가?

부정적 평가를 받을 수 있는 몸짓들

자신에게 이런 습관이 있는지 가족이나 친구에게 물어보자. 의식적으로 하는 몸짓은 괜찮다. 자신도 모르게 반복적으로 하게 되는 습관을 찾아내라. 며칠만 주의하여 행동하면 고칠 수 있다.

1) 손을 얼굴 주위에 댄다.

2) 손을 좌우, 상하로 움직인다.

3) 머리를 좌우로, 상하로 흔든다.

4) 한숨을 쉰다.

5) 다리를 떨거나 몸을 흔든다.

6) 다리를 꼬거나 꼬지 않으면 흔들린다.

7) 눈을 깜박인다.

8) 말이 빠르다.

9) 앞으로 웅크리고 앉는다.

10) 의자 등받이에 기대듯이 앉는다.

이런 몸짓과 자세는 대체로 '적극성, 신념, 참을성, 자신감이 부족하다, 성격이 불안하고 신경질적이고 성미가 급하다.'로 평가된다.

몸짓과 자세를 바꾼다면 보이는 특질도 변화한다.

질문

면접관은 당신의 인성을 파악하기 위해 다음과 같은 질문을 할 수
있다.

1) 고객 수하물이 파손되어 클레임을 제기하면 어떻게 대응하겠
   습니까?

2) 고객이 규정을 벗어나 지속적으로 요구한다면 어떻게 하겠습
   니까?

3) 대학 다닐 때 아르바이트나 직장 경험이 전혀 없네요?

4) 대학원 수업을 받고 있는데 학위를 취득 후 어떤 진로를 생각
   합니까?

5) 마케팅 업무를 희망하는데 전혀 다른 분야로 배치된다면?

6) 매우 실망한 사례가 있는지, 있다면 어떻게 대처하는지 말해보
   세요.

7) 비행기 지연상황에서 고객이 불만을 표할 때 어떻게 대처하겠
   습니까?

8) 살면서 가장 보람 있었던 때는(일은) 언제(무엇)입니까?

9) 서비스란 무엇이라 생각합니까?

10) 어학연수를 1년이나 다녀왔는데 토익점수가 왜 낮습니까?

11) 이전 회사에서 배웠던 것 중 가장 중요한 것을 세 가지만 든다면?

12) 이전에 다니던 회사를 1년도 되지 않아 그만둔 이유는?

항공사 **취업을** 준비하는 청년들을 위한 **안내서**

13) 자기 자신에 대해 말해보세요.

14) 좋아하는 일에 몰입한다고 했는데 일반적인 일에는 그렇지 않습니까?

15) 주위에 자신의 성격 평가를 부탁하면 어떤 말이 나올 것 같습니까?

16) 남의 말을 잘 들어주는 훌륭한 경청자라고 했는데 무슨 의미죠?

17) 취미가 무엇입니까? (취미가 스포츠 댄스인데 얼마나 잘/자주 합니까?, 취미가 뮤지컬 감상인데 최근에 본 뮤지컬을 설명해주세요.)

18) 학교를 졸업하고 10개월 동안 공백이 있는데 무슨 일을 하였나요?

19) 항공운송서비스에서 직원으로서 가장 필요한 역량은 무엇이라고 생각합니까?

 답변

취미가 무엇입니까?

(취미가 스포츠 댄스인데 얼마나 잘/자주 합니까?, 취미가 뮤지컬 감상인데 최근에 본 뮤지컬을 설명해주세요.)

● "여가시간에는 가족들이나 친구들과 보드게임을 합니다.

최근에는 루비큐브를 즐겨 하는데 제한된 시간 내에 큐브타일들을 숫자와 색상으로 규칙에 맞게 조합하여 경쟁자들보다 먼저 털어내는 과정에서 전술적 흥미를 느낍니다.

이 게임을 하고 난 후부터 두뇌 회전력이 빨라지고 집중력이 좋아졌습니다. 엑셀과 데이터베이스 프로그램을 빨리 배울 수 있었고, 아르바이트하는 식당에서 간단한 식자재 입출고 프로그램도 만들어 사용하고 있습니다."

● "저의 취미는 보드게임을 하는 것입니다.

고등학교 때부터 다양한 보드게임을 하면서 주말에는 가족들과 유쾌한 시간을 가질 수 있었고 친구들에게도 전파하여 PC방이나 당구장을 가는 대신 매주 1회 3시간씩 보드게임 동아리 활동을 하였습니다. 보드게임을 하면서 세 가지를 얻었습니다.

먼저 처음 보는 사람들과도 좋은 관계를 맺는 친화력입니다. 이는 제가 일하고 싶은 조직의 팀워크에 활력소가 될 것입니다.

또한 숫자 계산을 정확히 하고 색상을 빨리 분별하는 집중력을 키울 수 있었습니다. 이는 업무를 기획하고 자료를 분석하는 데 도움이 됩니다.

마지막으로 감정을 조절하고 전략적 사고를 가지게 되었습니다. 보드게임을 하면서 터득한 집중력 때문인지 MS오피스 프로그램들도 쉽게 배울 수 있어서 이를 이용하여 아르바이트 가게에서 재고관리 프로그램을 만들어 사용하였습니다."

"취미가 무엇이냐?", "자신에 대해 말해보세요."는 전형적인 개방형질문이지만 여러 가지 의도가 있다. 면접관은 당신의 여가활동의 종류와 몰입 정도를 통하여 다른 사람들과 잘 어울리는지, 혼자 있기를 좋아하는지, 취미활동으로 인해 직무에 영향을 미치는지, 사교적인지, 계획적인지, 도전적인지, 소심한지 다양한 평가를 내릴 수가 있다.

항공사 **취업을** 준비하는 청년들을 위한 **안내서**

취미란 돈을 목적으로 하지 않으면서 좋아하는 것을 꾸준히 하는 활동이다. 즐겨하는 취미가 있고 취미에 대한 즐거움과 애정이 원하는 직무와 연결성이 있음을 강조해야 한다. 취미가 없다고 하거나 밤새워 바둑을 둔다든가 하는 일상을 해치는 과잉집착 취미를 말하면 면접관의 질문을 막는 것과 같다. 마땅한 취미가 없어 자기소개서의 취미란에 별 생각 없이 적은 취미에 대해 막상 질문을 받고도 제대로 대답을 못하는 지원자도 있다. 대부분의 평범한 사람들이 즐기는 취미활동이 직무와 연결될 수 있다. "나는 특별한 취미가 없어."라고 단정하지 마라. 정 내세울 취미가 없으면 당신만의 독특한 활동을 자신 있게 얘기하는 것도 괜찮다.

"저는 걷는 게 취미이자 여가활동입니다. 따로 시간을 내어 산책을 가는 것도 좋아하지만 주로 시내에 다닐 때 서너 정거장 구간은 걷습니다.
걸어 다니면 많은 것들을 볼 수 있고 관찰할 수 있고 다리가 튼튼해지는 장점이 있습니다. 지하철이나 아파트에서는 항상 계단으로 다닙니다."

"청소와 정리정돈이 취미입니다. 방과 거실의 청소는 먼저 전체적으로 위에서 아래로 왼편에서 오른편으로 먼지를 털고 진공청소기로 침대와 소파의 먼지를 제거합니다. 화장실 청소를 특히 잘할 수 있습니다.
청소와 정리를 하면 세 가지 효과가 있습니다.
마음이 안정되고 집중력이 높아집니다. 또 사소하게 쌓여있던 스트레스가 먼지와 함께 사라집니다. 마지막으로 청소, 빨래 작업으로 상당한 운동효과가 있다는 것입니다."

취미라고 주장해도 괜찮은 활동이다. 취미가 없다고 면접을 대비해 갑자기 고매한 취미를 가져야 할 필요는 없다. 너무 몰입하는 취미도 오히려 좋지 않은 인상을 남길 수 있다. 면접관은 당신의 취미 자체에는 관심이 없다. 당신이 취미를 즐기는 상태와 열정을 보고 회사 업무에 도움이 될 것인가에 관심이 있을 뿐이다. 괜히 잘 알지도 못하는 취미를 말해서는 곤란할 수 있다.

> "독서가 취미인데 최근에 읽은 책은 무엇입니까?"
> "작가 이름이 뭐죠?"
> "인상에 남는 인물 이름은요?"
> "작가의 주장에 비판할 점이 있다면?"

자칫 원하지 않은 방향으로의 탐침 질문이 이어질 수 있기 때문이다. 그럼에도 당신의 취미가 면접관의 주의를 끌기에는 너무 평범하거나 없다면 평소에 관심이 있거나 한 번쯤 하고 싶었던 활동을 지금부터 취미로 시작하라. 시작이 반이다. 인터뷰에서 30초 정도 대답할 거리는 충분하지 않겠는가.

지금부터 시작해도 면접관들에게 어필할 수 있는 취미들

- 사진, 사진 촬영, 동영상 만들기 : 카메라와 렌즈에 대한 지식, 즐겨 찍는 대상과 구도, 사용하는 프로그램 등에 대한 지식을 알고 있어야 한다.
- 등산 : 대한민국 남자 취미의 제왕. 즐겨가는 산의 등산코스, 코스의 특징, 주변 맛집 등은 알아두는 게 좋다.
- 운동 : 축구, 야구, 농구 등의 팀 스포츠. 조깅, 걷기, 자전거 타기, 요가 등의 지구력 운동. 뭐든지 시작하라. 운동할 때의 느낌과 마친 후의 성취감을 표현할 수 있도록 연습하라.

항공사를 지망하는 당신을 위해 권하고 싶은 취미나 잡기

- 비행기 기종 알아보기 : 여객기 기종별 특징 구분하기. 보잉, 에어버스, 주요 항공사 홈페이지, 블로그 등에 상세한 정보가 있다. 외형에 따라 기종을 판단하고 좌석 배치나 기내 구조를 구별한다.
- 와인 상식 늘리기, 칵테일 만들기 : 기내식의 와인은 아주 중요한 아이템이다. 술을 조금 즐긴다면 도전해 볼 만하다. 바텐더 자격까지는 필요 없다. 인터넷에서 배워도 된다.
- 세계지도 갖고 놀기 : 세계 주요 도시 이름, 공항 이름, 공항코드를 외운다.

면접관을 끌어안고 질문 속으로 뛰어들어라.

● "학교 졸업 후에 카페에서 2개월간 아르바이트를 한 것 외에는 활동기록이 없네요. 6개월 동안 무엇을 하였습니까?"

"카페에서 아르바이트를 하면서 고객서비스란 무엇인가를 알게 되었고, 보다 전문적인 서비스 마스터가 되기 위해 이 회사를 지원하였습니다. 외국어 실력을 조금 더 높일 필요를 느껴서 아르바이트를 그만두고 영어와 중국어 공부에 집중하였습니다."

● "2개월 아르바이트하고 알게 된 '서비스'란 무엇이라고 생각합니까?"

"서비스란 고객의 욕구를 충족시키는 무형의 활동이자 고객과의 접점에서 일어나는 문제해결 과정이라고 봅니다."

● "그건 교과서에 나오는 정의와 유사한 것 같은데, 본인만의 의견이나 개념은 뭡니까?"

"(……)"

"고객이 만족할 때까지 최선을 다하려는 봉사의 마음이라고 생각합니다."

● "고객이 끝까지 불만을 제기하면 어떻게 합니까? 예를 들어 초과수하물 비용이 비싸다고 고함을 지르며 비행기를 타지 않겠다고 한다면 어떻게 최선을 다하겠습니까?"

"(……)"

"회사 규정을 자세히 말씀드리고 잘 설득해보겠습니다"

● "고객이 자기는 수십만 마일리지의 단골인데 그런 것도 무료로 해주지 않으면 비행기를 타지 않겠다고 계속 우기면 어떻게 합니까?"

"(……)"

● "중국어로 '오늘 날씨가 좋지 않아서 비행기가 지연되고 있다.'라고 말할 수 있습니까?"

"(……)"

이 정도의 질문에 대답할 수 없는 외국어 공부였다면 아예 말을 꺼내면 안 된다. 공백 기간에 대한 근거 없는 죄책감(?)으로 제대로 하지도 않은 중국어 공부를 빌어다 쓰는 바람에 벌어질 수 있는 참사이다.

차라리,

"아르바이트를 하면서 즐겁게 지냈습니다. 고객님을 모시는 서비스 감각을 조금은 키울 수 있었습니다.
그렇지만 이 회사에 지원하는 데 능력을 집중하기 위해 아르바이트로 번 돈으로 생애 처음으로 비행기를 타고 두 달간 중국여행을 다녀왔습니다.
항공편 예약부터 공항, 기내서비스까지 경험하고 관찰하면서 다시 한 번 저의 결정이 올바르다는 것을 확인하는 계기가 되었습니다."

라고 했더라면 어땠을까? 이런 답변은 면접관으로 하여금 자연스럽게 당신이 다녀온 여행 질문으로 이어질 가능성이 높지 않겠는가?

더 이상 대답하기 어려운 상황이 주어졌을 때(고객이 규정을 벗어난 요구를 하면서 불만을 지속적으로 제기할 때와 같은) 저지르기 쉬운 실수가 있다. '왜 이렇게 말도 안 되는 설정을 하여 곤란한 질문을 하지?' 하며 면접 자체에 불편하고 적대적인 감정을 느끼게 되는 것이다.

이런 감정은 표정이나 말투에서 드러나기 쉽다. 자신감이 없는 상태에서 이런 질문을 받으면 면접 자체를 포기하고 싶기도 한다. 자포자기하고 면접관의 질문에 아예 침묵하거나 성의 없이 대답하기도 한다.

면접관은 당신에게 개인적 감정 따윈 없다. 당신도 면접관 개인에게 감정을 가질 필요가 없다. 공격적인 질문에 대답할 말이 생각나지 않고 정신이 아득해지더라도 급하게 대응하지 마라. 화가 나서 당장이라도 돌아서 문을 박차고 나가고 싶거나 포기하고 싶으면 천천히 심호흡을 하며 마음으로 셋, 둘, 하나하고 숫자를 거꾸로 세어보라. 또는 웃음을 지우지 말고 면접관에게 잠시만 시간을 달라고 요청하라.

"네! 5초만 시간을 주시겠습니까? 반드시 대답하고 싶습니다."

그러면 면접관은 자신의 질문이 공격적이었음을 느끼게 된다. 또 당신의 의지력을 확인하게 된다. 그런 다음 생각나는 말들을 조합하여 이야기를 완성하라. 얼마든지 대처할 수 있는 상황이다. 할 말이 정 생각나지 않는다면 당당하게 이렇게 말하라.

> "이런 상황에 대처할 능력이 아직은 없지만 훌륭한 신입직원 교육시스템을 갖춘 회사의 훈련 과정에서 열심히 배우고 연습하여 그런 고객님 10명이 동시에 오셔도 거뜬히 대처할 수 있는 역량을 키워나가겠습니다."

더 좋은 대응은 이런 것이다.
말로 표현하기 어려운 상황적 질문을 받았다면 그 상황을 당신이 재구성한다. 질문한 면접관을 끌어안고 질문 속으로 뛰어 들어가라. 잠시 동안 아침드라마의 주인공이라 여기고 연기를 한다.

항공사 **취업**을 준비하는 청년들을 위한 **안내서**

(질문한 면접관 앞으로 한 걸음 나간다. 면접관을 향해) "고객님! 고객님의 입장을 진심으로 이해합니다.

그간 저희 항공사를 탑승하신 횟수만 2백회가 넘으셨는데 이런 일을 겪게 해서 대단히 죄송합니다.

올해 초에 국내취항 전 항공사가 수하물 규정을 축소하였는데 충분히 안내를 드리지 못한 것 같습니다. 정말 송구스럽습니다."

하기 어려울 것 같다고? 해보면 별 것 아니다.

이런 대응도 괜찮다.

"(면접관을 향해) 고객님! 수하물 10킬로그램이 비행기에 실리면 인천에서 LA까지 항공 유류비가 34만원이 소요됩니다.

저희들이 400분의 고객들에게 1킬로그램씩만 무료수하물을 추가해드리게 되면 유류비로만 1,360만원을 더 쓰게 되기 때문에 추가수하물 요금을 받고 있습니다. 널리 양해를 부탁드립니다."

[재무적 근거가 있는 비용분석은 아니니 따지지 말자]

실제 업무에서 이렇게 하기는 어렵지만 면접관은 당신의 순발력과 재치에서 자신감과 적극성을 발견하게 된다.

실제 공항에서 일하게 된다면 이보다 더한 일이 종종 일어난다. 면접관이 괜히 압박을 하는 게 아니다. 면접관은 이런 피면접자를 만나길 바라는 것이다. 뭐 어떤가? 그가 실제 고객도 아니니 비행기를 타든 말든 상관없지 않은가? 이런 기회는 흔히 오지 않는다. 당신을 위한 무대이다.

'미래는 배우의 것이다.'

– 베르나르 베르베,
작가의 본 뜻은 내용보다 형식이, 실속보다 겉치레가 중시되는 현 세태를 비판하는 의도.

긍정적으로 말하라

대부분 언어에는 긍정적 단어보다 부정적 단어가 더 많다고 한다. 인류는 위험을 알리는 데는 부정적 단어를 쓰고 부정적인 일에 신경을 쓰는 것이 생존에 유리했기 때문이라는데, 그래서인지 어릴 때부터 듣는 말도 부정적 말이 많았던 것 같고 대체로 낯선 사람이 다가오면 '이 사람이 나에게 어떤 도움이 될까'보다 '나에게 무슨 해를 끼치지 않을까'를 먼저 경계하는 경향이 있다. 낯선 사람을 사귀어서 얻을 수도 있는 이익보다 그들의 접근을 차단함으로써 손해를 예방하는 것이 유리하다는 심리다. 대체로 사람들은 어떤 경험을 가져서 얻을 수 있는 긍정적인 결과에 대한 기대보다 부정적 결과를 피하려는 욕망으로 의사결정 을 하는 경향이 강하다. 거리에서 사람들이 심각한 표정으로 길을 다니는 것도 그런 이유가 아닐까?

*의사결정 : 전망이론(Prospect Theory). 위험이 수반되는 상황에서 사람들이 대안들을 어떻게 결정하는지 설명하는 이론으로 행동경제학으로 노벨경제학상을 받은 대니얼 카너먼 등에 의해 발전되었다.

항공사 취업을 준비하는 청년들을 위한 안내서

이런 심리를 이용한 판매 전략이 공포마케팅이다. 안전띠 매기, 금연 캠페인, 재난대처요령 등과 같은 공익적이며 긍정적 효과를 내기도 하지만 공포마케팅은 보험과 금융, 예방 의료 등의 분야에서 가공할 영향력을 발휘한다. 구강 청결제품, 가습기살균제, 각종 세척제도 미래의 공포를 매개로 파는 상품이다.

단어뿐 아니라 보통 사람들이 하는 생각의 2/3가 부정적인 것들이라고 하니 우리들이 부정적 단어를 많이 쓰는 것은 어쩌면 자연스러운 현상이다.

그러나 당신은 오늘만큼은 이런 습관을 주의해야 한다. 면접장에 들어가기 전에 이런 습관을 긍정모드로 전환해보자. 긍정적 내용이라도 부정적 단어를 쓰면 면접관도 부정적 기분을 가지게 되고 불안을 느낀다. 부정적 내용이라도 긍정적 단어를 쓰면 듣는 이의 기분 역시 좋아진다.

💬 '절망하지 않았다'보다 '희망을 가졌다'가 좋다

'마음을 한번 먹으면 끝장날 때까지 합니다'보다 '일을 하기 시작하면 마무리를 다한 다음 다른 일을 시작합니다'가 긍정적이다.

'힘든 상황이었지만 절망하지 않았습니다'보다 '힘든 여건이었지만 희망을 가졌습니다'가 좋다.

'그렇게 생각하지 않습니다'보다 '이렇게 생각합니다'가 면접관의 마음을 편하게 한다.

긍정적인 사람은 '괜찮아. 잘 될 거야. 이렇게 해보자' 하고, 부정적인 사람은 '망쳤어. 더 이상 못해. 방법이 없어' 한다. 긍정적인 말은 에너지를 모으고 부정적인 말은 집중을 흐트러뜨린다. 긍정적인 말은 말하는 이의 인격을 높이고 주위를 기쁘게 하며 친밀감을 퍼트린다. 긍정은 용기를, 부정은 불안을 만드는 것이다.

공자孔子가 공직에 있는 조카인 공멸과 제자 자천에게 물었다.

"너희가 공직에서 얻은 것은 무엇이고 잃은 것은 무엇이더냐?" 먼저 공멸이 대답하길 "얻은 것은 없고 잃은 것은 세 가지가 있습니다. 일이 많아 공부를 못했고 보수가 적어 친척들과 멀어졌습니다. 또 시간이 없어 친구들을 잃었습니다." 자천은 대답하기를 "저는 잃은 것은 없고 세 가지를 얻을 수 있었습니다. 배운 것을 실천하니 배움이 더 확실해졌고 봉록을 아껴 친척들을 대접하니 그들과 더 긴밀해졌습니다. 공무를 마친 여가에 친구들과 교류하니 더욱 가까워졌습니다." 공자는 자천에게 "너는 참으로 군자君子로구나!"라고 말했다고 한다.

똑같은 상황을 표현하면서 긍정적인 말을 하는 사람은 군자가 되고 부정적인 말을 하는 사람은 소인이 되는 것이다.

사람은 누구나 첫인상*을 좋게 보려는 경향이 있으니 면접관에게 당신의 첫인상은 좋을 확률이 높은 것이다. 부정적 단어를 쓰면 좋은

*첫인상 : 폴리아나 효과(Pollyanna effect). 사람의 인상을 평가할 때 대개 좋게 평가하려는 심리경향. 인물 긍정성 편향이라 한다. 미국 동화 '폴리아나'의 주인공 성격에 비유한 말. 미국 버몬트대학의 빅 데이터 연구 결과, 세계 10개 언어(영어 · 독어 · 불어 · 스페인어 · 포르투갈어 · 중국어 · 한국어 · 인도네시아어 · 아랍어 · 러시아어) 중 가장 긍정적 단어가 많은 언어는 스페인어이고 가장 적은 언어는 중국어. 한국어는 중국보다 한 칸 위라고 한다.

인상도 나빠질 수 있다. 부정적인 말은 태도와 자세에도 영향을 준다. 당신이 성실과 희망을 이야기하더라도 부정적 단어가 많으면 자신의 표정이 어두워지기 쉽다. 면접관 역시 자기도 모르게 당신을 부정적인 사람으로 생각하게 된다.

대답할 때 부정적 단어를 쓰지 마라. 같은 표현이라도 긍정적인 단어를 쓰면 소통하는 상대와 주위 사람들의 마음에도 긍정적 의미를 만든다. 부정적 말은 상대를 우울하게 만들고 긍정적 말은 상대에게 힘을 준다. 당신의 긍정적인 말은 면접관에 긍정적인 사고로 전염된다. 단어 사용 습관이 삶에 미치는 영향에 대한 연구 결과들을 보라.

- 긍정적인 단어들을 많이 썼던 수녀들은 90%가 85세 이상 살았던 반면, 긍정적인 단어들을 별로 쓰지 않은 수녀들은 34%만이 85세 이상 생존했다. 「행복도 선택이다」, 이민규, 더난출판사.
- 아이의 감정 표현과 부모의 말씨에 대한 실험을 한 결과 "자기 감정을 엄마한테 반대로 이야기했던 아이의 엄마는 긍정적인 단어보다 부정적인 단어를 더 많이 선택한 결과를 보였다." 「내 아이의 강점지능」, 곽윤정 외, 21세기북스.

면접시간에는 부정적 단어는 잊어버려라. 긍정적이고 능동적이며 행동지향적인 단어를 사용하라. 예상 가능한 유형의 질문에 이러한 단어가 들어가도록 답변을 만들어 연습하라.

말의 힘은 의외로 강하다. 말을 바꾸면 생각도 바뀐다. 긍정적 단어들로 당신의 답변에 합격의 여운을 남겨라.

'당신이 선택한 말이 당신의 인생을 만든다.'

질의응답에 어울리는 긍정적인 단어들

가득하다	달성하다	열정적이다	즐기다
감사하다	봉사하다	열중하다	즐겁다
강화하다	부응하다	예의 바르다	진취적이다
건강하다	부합하다	용기 있다	커리어를 갖다
개발하다	빛나다	용서하다	찬란하다
개선하다	사랑하다	유용하다	참여하다
격려를 받다	사랑스러운	유쾌하다	체험하다
겸손하다	상당하다	융통성이 있다	평온하다
계산하다	상승하다	인내하다	평정하다
계획하다	생산성이 있다	자랑스럽다	할 수 있다
고맙다, 고마운	생산하다	적응하다	행동하다
공손하다	생생하다	정의롭다	행복하다
공정하다	선행하다	정직하다	헌신하다
관리하다	설득하다	조성하다	협력하다
구성하다	성공하다	조율하다	협상하다
균형이 있다	성과를 내다	존경하다	호기심이 있다
끈기가 있다	성취하다	주도적이다	확신하다
낙천적이다	수행하다	준비하다	활력 있다
낙관하다	쉽습니다	지원하다	효과적이다
너그럽다	신뢰하다	지혜롭다	효율적이다
놀랍다	실행하다	진실하다	흥미를 갖다
놀라운	역할을 맡다	진입하다	

긍정은 적극성을 포함한다. 적극적인 사람은 미래를 보고 소극적인 사람은 과거에 머문다. 적극적인 사람은 대상을 자기가 찾아가고 소극적인 사람은 홀로 기다린다. 적극적인 사람은 위기에서 기회를 보고 소극적인 사람은 기회에서 위기를 찾는다. 적극적인 사람은 성공을 예감하고 소극적인 사람은 실패를 예단한다. 적극적인 사람은 자신의 신념을 따라가고 소극적인 사람은 남의 말에 흔들린다.

적극적인 사람은 '할 수 있어', '하고 싶다', '멋지다'라고 하고 소극적인 사람은 '난 못해', '그냥 있을래', '별론데?' 한다. 적극적인 사람은 주변에 희망을 전파하고 소극적인 사람은 주변을 실망으로 전염시킨다. 적극적인 사람은 긍정적으로 생각하고 긍정적인 생각은 적극적인 단어를 쓴다. 적극적인 의사표현은 긍정적인 평가를 받는다.

면접관의 질문이 단순하고 성의 없이 느껴지더라도 개의치 말고 당신의 적극성을 보여라. 질문이 부정적이더라도 대답은 긍정적으로 말하라.

면접관이 "실패한 적이 있습니까? 언제, 무엇 때문에 실패하였습니까?"라고 묻는다고 '실패'한 경험을 떠올리며 힘없는 목소리로 대답하고 우울한 표정을 지으면 곤란하다. 실패를 딛고 얻은 긍정적인 깨달음을 어릴 적 자전거를 처음 타다 넘어져 까진 무릎을 만지듯 즐겁게 이야기한다. 사실 실패에 대한 질문은 좋은 기회이다. 새벽이 오지 않는 밤이 있는가? 누구에게나 인생은 실패의 어두운 경험들이 쌓여 만들어지는 아침과 같다. 그러므로 누구나 실패의 경험은 공감할 수 있는 주제인 것이다. 지금 이 순간이 당신이 맞이할 아침이 될 것이라 여겨라.

"가장 후회되는 일이 무엇입니까?"라는 질문은

"가장 후회되는 일로 인해 얻은 것이 있습니까? 어떤 변화가 있었습니까?"라고 번역해서 들을 수 있어야 한다.

"고등학교 졸업반에서 사소한 일로 가장 친한 친구와 크게 싸우고 헤어진 일이 가장 후회됩니다."라고만 하면 면접관은 계속해서 연관된 질문을 해야 할지 고민한다.

"부주의한 말 한마디로 인해 친한 친구와 크게 다툰 적이 있습니다. 그 이후로 친할수록 예의를 지켜야 한다는 걸 깨닫고 실천하고 있습니다."라고 하는 것이 좋다.

후회하는 일이나 사건은 짧게 말하고 그 일로 인해 느낀 의미와 삶의 교훈을 희망을 담아 표현하라. 면접관은 당신이 겪은 실패했거나 후회스런 일 자체에는 관심이 없다. 질문 속의 부정적, 소극적 단어에 매몰되지 말고 긍정적, 적극적 표현을 사용하자. 단답형으로 대답하려들지 말고 당신의 경험과 의견을 이야기로 표현하라.

'공자는 (……) 곤경을 겪으며 「춘추」를 저술하고, 좌구명은 실명한 후에 「국어」를 남겼다. 손자는 두 다리를 잘림으로써 「병법」을 펼쳤으며, 한비자는 감옥 속에서 「세난」을 남겼다.'

– 사마천

사마천이 궁형(거세당하는 형벌)을 받고도 「史記」를 쓰면서, 자신과 비슷하게 실패와 고난을 당한 다음에 위대한 저술을 남긴 영웅들을 묘사한 글이다. 좌구명(左丘明)과 손자는 각각 눈을 파이고 다리를 잘리는 형벌 후에 「국어」와 「손자병법」을 저술하였다고 한다.

항공사 취업을 준비하는 청년들을 위한 안내서

슬픈 예감은 틀리지 않는다?

면접관이 "과거에 불행했다고 생각하던 때가 있었다면 언제입니까?"라고 질문을 하였다. 첫 순서의 여성 지원자가 질문에 잠시 머뭇거리다 슬픈 표정으로 변하더니 급기야 눈물을 흘리기 시작했다. 눈물은 눈가에 한두 방울 맺을 정도가 아니라 비 오듯 주룩주룩 흘러내렸고 고개를 숙인 채 흐느끼기까지 했다. 면접장의 분위기는 일순 무겁게 가라앉았고 당황한 면접관이 서둘러 다른 사람들과의 인터뷰를 진행하였다. 모두 대답을 마친 다음 면접관이 그 지원자에게 다른 질문을 하려고 하자 지원자가 처음의 질문에 답하기 시작했다.

'오늘이 3년 전 갑작스런 교통사고로 돌아가신 어머니의 3주년 기일입니다. 이런 질문을 받더라도 절대 눈물을 보이지 말리라 결심했었는데 막상 입을 떼기도 전에 눈물이 먼저 나왔습니다.

저는 어머니의 빈자리를 남은 가족들과 더욱 돈독해진 사랑의 힘으로 채우고 있습니다. 어디서 무엇을 하든 당당하고 가치 있는 인생을 살아야 한다는 어머니의 평소 뜻을 어머니 돌아가신 다음에 더욱 깊이 새기고 생활 속에서 실천하고 있습니다.'

결과가 궁금한가?
면접관은 이 지원자에게 후한 평가를 주었고 그녀는 채용되었다.

💬 '혼자'보다 '함께'를 강조하라

회사와 조직은 혼자 하는 직원을 좋아하지 않는다. 혼자 빨리 하는 것보다 같이 정확하게 하는 것을 더 좋아한다. 도전과 진취성이라는 개

PART 3

인의 역량은 조직문화 내에 수렴되어 발전됨을 전제로 하기 때문이다.

조직문화란 조직 구성원들이 같은 가치관을 공유하고 지향하며 행동하는 일관된 생활규범이다. 지속 가능한 경쟁우위를 유지하는 기업들은 한결같이 차별화되고 독특한 조직문화를 가지고 있고, 이런 문화는 하나의 길Way*이 되어 사회에 영향을 준다. 기업은 고유의 조직문화를 바탕으로 경쟁우위를 확보하기 위해 끊임없이 적응하고 변화하는 유기체*이므로 직원 개개인은 유기체 내의 각 부분으로 조직문화를 통해 전체에 긴밀히 연결되는 것이다.

*길(Way) : 한 기업이 나름의 독특한 경영방식을 활용하여 장기간에 걸쳐 높은 성과를 낼 때 그 경영방식 혹은 경영시스템을 '웨이(way)'라고 부른다. 「삼성 웨이」, 송재용·이경묵, 21세기북스. 예) Toyota Way, GE Way, Samsung Way, Southwest Airlines Way 등.
*유기체 : 각 부분이 일정한 목적하에 통일·조직되어 있으며, 부분과 전체가 필연적인 관계를 가지고 있는 조직체. 구글 사전.

혼자만 가는 직원은 조직문화를 새로이 창조하지 않는 한 조직문화를 해치는 직원으로 보이기 쉽다. 면접은 수만 명을 먹여살리는 한 명의 천재*를 찾는 곳이 아니다. 우수한 인재와 탁월한 기술 못지않게 조직문화의 경쟁력에 보탬이 되는 직원을, 집단 내에서 어울려 성과를 낼 수 있는 사람을, 혼자 가기보다 함께 갈 수 있는 성실한 인재를 찾는 곳이다.

*천재 : "한 명의 천재가 수만 명을 먹여 살린다." 1995년 삼성의 이건희 회장이 한 말. 이른바 '천재경영'으로 불렸었다.

항공사 취업을 준비하는 청년들을 위한 안내서

다음에서 왼쪽과 같은 생각을 한다면 오른쪽처럼 표현하라.

혼자 사색하기를 즐깁니다.	혼자만의 사색은 마음의 눈을 맑게 해줍니다.
좋은 친구 한 명이면 충분합니다.	어려울 때 힘이 되어주는 진정한 친구가 있습니다.
고객의 요구라도 규정이 우선이라고 생각합니다.	규정은 지켜져야 하지만 고객 입장에서 다시 한 번 살피고 필요하다면 규정의 보완을 건의하겠습니다.
사람들이 많이 몰리는 곳은 피하지만 해외여행은 좋아합니다.	도시나 행사관광의 장점이 많습니다만 자연의 풍경을 찾아가는 여행을 선호합니다.
SNS를 다양하게 사용하는데 ○○회사의 페이스북에는 미처 가입하지 못했습니다.	SNS 소통은 직접 보고 만나고 겪은 다음 가입하고 진행합니다.

'빨리 가려면 혼자 가고 멀리 가려면 함께 가라.'

– 아프리카 속담

'친구와 걷는 어둠이 혼자 걷는 밝음보다 낫다.'

– 헬렌 켈러

🔅 '열심히'보다 '잘'

직무 지식도 의견도 주관도 없이 무슨 일이든 열심히 하고, 맡겨만 주면 최선을 다하고, 무조건 뼈를 묻겠다고 읍소하는 구차한 모습을 보이지 마라. 면접관도 민망하다. 회사는 직원이 열심히 하는 것을 그

다지 반기지 않는다. 잘하기를 원한다. 특히 '무조건 열심히'하는 직원은 위험하다고 여긴다. 중요하지 않은 일, 해서는 안 될 일도 하기 때문이다. 해서는 안 될 일을 열심히 하는 직원만큼 위험한 것은 없다. 해서는 안 될 일을 하다가 조직이 망하는 수도 있기 때문이다. '무조건'은 기계나 로봇에게 해당되는 조건이다.

'맡겨만 주시면'이란 조건도 위태롭기는 매 한가지다. 70~80년대는 가능한 애기였다. 그땐 모든 일이 열심히 하기만 하면 성과로 연결되던 시절이었다. '열심히'를 강조하는 직원은 행동은 하지 않는 경향이 있다. 피터 드러커는 조직에서 "하지 않아도 될 일을 효율적으로 하는 것만큼 쓸모없는 일은 없다"라고 갈파하였고, 벤자민 프랭클린은 "제대로 행함이 제대로 말함보다 낫다."라고 하지 않았던가.

*제대로 행함이 제대로 말함보다 낫다 : Benjamin Franklin. 'Well done is better than well said.'

당신은 '무조건 열심히'보다 '중요한 일을 잘'하고, '맡겨만 주면 최선을'보다 '찾아서 효율적'으로 할 수 있는 지원자가 돼야 한다. 그러려면 회사와 일에 대한 지식과 입사 후 행동계획이 있어야 하며, 그 행동계획에는 '왜-무엇을-어떻게'가 포함되어야 한다.

많은 항공사 중에 왜 하필 이 회사에 입사하려는지, 어떤 목표를 가지고 무슨 직무를 하고자 하는지, 그러기 위해 어떻게 할 것인지를 밝혀야 한다.

면접관은 회사와 일에 대한 당신의 의지와 목적, 관심과 목표, 역량과 방법을 듣고 싶어 한다. 그래서 당신의 실천의지와 역량이 회사의 비전과 전략적 목표 달성에 도움이 될 것인지를 파악하고자 하는 것이다.

소위 스펙을 믿고 자만심을 보이는 것은 위험하다. 출신학교, 영어 성적, 자격증들은 면접에서는 큰 의미가 없다. 면접을 한다는 것은 기본 스펙은 모두 채용기준을 통과하였다는 뜻이기 때문이다. 그래서 최종합격자의 토익점수가 수백점 이상씩 차이가 날 수 있는 것이다.

스펙의 틀을 벗어난 당신은 이제 성실함과 겸손함을 보여줄 차례이다.

> '노동 없는 삶은 우리를 부패시키고, 영혼 없는 노동은 우리를 질식시킨다.'
>
> – 알베르 카뮈

🌀 이전 회사나 직무를 비난하지 마라

회사직장를 왜 옮기려고 하죠? 전직하는 피면접자가 받게 되는 단골 질문인데 면접관에게 잘 보이려는 목적으로 이전 직장의 단점을 비교 설명하는 지원자가 의외로 많다. 이는 치명적 오답이 된다.

이전 직장을 좋지 않게 말을 하는 것은 새로 사귀는 연인에게 헤어진 사람을 험담하는 것이나, 새로 부임한 상사에게 이전 상사를 험담하는 것과 같다. 험담은 세 사람을 죽이는 독화살*이다. 이전 직장을 비난하는 순간 당신이 그 화살의 첫 희생자가 된다는 점을 기억하라.

*독화살 : '험담은 자그마치 세 사람을 죽인다. 말하는 자, 험담 대상자 그리고 듣는 자.' 「미드 라쉬」.

전 직장에 대한 비난은 세 가지이다.

> 1) 비전이 없다.
> 2) 보수가 적다.
> 3) 조직문화(상사, 분위기, 근무조건)가 기대와 다르다(맞지 않다).

면접관은 당신의 경력에는 흥미를 느끼지만 당신이 또 이직할 수 있다는 가능성을 염려한다.

"유통경영을 전공하셨고 물류회사에서 1년이나 일하면서 경력을 쌓았는데 왜 항공사로 직장을 바꾸려고 하나요?"

그러니까 경력인정도 해주지 않는 회사로 굳이 옮기려는 이유가 의심스러운데 전 직장에서 무슨 안 좋은 일이라도 있었어? 이런 질문이다.

20, 30대 직장인이 회사를 옮기는 가장 큰 이유는 자신의 미래 비전이 보이지 않거나 낮은 연봉 때문이라는 조사결과가 있다. 기업 관점에서는 이를 조직 부적응과 급여 불만으로 판단한다. 당신이 이직하는 경우라면 이런 질문에는 세심하게 대처하기를 권한다.

*직장인이 회사를 옮기는 가장 큰 이유 : 취업포털 잡코리아가 최근 1년 이내 퇴사경험이 있는 남녀 직장인과 구직자 1,535명을 대상으로 한 '회사를 떠나는 이유를 조사한 결과, 20대 36.7%는 '나의 미래 비전이 낮아 보였기 때문'이라고 답했고, 30대 40.2%는 '연봉인상이 안돼서'를 꼽았다. 한국경제. 2017.2.4.

*조직 부적응과 급여 불만 : '대졸신입사원이 1년 내에 퇴사하는 이유(규모산업별)'에 따르면 조직 부적응 49.1%, 급여 불만 20.0%로 나타났다. 한국경영자총협회. 2016.

'비전이 보이지 않았다'는 것은 당신의 비전이 회사의 비전과 맞지 않았다는 것이다. 이는 당신이 입사 전에 파악했어야 하는 기본가치임에도 그러지 못한 부주의하고 가벼운 사람으로 보이게 할 수 있다. '연봉이 낮아서'라는 이유는 솔직함은 인정받을 수 있을지는 몰라도 면접관은 당신이 처음부터 급여를 알고 입사했을 거라고 판단한다.

"급여는 처음부터 알고 들어갔을 거 아녜요?"

당신을 순간적 이익만 쫓는 이기적인 사람으로 볼 수 있다. 연봉은 직장선택의 중요한 요소임은 틀림없다. 그러나 연봉을 우선가치로 직장을 판단하고 이직하는 사람은 직업의 의미와 성장의 가치를 가볍게 여기고 조직문화에 적응하기 어려운 직원으로 평가되는 것이다.

상사와 원만하게 지내지 못했다, 회사의 분위기가 맞지 않았다, 조직문화가 너무 강압적이었다 등, 모두 비난이자 험담에 해당된다.

그러면 어떻게 해야 될까? 질문의 초점이 '그만둔 이유'에 있더라도 대답의 초점은 직장을 그만둔 이유가 아닌 다시 도전하는 이유에 두고 말하라. 지난 직장에 대한 섭섭함이나 아쉬움이 있더라도 감정적으로 대답하지 말고 전 직장에서 일하면서 배운 점과 이루었던 성과를 말해야 한다. 그만둔 이유와 상관없이 생각해보면 익히고 배웠던 것들이 틀림없이 있다. 아무것도 남기지 않는 경험은 없다. 상처뿐인 영광에도 영광은 남는 법. 그런 다음 지금 면접을 하는 이 회사의 비전과 직무가 당신이 처음부터 원하던 가치였다는 점을 강조하라.

> "처음부터 ㅇㅇ항공이 저의 목표였습니다. 지난해 선발기회를 갖지 못하였고 이번에 다시 도전하였습니다. 전 직장에서 생활 소매용품의 물류 일을 하면서 국내 편의점의 유통실태를 파악하고 대형차량면허 자격도 취득했습니다. ㅇㅇ항공은 처음부터 목표한 직장이었습니다. 1년간 배우고 익힌 물류유통의 경험과 제가 지닌 외국어능력을 살려서 국제영업에도 실력을 발휘하고 싶어 이직을 결심하였습니다."

'추억은 가슴에 묻고 지나간 버스는 미련을 버려!'

– 영화 내부자

🔅 일에 대한 애정을 표현하라

회사와 직무를 많이 아는 것으로는 충분하지 않다. 사실 실무지식은 입사 후에 다 배우게 된다. 대기업의 신입직원 교육은 체계적이고 장기간에 이루어진다. 설불리 알고 들어오는 직원보다 백지 상태에서 처음부터 배우는 직원이 더 정확한 실무처리능력을 가질 수도 있다. 면접관은 당신이 지닌 지식과 기술 못지않게 감각과 적성을 중요하게 여긴다. 긍정적 사고, 난관을 헤쳐나가려는 의지와 일에 대한 애정, 건강한 목적의식은 회사교육으로 배워지는 게 아니다. 애정은 일에 흥미를 부여하고 몰입하게 한다. 몰입은 목표를 향해 행동하게 한다. 애정은 행동을 격려하고 용기를 북돋아준다. 애정은 일을 사랑하는 마음이다. 사랑은 행동하는 것 이 아닌가? 말로만 사랑할 수 있다면 이

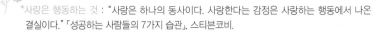

*사랑은 행동하는 것 : "사랑은 하나의 동사이다. 사랑한다는 감정은 사랑하는 행동에서 나온 결실이다." 「성공하는 사람들의 7가지 습관」, 스티븐코비.

항공사 **취업을** 준비하는 청년들을 위한 **안내서**

세상은 사랑으로 이미 가득 찼을 것이다. 당신이 하고 싶은 직무를 위해 행동할 수 있음을 증명하고 직무에 따를 수 있는 위험과 난관까지 즐길 수 있음을 강조하라.

사랑은 구체적이어야 한다. 막무가내식 사랑은 구걸로 비치기 쉽다. 원하는 직무를 명쾌하게 밝히고 일을 통해 당신의 비전을 이루겠다는 포부를 밝혀라. 직무에 대한 애정이 보이지 않으면 신뢰를 받지 못한다.

'사람은 신념과 함께 젊어지고 의욕과 함께 늙어간다. 사람은 자신감과 함께 젊어지고 두려움과 함께 늙어간다. 세월은 당신의 피부에 주름살을 만들지만 열정을 포기하면 당신의 영혼에 주름살을 남긴다.'

– 새무엘 울만

🌀 아부하라

아부라는 말에 반감을 느끼는가? 아부는 인류 이전부터 있어왔다고 한다. 동물원에 있는 우리의 먼 조상인 침팬지들을 보면 알 수 있다. 약한 놈이 강한 놈의 털을 골라주거나 먹이를 양보하는 것들이 아부의 표시이다. 위계질서가 있는 곳에는 반드시 아부가 있다. 실력자에 굽히는 것이 맞서서 싸우는 것보다 생존할 확률이 동물사회에서도 높기 때문이다. 그렇다면 오늘까지 살아남은 우리는 모두 아부의 후예들이라 할 수 있겠다. 아부를 싫어하는 사람은 없다. 아부를 할 줄 모르는 사람도 없고 아부를 하지 않는 사람도 없다. "나는 아부 따윈 안해. 서 부장과 달라." 하고 술자리에서 큰소리치는 상사에게 "역시 우리 부장님께서는 아부랑은 어울리지 않으신 것 같아요." 라고 아부를 해보라. 입가에 미소가 걸리는 걸 볼 수 있을 것이다. 만약 화를 낸다면 당신의 아부 자세가 맘에 썩 들지 않은 것이다.

좋은 아부는 상대의 장점을 찾아서 칭찬하는 것이다. 아부는 아부하는 사람, 아부받는 사람, 대화를 듣는 사람 모두를 즐겁게 한다. 험담이 세 사람을 죽이는 화살이라면 아부는 세 사람에게 즐거움을 주는 바이러스다. 기회가 주어졌는데 실력자에게 아부하지 않을 이유가 있을까?

면접관은 지금 당신에게는 유일한 실력자이다. 아부한다고 당신이 생존합격한다고 볼 수는 없지만, 아부하지 않으면 다른 아부자보다 뒤처지는 건 분명하다.

세련되고 올바른 아부는 어떻게 하는가? 면접관 개인에 대한 아부 발언은 쉽지 않다. 잘못하면 웃음거리만 된다.

"면접관님 목소리가 너무 매력적이십니다." 이건 아부가 아니라 아양이다(사전적 뜻과는 상관없다). "면접관님 지적에 감동받았습니다." 썰렁하긴 마찬가지다. 이런 아양은 아양을 떨고 받는 두 사람은 어떨지 몰라도 한 방의 다른 면접관과 지원자들은 어떡할 건가?

하지만 회사에 대한 아부는 아무리 해도 넘치지 않는다. 단, 구체적으로 말해야 한다. 회사가 자랑스러워하는 업적, 제품과 서비스, 정량적으로 확인된 실적이나 최신 광고, 사옥이나 기업문화를 칭찬하는 말은 훌륭하다 하겠다.

"2개월 전에 시내에 오픈한 ○○호텔은 ○○항공의 새로움, 젊음, 도전과 같은 이미지에 어울리는 브랜드라고 생각합니다. 회사의 영업 정책과 마케팅, 홍보에도 연계효과를 내리라 기대합니다."

"○○항공은 모든 직원들이 서로의 호칭을 '○○님'으로 통일하여 부른다는 이야기를 듣고 확인까지 하였습니다. 수평적 리더십과 창의적 기업문화가 아니면 생활화가 될 수 없는 것이지요. 이런 문화에서 저의 열정과 도전정신을 110% 발휘하고 싶습니다."

아부는 꼭 말로만 하는 것은 아니다. 부드러운 미소와 예의 바른 자세와 기품 있는 인사도 훌륭한
아부가 될 수 있다.

아! 냄새가 너무 향긋해!

"오늘 면접관님들의 귀중한 말씀, 소중히 간직하겠습니다."

이 정도는 할 수 있어야겠다.

💠 회사에 이익이 됨을 호소하라

면접에서 합격하면 당신은 직업을 얻고 아침마다 출근할 직장이 생기고 월말이면 급여를 받게 된다. 회사는 당신에게 일을 주고 일할 곳을 제공하고 임금을 지불한다. 채용은 당신의 시간과 노동과 회사의 보상 간의 교환계약을 맺는 것이다. 당신은 지금 그 계약의 문 앞에 서 있다. 계약의 문을 열건지 말건지는 회사가 결정한다. 면접관이 그 열쇠를 쥐고 있다. 당신은 면접관에게 당신이 받을 보상보다 당신의 노동이 훨씬 크다는 것을 증명해야만 문을 열어달라고 할 수 있다.

회사는 당신의 노동이 투자보다 큰 가치를 만들어 낼 것이라는 기대가 있다. 이를 생산성이라 한다면, 회사의 대리인으로서 당신을 평가하려는 면접관에게 당신의 생산성이 높다는 증거를 보여줘야 한다.

당연한 사실이 아닌가. 이렇게 당연하고 간단한 사실을 많은 피면접자들이 잊고 있다. 무턱대고 '회사를 위해서 최선을 다하겠다, 이 한 몸 불쏘시개가 되겠다, 서비스가 천직이다' 되면 좋고 되지 않아도

그만인 선심공약을 내뱉는 선거 후보자처럼 말한다.

　회사를 위해서 취직하는 사람은 없다. '회사를 위해서 일하겠다, 회사를 위해 최선을 다하겠다'는 말은 공허하고 맹목적이다. 면접관들은 믿지 않는다. 당신의 비전과 목표의식을 위해 일한다고 밝혀야 한다. 이 회사에서 일하는 것이 당신의 비전으로 향하는 최상의 길임을 주장한다. 당신이 지향하는 목적이 결국 조직의 목적과 일치함을 강조해야 한다. 회사의 비전과 목적달성에 도움이 되는 피면접자를 마다할 면접관은 없다. 그보다 큰 생산성은 없을 테니까.

　'업계 1위'가 조직의 비전이라면 당신의 비전은 '직무수행의 달인'이어야 한다.

*업계 1위 : 아시아나항공의 비전 중 하나는 '업계 최고 1등의 기업 가치 창출'이다.

　고객서비스가 조직의 비전이라면 당신의 비전은 '고객의 기쁨'이어야 한다. 고객의 기쁨이 회사의 이익이고 회사의 이익이 곧 당신에게 이익이다. 고객이 기뻐하는 마음가짐을 보여줄 수 있어야 한다.

　신 사업영역을 진출 중인 회사라면 당신의 역량이 그 사업에서 수행할 역할과 장점을 발굴하여 말하고, 비용절감이 화두라면 기존의 서비스 프로세서를 원점에서 생각하여 당신의 아이디어를 피력해야 한다. 항공유류비용을 아끼는 것은 항공업계의 영원한 난제 중 하나다. 기내에 탑재되는 각종 잡지도서류를 기내 와이파이를 통한 애플리케이션으로 대체하는 방안, 허용 중량을 초과하는 기내 휴대수하물에 대한 초과요금 징수를 쉽고 빠르게 할 수 있는 아이디어 등을 제시하라.

당신의 이익과 회사의 이익이 일치하고 당신의 비전과 회사의 비전이 같은 방향임을 신념을 가지고 주장하라. 이익은 사람을 행동하게 하고 사람의 마음을 움직이는 지렛대이다. 지렛대가 움직이면 면접관은 즐거운 마음으로 듣게 될 것이다.

> '출세에 성공하는 가장 빠르고 좋은 방법은 사람들로 하여금
> 당신의 이익을 돕는 것이 그들에게도 이익이 된다는 것을
> 분명히 알려주는 것이다.'
>
> – 라 브뤼예르

🌀 팔로워십을 드러내라

역량에서 팔로워십Followership 은 상대적으로 덜 강조되고 있다. 그러나 사회에 첫발을 내딛는 우리는 모두 팔로워Follower로 출발한다. 팔로워는 '상대적으로 권력, 권한, 영향력이 상급자에 비해 적은 하급자이며, 다른 사람들이 원하거나 의도하는 것에 따라주는 사람'이다. 한마디로 부하다. 신입직원은 모두가 '부하'로서 올바른 팔로워십부터 배우게 된다. 숙련된 팔로워십은 뛰어난 리더십을 만들며 리더십이란 올바른 팔로워십의 결과물이다. 조직의 성과는 리더십과 훌륭하게 상호작용하는 팔로워십이 필수적이다. 뛰어난 리더는 처음에는 모두 올바른 팔로워Follower였다. 올바른 팔로워는 리더가 바른 방향으로 가도록 돕고 리더의 방향이 잘못되면 용기를 내어 말한다. 지시에 충성하

*팔로워십 : 리더십에 반대되는 말로서 추종자 정신. 추종력을 말한다.

기보다 리더를 보완해주며 자신이 하는 일과 조직의 성과창출에 몰입한다. 모든 조직에는 리더보다 팔로워가 많고 이번에는 리더였지만 다음번에는 팔로워가 되는 이들이 대부분이다. 그러니 팔로워십이란 리더십의 다른 표현이다. 모두가 리더십을 부르짖을 때 팔로워십의 중요성을 강조하는 당신이 진정한 미래의 리더로 보일 수 있다. 다음의 자질에서 당신의 팔로워십 기질을 발견해보라.

좋은 팔로워의 8가지 자질*

판단력, 근로 윤리성, 능력, 용기, 정직, 분별력, 충성심, 자아통제력

*좋은 팔로워의 8가지 자질 : "FOLLOWERSHIP: THE OTHER SIDE OF LEADERSHIP" John S. McCallum, Ivey Businessjournal.com.

'겁쟁이는 천 번을 죽지만, 용사는 한 번만 죽는다.'

– 셰익스피어

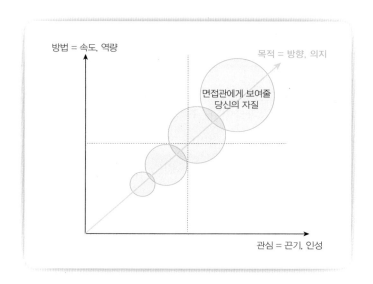

항공사 **취업**을 준비하는 청년들을 위한 **안내서**

이제 인터뷰 준비가 되었는가?

회사와 직무에 대한 관심과 역량을 바탕으로 목적을 위해 끈기 있게 나가고자 하는 당신의 행동계획을 면접관에게 자신 있게 말하라.

당신이 지닌 세 가지 자질의 조화가 면접관에게 이익이 됨을 보여줄 차례다.

 잘 읽히는 자기소개서 쓰는 법

자기소개서는 서류심사에서 면접과 같은 기능을 한다. 심사관들은 지원자와 대화 없이 면접을 보는 것이다. 따라서 자기소개서의 내용을 마치 면접관에게 발표하듯이 써야 한다.

이 책에서 나온 다양한 방법과 표현, 그리고 발표하고 면접 대화하는 기법들을 응용하여 당신의 이야기를 글로 옮기면 가독성이 높고 심사관의 마음에 전달되는 훌륭한 자기소개서가 될 것이다.

자기소개서는 한두 번 쓰는 것으로 만족해서는 곤란하다. 초안을 만들면 하루나 이틀 또는 일주일 후에 다시 읽고 수정하는 것이 좋다. 가능한 자신이 제3자의 입장에서 읽도록 노력하고 선생님이나 현직에 있는 선배에게 보여주고 지도받기를 권한다. 이런 과정에서 자신의 새로운 역량을 발견할 수 있고 보다 정제되고 재미있는 자기소개서가 완성되어 가는 것이다.

이제껏 실전노트에 기록한 내용들을 정리하여 다음 세 개의 주제로 자기소개서를 써보라.

① 지원동기
② 자신의 장점과 단점
③ 지원회사의 핵심 가치에 어울리는 자신의 역량

항공사 취업을 준비하는 청년들을 위한 안내서

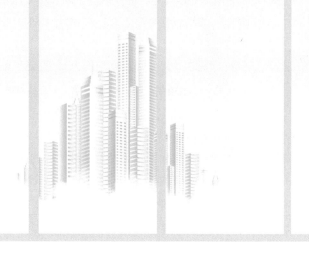

- 토론의 이해
- 논쟁 방법
- 실전 토론
- 토론 평가
- 자기 역량 평가

토론
Debate

4
PART

토론의 이해

토론이란?

오늘 아침 당신은 면접을 보기 위해 집을 일찍 나선다. 조금이라도 일찍 도착하기 위해 평소와 달리 큰맘 먹고 택시를 타기로 하고 승차장으로 간다. 택시를 기다린지 5분쯤 지나자 한 대가 다가온다. 그런데 택시는 지정승차장에서 기다리고 있는 당신을 아랑곳하지 않고 승차장 십여 미터 앞에서 어디선가 불쑥 튀어나온 사람을 태우려고 멈춘다.

자! 당신은 어떻게 할 건가? 바로 눈앞이었다면 한마디 할 수도 있겠지만 택시로 뛰어가서 기사와 승객에게 따지기에는 거리가 멀다. 그런다고 새치기한 사람이 순순히 물러난다는 보장도 없고 자리를 비울 경우 다른 택시가 금방 온다면 뒷사람에게 차례를 빼앗길 수 있다는 생각에 그냥 화만 삼키고 있다. 그리고 스스로 묻는다.

'택시 승차장에 기다리는 사람이 우선승차권리가 있는 것 아냐? 승차장에 기다리는 승객을 무시하는 택시기사와 새치기하는 인간들에게는 강한 벌을 줘야 해!'

'벌칙이 만능은 아니잖아? 벌칙으로 해결할 수는 없을 거야. 증거수집하려고 모든 택시 승차장에 경찰을 배치하거나 CCTV를 설치할 수도 없는 노릇이고. 시민으로서 기초질서와 공공도덕 회복이 먼저야.'

'그럴까? 결국 개인의 윤리에 의존할 수밖에 없다? 그러면 지금처럼 질서를 지키는 사람이 피해를 보게 되고 질서를 지키려는 사람은 줄어들게 되겠지. 공유지의 비극이야! 결국에는 모두가 질서 따윈 신경 쓰지 않을 거고, 사회정의니 개인의 도덕성이니 하는 개념도 법이 엄해야 더욱 잘 유지되는 거야. 미국이나 핀란드를 봐!'

'그건 인정해, 그렇지만 강한 빛은 짙은 그늘을 만들지, 엄한 법은 더 큰 부작용을 초래할거야, 택시기사들이 하루에 얼마나 번다고 이런 일에 벌금을 과하게 부과하게 되면 오히려 벌금을 보상받으려는 심리로 과속하거나 난폭운전을 하게 될 가능성이 높아진다고! 미국과 핀란드와는 우리나라의 도로 교통 환경이 다르지. 구조적인 문제가 더 커! 차라리 지금 가서 저 승객을 끄집어내려! 시민 윤리의 이름으로 혼을 내주라고! 그럴 배짱은 없는 거야?'

'아니! 여기서 배짱이 왜 나와? 내가 오늘 면접만 아니면 가만있지 않았지. 시간이 없잖아?'

'그게 그거지! 넌 평소에도 이런 상황에서 아무 말도 못하잖아? 그렇잖아? 이 소심아! 응?'

'아! 정말! 진짜 이럴래?'

당신은 '택시 승차장에서 차례를 무시한 운전자는 벌을 받아야 한다'라는 논제*를 놓고 자신을 찬성과 반대, 두 개의 자아로 나눠 토론

*논제 : 이런 법의 실재 유무는 따지지 않기로 한다.

을 하고 있다. 처벌과 윤리적 해결방법을 두고 각각 모순이 있는지 살피고 추론의 근거를 대고 가설 상황에 질문하고 따져보며 두 자아사람가 각각의 주장으로 치열하게 대립한다.

이 토론의 결과는 어떻게 될까? 보다 합리적이고 논리적으로 표현하는 쪽이 이길까? 택시기사의 힘든 노동에 비하여 적은 수입과 같은 감성 전략을 논증에 섞어 호소하는 쪽이 이길까? 또 토론˚ 결과, 패한 쪽은 자신의 논리에 부족함이나 모순을 깨닫고 상대의 주장을 인정하는 용기를 보이며 순순히 승복할까? 토론에 의해 한쪽으로 결론이 나지 않을 수도 있을 것이다. 하지만 토론을 하다 보면 상대의 관점을 알게 되고 자신의 주장에서 모순을 발견하거나 자기 논리를 더 강화시키는 계기를 만들 수 있다. 토론이 조금 더 발전하다 보면 합리적인 결과가 도출되거나 혹은 감정이 격화되어 논리는 실종된 채 서로 치고받으며 상처만을 남기는 언쟁言爭으로 끝날 수도 있을 것이다.

˚토론 : 토론의 수단으로 논리적인 요소만 있는 건 아니다. 일찍이 아리스토텔레스가 말한 설득의 3요소인 '로고스(Logos. 논리), 파토스(Pathos. 듣는 사람의 감정상태), 에토스(Ethos. 말하는 사람의 성품. 신뢰도)'를 모두 사용한다.

토론이란 이처럼 의견이 대립하는 주제에 대한 자신의 주장을 상대와 청중에게 타당한 이유를 근거로 들어 설득하는 상호작용˚ 이다.

˚상호작용 : '어떤 문제에 대하여 여러 사람이 각자의 의견을 내세워 그것의 정당함을 논함.' [다음사전]. '상호 소통적인 논증 방식으로, 어떠한 문제에 관하여 여러 사람이 각기 의견을 말하며 논의하는 일' [구글사전].

항공사 취업을 준비하는 청년들을 위한 안내서

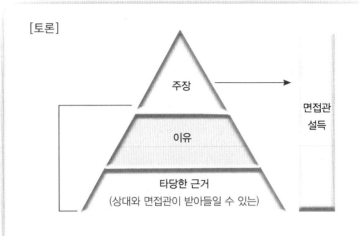

[토론]

주장 ⟶

면접관
설득

이유

타당한 근거
(상대와 면접관이 받아들일 수 있는)

1. 주장은 이유로 뒷받침되어야 한다.
2. 주장과 이유는 순서가 바뀔 수도 있다.
3. 이유는 듣는 이가 이해하고 인정할 타당한 근거가 뒷받침되어야 한다.

토론은 논리적 근거로 자신의 주장을 증명함으로써 상대와 청중들을 설득하는 데 그 목적이 있는 것이다. TV토론, 정책토론 등 대부분의 토론이 이러한 목적으로 열린다. 면접에서 집단토론도 다르지 않다. 차이점은 청중이 면접관이라는 점이다.

다음과 같은 단순한 논제라면 주장과 이유만으로도 논증이 가능하다.
'지금 밥 먹으러 가야 해' ⟸ 주장
'(왜냐하면) 배가 고프니까' ⟸ 이유
굳이 배가 고프다는 이유에 근거를 들라고 하면,
'(점심시간이 12시인데) 오후 2시가 지났어. 현기증이 나서 서있기

조차 힘들어'게다가 '아침도 안 먹었단 말이야'

생각해보면 이렇게 일상에서도 끊임없는 논쟁이 일어나고 있다. 이유는 주장을 받치는 힘이지만 또 다른 주장이기도 하다. 근거는 주장이 아닌 객관적 관점이어야 한다. 근거와 이유가 다른 점은 근거는 제시되면 누구나 알 수 있거나 볼 수 있거나 인정할 수 있어야 하는 것으로 외부에 알려진 사실이나 현상을 의미한다. 즉, 위의 '오후 2시가 지났다', '현기증이 나서 서있을 수 없는 정도다'는 '밥 먹으러 가자'라는 주장의 근거가 된다.

[주장 + 이유 + 근거]가 조합이 되면 훌륭한 논증이 된다. 이 구조는 발표와 질문, 대답에서도 유효하다. 아래 논쟁에서 주장, 이유, 근거를 살펴보자.

우리는 (창업이 아니라) 취업을 해야 해. ◀ 주장

창업은 실패할 위험이 너무 커. ◀ 이유

창업환경이 우리보다 나은 미국에서도 벤처창업 성공률이 5%에
불과하지. 95%에 들어가지 않을 아이디어와 자신이 있어? ◀ 근거

올바른 주장이다. 취업을 해야 한다. 창업하려니 우선 돈이 없다. 아르바이트로 한 푼씩 모은 돈은 학자금 대출에 다 들어가지 않았는가. 창업은 취업 후에 생각해도 얼마든지 기회가 있다. 취직을 해서 회사와 조직을 배우고 난 다음에 창업을 하면 더 잘할 수 있다.

항공사 **취업**을 준비하는 청년들을 위한 **안내서**

타당한 말이야. 우리나라 자영업이 5년 생존율이 30%에
불과한 걸 봐도 그래.   ⬅ 상대 주장 인지

그렇지만 원하는 곳에 취업하는 비율도 30% 이상 된다고 보진 않아.
자금이 없어도 창업할 수 있는 방법이 전혀 없진 않아.   ⬅ 반박

나는 취업보다 창업하는 것이 옳다고 봐.   ⬅ 주장

최근에 구축된 시에서 지원하는 청년 스타트업 인큐베이터
프로그램에 들어가면 초기 비용도 거의 들지 않아.   ⬅ 근거

실패하더라도 훌륭한 경험이 될 거야! 나중에는 오히려
취업에 도움이 될 수도 있을 거야.   ⬅ 이유

이렇게 반박할 수 있다. 어찌되었거나 취업이든 창업이든 졸업했으
면 일을 찾는 것은 피할 수 없다.

면접토론

기업들이 집단토론면접을 하는 목적은 피면접자들의 평소에 어떤
현상과 문제를 대하는 인식 수준을 확인하고 판단력과 이해력을 측정
함과 아울러 설득력과 협동심, 리더십과 대인관계 영향력을 파악하기
위함이다.

따라서 토론 대상 주제는 사회가 안고 있는 보편적 문제와 갈등요소들, 최근 이슈화되는 시사 문제, 기업이 속한 산업군의 일반적 현안 등에서 제시되는 것이 일반적인데, 이는 고등교육을 받은 시민이라면 누구나 관심을 가지고 접할 수 있는 주제를 선택하여 피면접자들에게 기회를 균등하게 제공하고 능력측정의 형평성을 고려한 것이다.

그렇지만 토론주제와 상관없이 지원하는 회사의 고유 특성과 뉴스나 공시된 자료로 알 수 있는 회사 현안에 대한 정보는 알아두면 의견을 이끌고 주장을 펴는 기회를 많이 가질 수 있을 것이다.

다음은 항공사들의 근년 면접에서 제시된 발표주제이니 참고하자. 밑줄 친 주제가 기업 또는 산업과 연관된 것들이다.

- 당사의 사회공헌활동 실천방안
- 대통령 중임제와 단임제
- 사형제도 폐지
- 양심적 병역거부자의 대체복무제
- 오디션 프로그램의 장단점
- 유류할증료 부과의 타당성
- 유커(중국 관광객) 유치를 위한 방안
- 제주도 무비자 여행국 확대
- 주택전기료 누진세 폐지
- 중산층 몰락의 원인과 해결책
- 채용 시 군 경력 가산제도에 대한 의견

면접관은 면접토론을 통하여 당신이 입사 후에 회의를 하거나 의견 대립이 있을 때 구성원들과 어떻게 소통하는지 팀워크 능력이 어느

항공사 취업을 준비하는 청년들을 위한 안내서

수준인지를 확인한다. 토론의 결과보다 논점에 일관성이 있는지, 발언과정에 정당성이 결여되지는 않는지, 또 참가자들의 태도와 자세도 주의 깊게 살핀다.

면접토론에서 면접관이 토론자의 토론 역량을 평가하기 위한 기본 잣대를 두 가지로 요약하면 논리와 매너라 하겠다.

💡 논리가 있는가?

면접관은 토론자의 주장이 논리적으로 뒷받침되고 있는지를 본다.

논리적 주장은 주장이 합리적이고 이유가 객관적이며 증거로 제시되는 사례가 현실적이고 구체적이어야 한다. 면접관은 토론자들이 상대측과 논증을 통해 상대의 주장을 반박하고 자신의 주장과 의견을 논점을 벗어나지 않고 넓혀 가는지 상대와 면접관에게 얼마나 납득시키는지를 평가한다.

💡 매너를 지키는가?

주장이 논리적이라고 반드시 설득되는 것은 아니다. 토론에서 설득력은 주장이 가지는 논리에 화자의 자신감, 말투, 표정, 대화의 타이밍 등과 자신만의 개성을 어떻게 표현하느냐에 따라 그 크기가 결정되기 때문이다. 토론은 일방적 주장이 아니라 상호작용적 논쟁이다. 대립을 전제로 논쟁을 치루지만 그 결과 못지않게 과정도 중요하게 평가한다. 실제 비즈니스 세계에서는 논쟁에서 지고도 실전은 이기는 경우가 왕왕 발생한다. 전투는 져도 전쟁은 이기는 것이 실리적이다. 그 옛날 카르타고와 로마의 전쟁, 항우와 유방의 초한전쟁을 보라.

찬성과 반대

찬반 토론에서 찬성과 반대를 헷갈려서 실언을 하는 사례가 간혹 있다.

찬반 토론의 경우 토론주제의 제시어가 서술하는 방향이면 찬성, 반대 방향이면 반대 측이 된다. 즉, 문제(토론주제)의 상태에서 문제가 변화하는 쪽을 지지하면 찬성, 현 상태를 유지하는 쪽을 지지하면 반대가 되는 것이다.

'법인세를 인상해야 한다'라는 주제라면 찬성 측이 인상, 반대 측이 현상유지 또는 인하가 되고, '낙태죄 폐지'라는 주제라면 폐지해야 한다는 쪽이 찬성, 낙태죄가 필요하다고 주장하는 쪽이 반대가 된다. 즉, 낙태죄를 찬성하면 이 토론에서는 반대 측에 서는 것이다.

논리와 매너

💡 토론, 언쟁, 토의

토론을 하는 것 같아도 실제로는 언쟁 중이고 언쟁하는 것처럼 보여도 토론 중일 때가 있다. 두 경우 모두 바람직하지 않은데 전자는 논리가, 후자는 매너가 결여된 상태다. 토론과 언쟁의 차이는 참가자의 주장이 논리적이냐에 있다. 주장의견에 타당한 이유근거가 있을 때 우리는 논리적이라고 한다. 언쟁言爭은 이치에 맞지 않는 주장으로 옳고 그름을 다투는 것이다. 그런데 이치에 맞는 언쟁이지만 논의 주제 문제를 올바른 방향으로 해결하기 위해 의논하는 것은 토론이라기보다 토의討議에 가깝다.

요컨대, 토론이란 문제에 대한 자기의 언쟁을 (상대의 언쟁보다 더) 논리적으로 증명하는 것, 즉 논리의 싸움을 말한다.

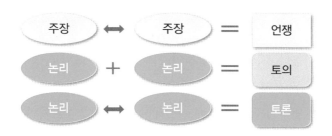

경상남북도의 신공항 건설 문제를 두고 토론과 언쟁, 토의를 구분해보자.

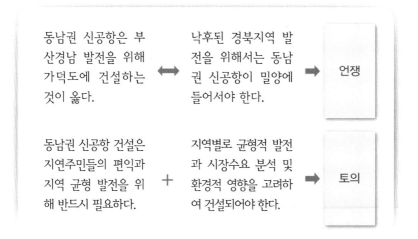

| 신공항 건설에 따른 환경파괴를 최소화하고 항공기의 24시간 운항 여건을 충족하기 위해서 가덕도에 건설되어야 한다. | ⟷ | 접근성, 건설비와 기간의 효율성, 기상재난 등을 고려하면 밀양이 최적지다. | → | 토론 |

신공항 건설 이유로 지역발전을 우선 내세우면 상호 언쟁으로 흐를 가능성이 높다. 지역 균형 발전이라는 이유에 수요와 환경 영향을 근거로 신공항 건설의 타당성을 찾으려는 논의는 토의가 된다. 신 공항 후보지를 밀양 또는 가덕도에 건설해야 한다며 각 후보지의 적합성을 타당한 이유와 근거로 주장하며 싸우는 것이 토론이다.

🔆 매너와 규칙

토론에는 참가자들이 지켜야 할 일정한 규칙과 형식이 있다. 토론 참가자들은 문제해결의 결론이 내려지지 않더라도 토론 과정에서 요구되는 규칙을 지켜야 한다. 토론은 정해진 시간 내에 정해진 룰을 지키며 정당하게 싸우는 점에서 스포츠 경기와 유사하다. 물론 심판면접관이 있어 주어진 시간과 정해진 룰이 지켜지는 것도 평가하므로 토론 전에 제시되는 발언 순서와 절차, 시간 규칙들을 잘 숙지해야 한다.

토론을 잘하기 위해서는 문제와 의견에 대한 비판적 사고와 그것을 표현하는 능력이 필요한데, 비판적 사고는 객관적으로 판단하고 경청할 수 있는 능력을 전제로 한다. 토론을 하는 과정에서 당신의 경쟁원칙과 협상력, 대인관계와 소통능력이 나타난다. 토론에서 치밀한 논리력으로 이기는 것도 중요하지만 논쟁 과정에서 상대를 존중하고, 승패를 떠나 결과에 승복하는 성숙한 자세를 보여야 하는 이유이다.

면접토론에서 승패 자체는 큰 의미가 없다. 이겼다고 반드시 유리한 건 아니며 오히려 과정이 더 중요하게 평가될 수 있다. 면접토론은 양측이 비슷한 수준으로 준비하였다면 승패가 분명히 나지 않는게 보통이다. 불과 30분 만에 결론이 나는 토론주제가 그리 흔하겠는가?

졌다고 불만을 드러내거나 다른 사람을 탓하는 표정이나 말투는 위험하다. 면접관들은 당신의 주장과 논리력, 설득력 외에 토론에 참여하는 당신의 자세와 언행도 주시하고 있음을 잊지 마라. 배구선수들은 지더라도 코트 밑에서 상대의 악수를 다 받아준다.

토론매너의 기본은 다음과 같다.

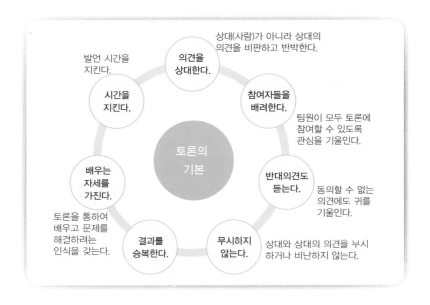

'인생에 승자란 없다. 잃을 것도 없다.
우리 앞에 놓여있는 미지의 장애물을 넘어
계속 나아가는 게 바로 인생이다.'

– 말리스 밀하이저

경청傾聽 기술

경청한다는 것은 단순히 듣는 것과는 다르다. 경청한다는 것은 듣고 적고 반응하고 이해하는 적극적 행위를 말한다.

토론은 흐름을 따라가는 것이 중요하다. 상대의 주장을 잘 들어야 자신의 의견에 반영할 수 있다. 의견이 아무리 특출하더라도 토론 흐름을 벗어나거나 상대 의견을 무시하는 것처럼 보이면 당신이 먼저 면접관에게 무시당할 수 있다.

미국 코넬 경영대학의 Brownell은 경청Listening에 필요한 요소를 다음과 같이 제시하고 있다.

HURIER model

1) Hearing (듣고)   2) Understanding (이해하고)

3) Remembering (기억하고)   4) Interpreting (해석하고)

5) Evaluating (평가하고)   6) Responding (대응한다)

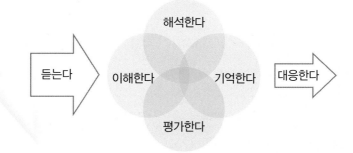

항공사 취업을 준비하는 청년들을 위한 안내서

💡 이긴다고 생각되면 조심하라

찬반 토론은 상대측을 설득하는 목적을 가진다. 그러나 면접토론에서 상대를 일방적으로 굴복시키려는 시도는 위험하다. 논리적으로 상대보다 앞서는 것은 좋은 일이지만 우쭐거리거나 뽐내는 듯 자만함이 드러나서는 토론은 이기되, 면접관·청중의 마음을 얻지 못하게 된다. 승리의 뿌듯함은 누릴지 몰라도 면접관의 평가서에 사선이 그어질 수도 있다. 이겼지만 지는 결과가 된다. 상대를 논리적으로 압도한다고 판단되면 상대의 말을 잘 듣기만 해도 된다. 그 다음은 면접관들의 판단에 맡기는 것이다. 승리를 예감하면 멈추어야 한다.

> '승리의 순간이 가장 위험한 순간이다.'
>
> – 나폴레옹

논쟁 방법

진행 형식

토론은 토론을 진행하는 방식에 따라 아카데미 토론이라 불리는 형식토론과 자유토론이라 불리는 비형식토론으로 나눈다. 비형식토론은 정해진 형식 없이 사회자의 조정과 중재에 따라 토론 참여자들이 자유롭게 논쟁하는 토론으로 TV에서 흔히 보는 토론 프로그램이 이에 해당된다.

형식토론은 교육현장과 토론대회, 면접토론 등에서 사용되는 형태로 진행 순서와 방식, 발언 시간 등에 일정한 규정을 지키며 진행되는 토론이다. 형식토론은 구성원 수와 진행 절차에 따라 CEDA 토론, 칼포퍼식 토론, 의회식 토론으로 다시 세분된다.

형식토론 유형

CEDA식 Cross Examination Debate Association	● 2인이 한 팀이 되어 찬반으로 나눔 ● 입론, 교차조사, 반박 세 부분으로 진행 ● 참가자 전원이 각 부분별로 발표

항공사 취업을 준비하는 청년들을 위한 안내서

| 칼포퍼식
(Karl Popper)* | ● 3인이 한 팀이 되어 찬반으로 나눔
● 입론 한 번, 질문과 반론 두 번 씩
● 팀 내 의사소통과 주장보다 반론을 중시 |
| 의회식 | ● 사회자의 진행으로 찬반 측에서 정해진
　시간 내에 주장과 질문을 하는 토론 방식
● 상대측의 발언 중에도 신상발언, 보충질
　의를 할 수 있음. |

*Karl Popper : 칼 포퍼(Karl Raimund Popper) 오스트리아 생 영국 철학자. 반증주의, 논리실증
주의를 주창하였다. "당신이 옳을 수도 있고 내가 틀릴 수도 있다. 다만, 서로 힘을 모으면 우리
는 진리에 더욱 더 가까이 다가설 수 있을 것이다." 칼 포퍼, 「열린 사회와 그 적들」, 이한구 옮
김. 민음사.

삼단논법

"인간은 모두 죽는다. 소크라테스는 인간이다. 고로 소크라테스는
죽는다." 논쟁을 말할 때 빼놓을 수 없는 삼단논법의 대표적 추론이다.
　논리학에서는 타당성을 판단하는 근거를 추론하는 대상의 내용이
아니라 추론하는 형식의 옳고 그름에 둔다. 바로 이 추론형식의 타당
성과 논리성을 따지는 고전적이고도 대표적 논쟁방법이 삼단논법이

다. 삼단논법*은 '모든 A는 B이다. A=B(전제1). 모든 C는 A이다. C=A(전제2). 고로, C는 B이다. C=B(결론)'라는 추리처럼 두 개의 전제에서 그 전제의 형식만을 근거로 결론(세 번째 판단)을 끄집어내는 추리를 말한다. 즉, 두 개의 전제(대전제-소전제)를 제시하고 전제가 모두 참일 때 결론은 거짓이 도출될 수 없다는 타당성을 가지는 것이다. 위 추론에서 소크라테스가 죽을 수밖에 없다는 결론은 '인간=죽음(전제1 참), 소크라테스=인간(전제2 참)'이기 때문이다. 삼단논법으로 주장을 할 때는 반드시 두 개의 전제가 증명 가능한 참이어야 한다.

*삼단논법 : 이런 논법을 삼단논법 중 기본적 형태인 정언적 삼단논법이라고 부른다. 삼단논법에는 정언적 형태 외 선언적 논법, 가언적 논법, 양도 논법 등의 형태가 있다.

섭씨 0도 이하에서 물은 언다.　　　　　　　⬅ 대전제
저수지는 물로 채워져 있다.　　　　　　　　⬅ 소전제
겨울에 날씨가 추워지면(0도 이하이면) 저수지가 얼게 된다.　⬅ 주장

삼단논법에서는 전제의 형식이 제대로 지켜지지 않으면 결론에 오류가 발생한다. 다음 두 개의 추론은 참인가? 거짓인가?

청년실업은 글로벌한 현상으로 우리나라도 예외가 아니다. 청년실업률이 매분기 증가하고 있는 실정이다. 과거에 우리는 수많은 젊은이들이 해외로 나갔다. 이럴 때일수록 청년들은 국내의 일자리에 연연할 것이 아니라 중동이나 아프리카 같은 신개척시장으로 도전해야 한다.

면접에 참여한 모든 피면접자들은 평균 이상의 스펙을 가지고 있다. 오늘 면접에 참가한 나의 스펙은 평균 이상이다.

위의 예는 둘 다 주장과 전제에 모순이 있다. 청년실업이 세계적 현상인데 해외 취업으로 눈을 돌리자는 주장은 서로 모순된다. 스펙은 평균에 못 미치지만 다른 역량이 우수해서 서류전형을 통과한 사람이 있을 수 있고 '스펙', '평균'이란 용어도 근거가 명확하지 않다.＊ 따라서, 청년들을 해외로 가라는 주장과 평균 이상의 스펙을 지녔다는 결론에는 오류가 있는 것이다. 선거철이면 의레 듣게 되는 다음과 같은 연설은 오류 덩어리의 논리라 하겠다.

＊근거가 명확하지 않다 : 이처럼 증명되지 않은, 모순이 들어있는 전제를 바탕으로 결론을 이끌어내는 오류를 형식 오류에서 비정합성의 오류(자기모순, 자기부정의 오류)라고 한다. 즉, 앞뒤가 안 맞는 말이다.

"제가 당선되면 기업과 국민들의 조세부담을 낮추어 활발한 경제활동 여건을 만들겠습니다. 또한 전국에 낙후되는 지역이 없도록 구석구석 고속도로와 고속철로를 놓고 100만 호의 주택을 건설하여 모든 국민이 제 집을 가지는 선진 복지국가를 건설하겠습니다."(무슨 돈으로?)

논쟁에서 흔히 나타나는 이러한 논리의 오류에는 순환논리의 오류와 우연의 오류, 결합의 오류, 분해의 오류, 애매어의 오류, 흑백논리오류＊ 등이 있다.

＊오류 : 순환논리의 오류는 형식적 오류의 하나이며, 비형식적 오류에는 이외에도 사람에 호소하는 오류, 공포에 호소하는 오류, 부정합한 권위에 호소하는 오류 등 다양하게 있다.

순환논리의 오류는 선결문제 요구의 오류라고도 하는데, 이는 주장 (결론)을 전제에서 이미 제시하는 오류를 말한다.

> 김 대표는 이전의 회사를 업계 최고의 기업으로 성장시킨 분이다. 취임한지 6개월이 지나면서 영업실적이 조금씩 살아나고 신규투자를 늘리고 있다. 내년 경영성과를 위해 김 대표를 연임시키는 것이 책임경영을 실천하는 길이다.

김 대표의 연임이라는 결론을 위해 연관성이 떨어지는 김 대표의 긍정적인 면을 전제로 제시하면서 전제를 결론으로 순환시키려는 오류를 범하고 있다.

우연의 오류는 대부분의 경우에는 참으로 적용되지만, 우연하게 발생하는 예외적인 사례를 일반화한 주장을 말한다.

> 김 대표가 취임한지 6개월이 되었는데 영업실적은 떨어지고 총 지출은 오히려 증가하였다. 경영활동이 부실하면 대표이사에게 책임을 묻는 것이 책임경영을 실천하는 길이다. 김 대표는 이번 연말에 물러나야 한다.

실적이 떨어지는 것이 대표의 경영 무능 때문인지 외부적 상황인지 분석이 필요하다. 지출 역시 일회성 비용이 증가하였는지 기업체질을 강화하기 위한 투자성 비용인지 확인이 요구된다.

"인격은 물리적 생명이다. 인터넷 비난 댓글은 인격살인이다. (고로) 비난 댓글을 다는 네티즌은 살인자다. (고로) 살인죄로 다스려야 한다."

"아이고, 다리가 또 쑤시기 시작한다. (고로) 곧 비가 내릴 거야."

이런 추론도 우연의 오류라 볼 수 있다.

결합의 오류는 집합 내의 단위원소들이 지닌 성질이 그 단위가 모인 집합에서도 같은 성질을 낼 것이라는 주장을 말한다.

> 윤 교수는 뛰어난 어휘력을 가지고 있다. 어휘력이 뛰어난 사람은 훌륭한 글을 쓴다. 이 논문은 윤 교수가 저술하였으므로 매우 뛰어나다.

어휘력이 뛰어난 사람이 (문학적) 글도 잘 쓴다고 단정할 수는 없다. 공을 잘 다루는 사람이 반드시 우수한 축구선수가 된다고 볼 수 없는 것과 같은 이치다.

"맨유(맨체스터 유나이티드)에서 뛰는 선수들은 모두 최고의 축구선수들이다. 고로, 맨유는 세계 최고의 축구클럽이다."라는 추론도 결합의 오류에 해당한다.

분해의 오류란 결합의 오류와 반대로 어떤 집합이 지닌 성질을 전제로 그 집합의 단위원소들도 같은 성질을 가진다는 주장이다.

> 러시아가 평창 올림픽 아이스하키에서 우승했다.　　　　⬅ 대전제
> 올림픽 우승을 위해서는 최고의 선수들이 필요하다.　　　⬅ 소전제
> 러시아 아이스하키 선수들이 세계 최고의 기량을 가지고 있다.　⬅ 주장

"맨유(맨체스터 유나이티드)는 최고의 축구클럽이다. 맨유의 선수들은 모두 최고의 축구선수들이다."라는 결론도 분해의 오류에 해당한다.

애매어의 오류는 상황에 따라 여러 다른 의미가 될 수 있는 말을 하나의 의미로만 이해하여 결론을 이끄는 오류이다.

> 죄인은 벌을 받아야 한다.   ⬅ 대전제
> 인간은 모두 원죄를 안고 태어났다.   ⬅ 소전제
> (나는 인간이기에) 나는 벌을 받아야 해!   ⬅ 주장

"녹색은 환경과 자연을 의미한다. 환경과 자연은 우리 세대가 보존해야 한다. 낙동강의 녹조는 우리가 보존해 나갈 유산이다."(응?)

"나는 브래트 피트를 좋아한다. 아내는 내가 브래드 피트를 좋아하는 것보다 브래드 피트를 더 많이 좋아한다. 아내는 나보다 브래드 피트를 더 좋아한다."(실제 그럴 수도 있지만)

이러한 추론도 '원죄', '녹색', '좋아한다'의 의미가 중의적으로 쓰임을 명확히 인지하지 못함으로 생기는 애매어의 오류에 해당된다.

요약하면 논쟁에서는 전제를 찾는 것, 그리고 그 전제가 참인가 거짓인가를 증명하는 것이 관건이다.

아래 주장의 대전제는 참인가?

> ○○항공 면접에 참여하는 모든 피면접자들은 짙은 색 양복을
> 입는다.   ⬅ 대전제
> 나는 면접에 참여하는 피면접자다.   ⬅ 소전제
> (짙은 색 양복이 없는) 나는 검은 양복을 사야한다. ⬅ 주장

실제 토론에서는 이론과 달리 전제를 먼저 제시하지 않고 주장부터 시작하고 전제로서 주장을 보강하는 방식이 많이 쓰인다. 전제가 여러 개이고 복잡할수록 주장을 먼저 제시하는 것이 유리하기 때문이다.

수능 듣기 시험 시간 동안은 항공기 이착륙을 제한하여야 한다. ⬅ 주장

항공기가 이착륙할 때는 소음이 크다. ⬅ 대전제

소음은 수능 듣기 시험에 방해가 된다. ⬅ 소전제

듣기 시험은 조용해야 잘 들을 수 있다. ⬅ 소전제

공항 인근에서 시험을 보는 학생들이 불리하다. ⬅ 소전제

실제 수능일 듣기 시험 시간을 전후로 약 20분간 우리나라 전 공항의 비행기 이착륙을 금지시키고 있다.

해외여행을 위해 출국하는 날 공항열차를 이용하는데 9시 기차를 탈 것인지 9시 30분 기차를 탈 것인지 부부 사이에 토론이 벌어졌다. 아내가 주장한다.

(공항으로 가기 위해) 9시 출발 기차를 타야 한다. ⬅ 주장

(왜냐하면) 기차로 공항까지 1시간 걸리기 때문이다. ⬅ 소전제

(비행기 출발시각이 12시 20분인데) 출발시각 2시간 전에는
공항에 도착해야 한다. ⬅ 대전제

주장을 먼저하고 부인할 수 없는 전제를 제시하고 있다. 대전제와 소전제가 참이니 남편은 꼼짝없이 설득당한다. 남편은 콜택시를 불러서 9시 30분에 출발하자는 주장을 할 수 있지만, 30분 늦게 출발하는 것이 기차비용과의 차액 5만원보다 가치가 있음을 증명해야 한다.

"○○항공사가 아프리카 시장에 진출해야 한다."라는 논제에서 찬성하는 주장을 예로 들어보자.

아프리카 노선을 개설해야 한다.   ⬅ 주장

아프리카 대륙은 시장성이 크기 때문이다.   ⬅ 이유

어떤 시장이 성장세에 있다면 시장성이 있다고 판단한다.
어떤 지역의 인구증가율, 외국투자자본 유입률, 자원보유량
등이 평균 이상일 때 성장성이 크다고 본다.   ⬅ 전제

아프리카는 3가지 조건을 모두 만족하는 성장성이 뒷받침되는
시장이므로 하루속히 진출해야 한다.   ⬅ 주장강조

'정책적 이슈 공론화의 의의'라는 주제로 주장하는 사례를 보고 주장과 주장을 받쳐주는 이유와 근거, 그리고 전제를 토론에서 어떻게 활용하는지 생각해보자.

- 우리 사회는 서로 다른 가치를 옹호하며 입장을 달리하는
  개인과 집단이 모여 살고 있다.   ⬅ 전제1
- 그래서 갈등은 생길 수밖에 없다.   ⬅ 전제2
- 이렇듯 갈등을 보편적인 현상으로 받아들인다면   ⬅ 제한
- 오히려 갈등을 사회발전의 추진동력으로 삼을 수도 있다.   ⬅ 이유
- 그러기 위해서는 갈등상황에 대한 관리가 필요하다.   ⬅ 주장1
- 공론화는 정부정책 등을 둘러싼 갈등을 사회적 합의를
  통해 조율하기 위한 절차이다.   ⬅ 근거
- 이 점에서 공론화는 갈등관리라는 사회적 의의를 가진다고 본다. ⬅ 주장2

– '신고리 5·6호기 공론화위원회 발표문'에서. 2017.10.20.

"집단 내의 갈등은 보편적 현상이다. ➡ 이 현상을 사회발전의 동력으로 바꿔야 한다. ➡ 그러기 위해서 갈등을 관리해야 한다. ➡ 갈등관리의 방법은 공론화가 최선이다."라며 공론화에 의한 합의가 사회적 정당성을 가진다는 주장이다. 짧은 발언 시간이 주어지는 면접토론에서 이와 같은 주장을 하려면 다음과 같이 줄여야 할 것이다.

- 공론화는 갈등관리라는 사회적 의의를 가진다.   ← 주장

- 서로 다른 가치와 입장을 가진 개인과 집단이 모인 사회에서
  갈등은 보편적인 현상이며, 갈등을 사회발전의 추진동력으로
  삼기 위해서는 사회적 합의가 필요하다.   ← 이유, 근거, 전제

- 공론화는 사회적 합의를 끌어내는 최선의 절차이다.   ← 주장

학교나 집에서 또는 친구들과의 생활에서 흔히 발견할 수 있는 아래와 같은 간단한 주제를 찾아 논증을 해보라.

사례

1) 수업시간에 휴대폰을 일괄 보관하는 것이 좋은가?

2) 맞벌이 부부의 가사노동은 50%씩 분담하여야 한다.

3) 여름방학에 농활을 갈 것인가? 해외여행을 갈 것인가?

툴민 모델

논쟁에 쓸 자료와 정보, 핵심 단어나 문장을 정리하여 체계화하고 구조화하는 것은 매우 유용하며 토론에서 실용적 효과를 나타낸다. 논증의 타당성을 형식에만 의존하는 고전적 삼단논법을 보완하기 위해 영국의 철학자인 스티븐 툴민이 일상적 생활에서 사용되는 의사결정 과정을 관찰하여 실용적 논쟁방법으로 발전시켰다. 이를 툴민 논쟁모델이라고 부른다. 툴민 논쟁은 주장과 주장을 뒷받침하는 근거를 연결하는 고리를 사실과 이유와 자료들로 튼튼하게 묶어서 자신의 주장을 공고히 하고, 반대로 상대의 주장은 그 연결고리의 약한 부문을 찾아서 반박하는 것이다.

*툴민 논쟁모델 : Stephen Edelston Toulmin이 개발한 실용논증모델. 6단계로 나뉘어져 있어 툴민의 6단계 모델이라고 한다.

앞의 아프리카 사례에서 다음과 같이 주장과 이유의 연결성을 강화하여 논증을 해보자.

- 아프리카의 시장성이 크다고 반드시 지금
  진출해야 하는 근거가 무엇인가?   ◀ 진출시점 타당성

- 시장성만 보고 노선을 개설하는가?

항공사 **취업을** 준비하는 청년들을 위한 **안내서**

시장성을 판단하는 근거가 본 사업 성장의 근거로

적합한가? 다른 필요 요인은 없는가?　　　◀ 이유가 부족함

● 성장성에 정치사회적 불안요소는 고려하지

　 않는가?　　　　　　　　　　　　　◀ 전제요소 누락

아프리카 노선을 개설해야 한다.	주장
아프리카 대륙은 시장성이 크기 때문이다.	이유
어떤 시장이 성장세에 있다면 시장성이 있다고 본다. 어떤 지역의 인구증가율, 외국투자자본 유입률, 자원보유량 등이 평균 이상일 때 성장성이 크다고 본다.	전제
아프리카는 3가지 조건을 모두 만족하는 성장성이 뒷받침되 는 시장이므로 빨리 진출해야 한다.	주장 강조
물론 시장성이 있다는 이유만으로 진출할 수는 없다. 정치적 으로 불안하고 사회안전망이 약하다는 단점도 있다.	반박 논리를 먼저 인정
1. 그러나 이런 단점으로 아직 경쟁이 격화되지 않은 시장이 　 란 점은 오히려 기회요인이다. 2. 아프리카에 대한 이미지는 상당부분 편견에 기초한 것이다. 3. 아프리카는 우리나라와의 교역량과 진출기업이 증가추세다. 4. 통계에 의하면 순수관광 여행객도 늘고 있다. 5. 단순 인구증가율 외 중산층이 60% 증가하였다. 6. 2015년 기준 성장률 10위권 내에 아프리카 국가가 7개나 있 　 다. 케냐, 보츠와나, 남아공이 좋은 예다. 7. 현지의 한국 이미지도 좋고 정서상 한류가 확산될 가능성 　 도 높다. 8. 이미 진출해서 활발히 활동하는 기업들은 아프리카가 우리 　 에게 남은 마지막 미래성장시장이라고 주장한다. 9. ○○항공의 유럽과 서아시아 노선망 연결 전략을 잘 세운 　 다면 빠른 시일 내 안정적 수익을 거둘 수 있으며, 새로운 　 성장동력으로 기능할 것이다.	주장-전제-이 유의 연결고 리를 보강할 자료

툴민 논쟁방법 예시(툴민의 6단계 논증모형)

툴민 모델을 간단히 그리면 다음과 같다.

6단계 중 '주장-이유-논거'의 3요소가 중심이며, 순서는 혼합하여 사용해도 된다.

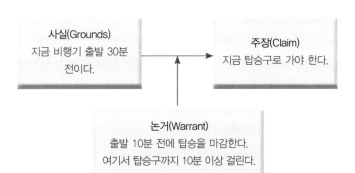

- 주장에 대한 증명이 논리적이고 명확하면 비판을 이겨낸다는 원리에 바탕을 두고, 논거와 주장의 연결을 강화하는 논쟁방법이다.
- 6단계
  1) 주장(Conclusion, Claim)
  2) 사실, 자료, 이유(Ground, Fact, Evidence, Data)
  3) 보장, 논거, 전제(Warrant)
  4) 보강, 논거 자료(Backing)
  5) 수식어, 한정, 반박(Rebuttal, Reservation)
  6) 반증, 요건, 제한조건(Qualifier)

항공사 **취업**을 준비하는 청년들을 위한 **안내서**

예시 1

"The 4th Class라 불리는 이코노미 플러스 클래스 서비스*를 도입해
야 한다."는 주제로 반대 논리를 전개하는 사례

1) 주장 : 이코노미 플러스 클래스 서비스는 필요하지 않다.

2) 이유 : 주장의 근거를 제시한다.

3) 보장 : 이유를 보완하며 주장과 연결한다.

4) 보강 : 보장을 지지한다.

5) 한정 : 예외 상황을 제시하여 논쟁의 범위를 제한한다.

6) 요건 : 논리적 오류를 차단하기 위해 일정 조건을 한정한다.

*이코노미 플러스 클래스 서비스 : 비행기 설비 좌석 등급은 전통적으로 최대 3등급(First,
Business, Economy)이나 Business와 Economy 사이에 등급을 추가하여 운용하는 방식.

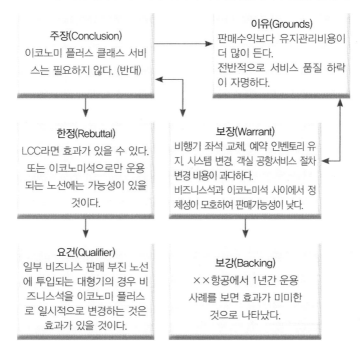

 예시 2

주장	○○공항의 Curfew*는 1시간 연장되어야 한다(Curfew 반대).
자료 (이유)	공항 운항 편수가 증가하였으며 (전년 대비 증가율과 총 증가 편수 등, 구체적 자료)
보장	××공항은 ○○공항의 운항 편수보다 10% 적은데도 Curfew Time이 연장되어 있다.
보강	현재 운항 편수로 이착륙을 계속할 경우 Time Slot* 초과로 항공운항안전에 위험요소이다.
수식어	지난달에 이미 Time Slot 초과로 ○○편의 항공기가 회항한 사례가 있다.
요건	공항 주변 거주 주민들의 합의를 이끌어낸 후 Curfew는 1시간 연장되어야 한다.

*Curfew : 공항의 항공기 이착륙제한. 공항의 관제시설이나 주변 소음 등으로 야간에 항공기 이착륙을 금지하는 제도.

*Time Slot : 공항에서 항공기가 이착륙할 수 있는 시간당 운항횟수.

툴민 논증의 요소 중 첫 3개인 주장, 이유, 보장은 논증에 반드시 필요한 요소로 하나라도 빠지면 논증 자체가 성립하지 않는다. 이 3요소만으로도 논증을 할 수 있으며, 나머지 3개는 논증의 논리를 강화하기 위해 쓰인다.

항공사 취업을 준비하는 청년들을 위한 안내서

작성 예

주제 : 많은 회사들이 직원과 함께 기부와 봉사를 하고 있다. 대표적
으로 급여의 일부(끝전 떼기 또는 5천원 정액)를 기부명목으로
떼거나, 연말에 연탄을 배달하거나 김장을 하러 가는 봉사활동
에 참여하고 있다. 회사 내에서는 기업이미지를 높이는 긍정적
평가와 함께 반강제적 조치라는 반발도 만만치 않다. "직원들
의 기부와 봉사는 직원 개인의 자유의사에 따라야 한다."는 주
장에 대해 툴민 모델로 논쟁하라.

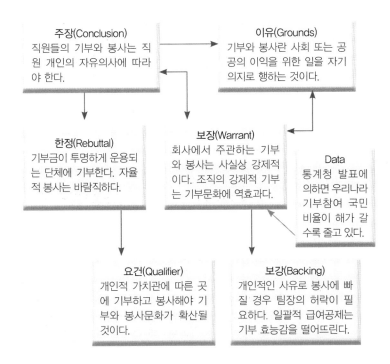

자기 유형 평가

당신은 친구들을 만나면 대화를 주도하고 결정을 먼저 내리는 타입인가? 친구의 말을 주로 듣고 따라하는 타입인가? 아니면 제3의 길을 주장하는 타입인가? 그도 저도 아니면 그때그때 적응하는 카멜레온 타입인가?

본격 토론 연습에 들어가기 전에 토론에서의 당신 자신이 어떤 유형인지 알아보자. 그리고 팀에서 어떤 역할을 맡을지, 토론할 때 어떻게 공격하고 대응할지 생각해보라. 또 토론에서 당신이 속한 팀의 구성원들의 유형을 파악하여 당신의 역할을 강화하고 상대팀의 유형도 생각하여 그에 맞게 대응하도록 하자.

🔆 리더와 보스

보스형	리더형
1) 무조건 먼저 말한다. 2) 자신의 의견에 이의를 제기하면 말이나 표정으로 화를 낸다. 3) 논쟁의 과정보다 결과에 집중한다.	1) 핵심을 말한다. 2) 필요한 이의제기를 수용한다. 3) 논쟁의 맥락을 읽고 결과를 유도한다.

보스는 조직에서 부하들에게 지시하는 사람이고, 리더는 조직을 이끄는 사람이다.

항공사 취업을 준비하는 청년들을 위한 안내서

*보스 : 캠브리지 사전 정의. BOSS : 'the person who is in charge of an organization and who tells others what to do. LEADER : a person in control of a group, country, or situation.'

보스는 짧게 보고, 리더는 길게 본다.

보스는 방법을 지적하고, 리더는 방향을 가리킨다.

보스는 권위를 무기로 휘두르고 격식을 숭배한다. 리더는 일로 싸우고 능력으로 평가한다.

보스는 텍스트Text를 읽고, 리더는 컨텍스트Context를 파악한다.

보스는 자기가 중심이고, 리더는 팀이 중심이다.

보스와 리더 모두 성과를 지향하지만, 보스는 결과의 가치에, 리더는 과정의 가치에 중심을 둔다.

보스는 명령을 내리고, 리더는 질문을 한다.

보스는 "우리 일이 아니야, 우리가 해야 해."라고 하고, 리더는 "어떻게 할까? 어떻게 해야 잘할 수 있을까?" 질문한다.

토론에서 보스 타입은 먼저 제안하고 먼저 발표하고 먼저 끝내려고 한다. 그런 행동이 리더의 역할이라고 착각하는 것이다.

리더는 핵심을 제안하고 논점을 확인하고 함께 마무리한다.

당신을 포함한 세 명이 한 팀이 되어 토론 방향을 준비하고 있다. K가 먼저 말을 한다.

"자료가 많은데 준비시간이 별로 없네요. 제가 기조연설을 준비하고, 두 분은 각자 자료정리, 사례분석을 맡아주시죠?"

K는 자기가 입론을 맡고 싶어 하는 것을 감추지 않는다. 내세운 이유는 단지 시간이 별로 없다는 점인데, 논리적이지도 합리적이지도 않다. 시작하기도 전에 팀워크에 균열이 일 것 같다. 당신이 제안한다.

"논제를 보니까 ○○에 대한 실천방안의 구체성이 관건인 것 같습니다. 방안을 구체화시키기 위해 추정 보상비용 산출, 일본의 사례, 지반안전성의 근거 세 부문으로 나눠서 자료를 분석하는 게 우선되어야 합니다. 입론 발표는 누가해도 괜찮을 것 같은데요. P씨께서는 어떻게 생각하십니까?"

3의 인물 P는 당신의 말을 듣고 공감하지 않을 수 없다. 시간이 없다는 K의 말은 모두 인지하는 사실Fact이지만, K가 자기만의 통찰이라는 듯 주장하는 데는 불편한 감정이 있다.

P는 당신 의견이 세 가지로 분류된 것만으로도 논리적으로 들린다. 솔직히 P는 입론 발표는 조금 부담스럽지만 평가를 잘 받기 위해서 자신이 발표를 맡을까 생각 중이다.

당신은 P의 지원을 받아 자연스럽게 토론 준비를 위한 역할 분담을 이끌어내고 입론 발표도 할 가능성이 높다.

무조건 먼저 말하고 주장한다고 리더는 아니다.

당신은 리더라고 하면서 말과 행동은 보스가 아닌가? 보스 타입이라면 리더 타입으로 변화하는 연습을 시작하라.

항공사 **취업**을 준비하는 청년들을 위한 **안내서**

추종자와 조력자

추종자형	조력자형
1) 주어진 역할을 열심히 한다.	1) 주어진 역할을 분석하고 파악한다.
2) 잘 듣고 지휘에 따른다.	2) 잘 듣고 기록하고 요약한다.
3) 리더의 의견이나 주장에 동조하지만 의견을 말하지는 않는다.	3) 리더가 빠뜨린 부분이나 잘못 말한 부분에 의견을 말한다.

　조직에서 대부분의 사람들은 리더Leader를 따르는 팔로워Follower들이다. 조직을 지휘하는 사람은 리더Leader지만, 조직을 움직이는 사람은 팔로워Follower들이다. 뛰어난 리더 곁엔 충직한 팔로워 들이 있다.

*팔로워 : DS Alcorn은 생산현장에서 역동적인 팔로워의 특징요소로 협동, 유연성, 정직성, 주도적인 자세, 문제해결능력 5가지를 제시한다. 또 미국 해군은 우수한 팔로워의 핵심요소로 '응집력, 상급자에 대한 지원, 상급자의 리더십에 대한 의견 제시, 솔선수범하는 팀의 성과 달성을 위한 공동책임' 5개와 '스트레스에 대한 인내력, 적절한 저항정신, 무비판적인 충성심'을 꼽았다.

　팔로워에는 두 타입이 있다. 추종자와 조력자이다.

　추종자는 주어진 일이 무엇이든 열심히 한다. 특히 리더나 보스의 지휘에 충실히 따른다. 이견을 가지고 있어도 말하지 않거나 아예 이견이 없다.

　조력자는 열정적으로 일을 한다. 성취목표가 뚜렷하고 리더의 목표에 자신의 목표를 맞추려고 한다. 리더의 지휘에는 복종하지만, 보스 타입의 지시에는 이견을 제시한다.

　추종자와 조력자 모두 리더의 성과를 지향하지만 추종자는 그 결과에 가치를 두고, 조력자는 그 과정에 가치를 두는 경향이 크다.

추종자는 조직에 적응하지만 성과를 내지는 못한다. 조력자는 직무 성과를 만들어 내고 조직의 목표를 위해 헌신한다.

기업이 면접을 통해 찾는 사람들은 대부분 성실한 조력자이다. 조력자는 리더가 될 자질이 있기 때문이다.

훌륭한 조력자는 훌륭한 리더를 만든다. 조직은 성실한 추종자도 필요로 한다. 모두가 리더인 조직이 제대로 굴러가겠는가.

토론에서 추종자는 말이 없다. 자기가 맡은 과제는 열심히 수행하지만 방향이 정확한지는 잘 모른다. 논쟁에 참여는 하지만 적극적이지는 않다. 팀이 이기는 것보다 자신의 역할로 팀이 패하지 않기를 더 바란다.

조력자는 자신의 역할이 기여하는 방향을 파악한다. 조력자는 리더의 말을 내면화하여 자신의 역할이 리더를 지원할 수 있는 기회를 노린다.

조력자는 리더와 추종자를 연결한다. 뚜렷한 리더가 없으면 조력자는 기꺼이 리더역할을 맡게 된다.

앞의 토론에서 당신은 조력자 역할을 맡고 이렇게 말할 수 있다.

"좋은 의견입니다. ○○에 관한 정량적 자료를 확보하여 근거로 활용하면 좋겠습니다. 제가 그 부문과 함께 주요 용어를 정리하겠습니다. 국내외 사례는 배포 자료에 보니까 서너 개가 있는데, 이 부문은 P씨께서 해주시면 어떻겠습니까? 저도 자료 정리 후에 함께 보겠습니다. K씨가 입론을 담당하시고 일관성을 유지하려면 최종 발언도 K씨께서 맡으시는 것이 좋을 것으로 생각합니다. P씨는 어떻게 생각하십니까?"

P는 질문을 또 받게 된다. 질문을 받았으니 대답을 해야 한다. P는 당신 질문을 수긍하지 않을 수 없을 것이다.

토론면접에서 리더처럼 보이는 역할을 한다고 반드시 좋은 것은 아니다.

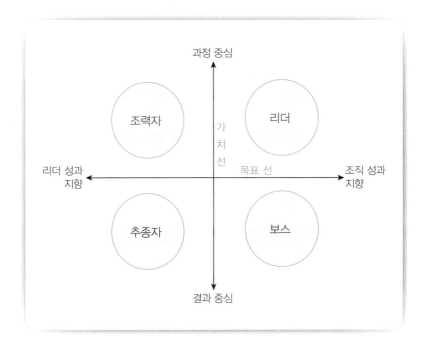

위의 네 유형은 모두 토론에서 필요한 역할과 기능을 한다. 그런데 이와는 전혀 다른 유형이 있다. 무위도식형과 약취형으로 분류되는 유형이다. 당신은 이런 유형에 속해서는 안 된다. 그러나 같이 참여하는 피면접자 중에 이런 유형이 있다면 어떻게 대응해야 될까?

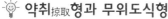# 약취掠取형과 무위도식형

무위도식형	약취형
1) 주어진 역할을 기피한다. 2) 토론에 참여하지만 소극적이다. 3) 자신의 차례가 되면 다른 사람의 의견을 반복한다.	1) 협의 과정을 비판한다. 2) 불리한 논쟁은 피하고 자주 논점을 이탈한다. 3) 논쟁이 유리해지면 남의 주장을 취하여 적극적으로 공격한다.

조사에 의하면 직장인이 가장 싫어하는 상사 유형은 권위적인 상사 다음으로 무위도식하는 상사이다. 좋게 표현하면 매사에 방관하는 사람이다. 무위도식 상사가 직급이 올라가면 부하나 동료의 성과를 가로채는 약취 타입의 상사가 될 가능성이 높다. 무위도식 전략만으로는 오를 수 있는 직급에 한계가 있기 때문이다. 약취형은 권위적 무위도식형이다.

무위도식형은 남의 성과에 자기도 기여했다고 믿는다. 약취형은 남의 성과를 자기 것으로 만든다. 무위도식형은 아무 일도 하지 않고 바쁘지도 않다. 약취형은 맡은 일을 하는 척하고 과장하고 불평하고 남의 일을 간섭하느라 바쁘다. 무위도식형은 능력 개발에는 관심이 없지만 성과에는 관심을 가진다. 약취형은 자신의 능력은 없지만 남의 능력을 알아보고 가로채는 능력은 있다. 약취형은 자신이 이해하지 못한 사실은 사실이 잘못되었다고 우기고 자신이 잘못한 일은 자신 때문이 아니라고 스스로 세뇌한다.

이런 유형의 사람과 토론에서 한 팀이 되면 토론을 망치기 쉽다. 팀워크도 불안하고 논증할 근거와 자료의 질이 떨어질 수밖에 없기 때문이다. 그런데 이런 유형과 한 팀이 된 것이 당신에게 오히려 기회일 수 있다. 면접관들은 이런 타입을 쉽게 알아보기 때문이다. 당신은 형

항공사 취업을 준비하는 청년들을 위한 안내서

식과 시간에 상관없이 합리적인 주장만 하면 된다. 무위도식형이든 약취형이든 신경 쓰지 마라. 포용하라. 감정을 감추고 당신이 하는 말에만 집중하라.

극명한 대비보다 더 큰 효과가 있겠는가?

세 종류의 사람

어떤 조직이든지 하부 구성원은 세 부류로 나뉜다.

1. A부류 : 알아서 일한다. (문제를 알아보는 능력이 있다. 지시하기 전에 상황을 파악하고 미리 움직인다)

2. B부류 : 시키면 하고, 시키는 것만 한다. (문제를 알아보지 못하지만 지시대로 따른다)

3. C부류 : 가르쳐줘도 안하거나 못한다. (문제를 알아보지도 못하고 지시를 따르지도 않는다)

문제를 파악하고 지시전에 움직인다.

문제가 뭔지 모르지만 지시대로 움직인다.

문제가 뭔지 모르고 지시를 제대로 따르지 못한다.

면접관이 걸러내는 지원자

대부분 조직은 A : B : C 간 비율이 1 : 3 : 1 로 유지된다.

집단토론을 통해 면접관은 A에 해당하는 지원자를 찾기보다 C에 해당하는 지원자를 거르는 데 초점을 맞춘다. 적어도 신입직원들에게 있어서는 C의 비율을 0%로 만들고 싶어 한다. 내가 뽑은 직원들에게는 파레토의 법칙(80대20 법칙 : 어느 조직에나 노는 20%는 항상 존재한다)이 틀리기를 희망하면서.

토론에서 무위도식이나 약취형은 백퍼센트 C타입으로 분류된다.

'사람은 더러운 흐름이다. 더럽혀지지 않은 채 더러운 물을 모두 받아들이려면 사람은 먼저 바다가 되어야 하리라.'   – 니체

실전 토론

　토론 순서는 대체로 입론-반론-최종 발언으로 이어진다. 시간상 입론, 반론, 교차질문의 횟수는 제한될 수 있다. 자유토론을 할 경우에 입론, 반론, 교차질문의 형식 없이 찬반 측 각자 의견을 자유롭게 개진하고 최종 정리하는 형식으로 진행된다.

　면접토론에서는 의견이 명확하게 갈리는 주제는 찬반을 나누어 진행하는 형식토론을, 다양한 의견이 나올 수 있는 주제는 각자의 주장을 펼치는 자유토론을 하는 것이 보통이다.

　'낙태를 합법화해야 한다', '신규항공사 설립요건을 강화해야 한다'와 같은 주제는 찬반토론으로 진행하지만,

　'올림픽에서 회사가 후원할 종목을 선정해보라', 'SNS가 사회적 소통에 미치는 영향에 대해 논하라'라는 주제는 자유토론을 한다.

　면접에서 흔히 채택하고 있는 찬반토론의 경우 토론개시부터 마칠 때까지의 시간이 대체로 30분 내외가 주어지며, 대체로 다음과 같이 진행된다.

항공사 취업을 준비하는 청년들을 위한 안내서

집단토론 진행 순서

주제 제시	토론 시작 20~30분 전에 제시된다. 찬반토론이 아닐 경우 PT 발표주제와 함께 제시될 수도 있다.
찬반 구분	찬반토론일 경우, 3명씩 한 팀을 이루고 보통 자율적으로 선택한다. 참가자가 홀수이면 한 사람이 사회를 맡을 수도 있다.
자료 검토	자료 검토 시간은 약 20분이 주어진다. 시간에 비해 자료량이 많아 찬반토론인 경우 같은 의견의 팀원들과 역할을 나누어 신속하게 분석하고 정리한다.
팀 내 의견 조율	토론개요서를 작성하면서 토론할 때의 역할을 분담하고 전개 방향을 확인한다. 서로 의견을 조율하지 못하게 할 수도 있으며, 이때는 토론개요서도 각자 작성한다.
입장 및 인사	토론장에 들어갈 때는 면접장에 들어갈 때와 같은 태도와 자세를 유지한다. 토론도 면접의 하나임을 기억하라.

입론, 반론		기조연설에 해당한다. 입론서를 기초로 주장의 취지와 배경, 결론을 간략하게 피력한다. 찬반 측 발언 각 1회씩 주어진다.
토론	본격 토론	반대심문, 교차질문의 형식으로 본격 논쟁 시간이다. 자율적으로 진행하거나 각 측별로 횟수와 발언 시간을 정해놓기도 한다.
정리		논쟁을 종료하고 각 측의 최종 결론을 정리한다.
결론 발표 (찬반)		찬반 측의 최종 결론을 발표한다.
질의응답(강평)		면접관이 강평 및 질문을 한다. 이 과정 자체가 생략될 수도 있다.
인사 및 퇴실		토론장을 정리하고 대표자 한 명이 구령을 붙여 면접관에게 인사하고 나가게 된다.

자료 검토

3명이 한 팀이 되면 각자 역할을 분담하여 자료를 분석하고 검토한다.

항공사 **취업을** 준비하는 청년들을 위한 **안내서**

'주장의견'의 논지 방향을 정하고 각자 맡은 자료에서 '이유근거'와 '사례사실'들을 찾아서 정리한다. 입론과 결론을 팀당 한 번만 하게 된다면 논리를 세우고 기조발표 및 최종변론결론을 만드는 사람을 미리 정해놓는다. 시간이 넉넉하지 않기에 한 명이 중심축이 되어 세 사람이 신속하게 역할 합의를 해야 한다. 사실상 이때부터 토론 역량이 드러난다. 주도적으로 팀을 지휘하면 리더십을 보여줄 수 있는 기회가 된다. 이때 주제에 대해 많이 알면 자연스럽게 팀을 이끌 수 있다.

다른 사람의 의견이 합리적이고 효율적이라 생각되면 그 의견을 존중하여 수용하고 당신의 의견을 연결하여 발전시켜 나가는 것도 바람직한 전략이다. 토론 초반부보다 후반부에서의 역할이 더 부각될 가능성이 크다. 이런 경우 조직력, 협상력이 우수하다는 평가를 받게 된다.

자료는 분석한 자료를 토론에서 효율적으로 활용할 수 있도록 주어진 시간 내에 정리하는 것이 중요하다. 그러기 위해서 토론의 주 쟁점을 찾는 것이 선행되어야 한다.

툴민 모델에서 다루었던 '회사 주도의 직원들의 기부와 봉사'라는 논제에서의 쟁점은 기부와 봉사의 필요성과 효과, 타율적 정책의 한계, 자율성을 보완하는 방법 등을 꼽을 수 있다.

'주택전기료 누진세 폐지완화'가 논제라면 전기요금의 적정성, 산업 및 일반용 전기료율과의 형평성, 누진제도의 효율성 등을 쟁점으로 정할 수 있다. 쟁점별로 필요한 근거와 사례로는 현행 누진제도의 취지와 실제, 누진세율의 발전단계, 주요 국가의 현황, 누진세 관련 소송 판례, 대체에너지 개발, 누진 구간 변경 설정의 기준, 누진세 적용한 실제 사례 등을 자료에서 찾아내야 한다.

'최저임금 인상률'의 논제에서는 인구구조 변화, 노동시간 단축, 실업률, 소득주도성장 등에서 쟁점을 찾는다.

쟁점별로 자신의 주장을 세우고, 주장을 받쳐주는 이유와 근거를 메모한다. 근거를 강화하는 자료를 순서대로 정리하고 상대측의 반박을 예상해보고 그에 재반박할 수 있는 의견과 근거를 체크해둔다.

근거와 자료는 역사적 사실, 현행 법규, 통계, 도표, 그림과 같은 시각적 자료를 구분하여 준비하고 사례와 사건은 쟁점별로 각 1개 이상씩 메모해둔다. 근거와 사례는 도표나 그림을 활용하여 시각적 효과를 주는 것이 설득력과 신뢰성을 높이는 효과가 있다. 주어진 자료에서 찾기가 어려우면 A4지에 직접 그려서 준비한다. 미리 컬러 연필을 준비해 가는 센스가 필요하다.

토론개요서 작성

토론개요서는 토론을 원활하게 진행하고 공격과 방어를 효과적으로 하기 위해 작성한다. 입론서를 별도로 만들 경우 토론개요서가 곧 입론서의 핵심 내용이 된다. 토론개요서를 작성하는 과정에서 논제를 분석하여 토론 전개 방향을 잡을 수 있으며, 수집한 자료를 기초로 논

항공사 **취업을** 준비하는 청년들을 위한 **안내서**

 제 지식과 사고의 폭을 확장하면서 자신감을 가질 수 있다. 또한, 쟁점에 대한 비판적 사고를 갖게 되고 창의적 전략을 발견할 수 있으며 상대방의 공격시점을 예상할 수 있다.

개요서는 토론이 진행되는 동안 그다음 단계를 예측할 수 있도록 쟁점과 쟁점별 근거들을 한눈에 볼 수 있게 작성한다. 쟁점별로 예상 질문과 상대측의 예상 질문도 기록해 둔다. 쟁점은 자신이 주장하는 방향으로 서술한다. 즉, 청년수당 지급을 반대하는 입장이고 '청년수당 정책의 필요성'이 쟁점이면 "청년수당 꼭 필요한가?" 또는 "청년수당은 역효과만 낳는다."라고 쓴다.

배포된 자료들에서 분석한 정보는 찬반 용도로 분류하고 원 자료도 토론개요서와 번호로 표시하여 각 근거별로 연결해둠으로 팀원이 공격하거나 반박을 당할 때 즉시 활용할 수 있게 한다. 개요서 작성이 끝나면 각자의 역할을 개요서 내용과 비교하고 간단히 리허설을 한다. 토론개요서만 잘 작성하여도 주장과 반박을 쉽게 이어갈 수 있다.

"영남권 신공항 필요한가?"라는 주제로 토론개요서를 작성해보자.

토론개요서	주장〉 영남권 신공항 필요 없다.	
용어 정의	• 영남권 : ❶ 부산, 경남, 대구, 울산, 경북(이해관계 지역 중심) ❷ 국토부 공식사업명칭 • 신공항 : 기존의 부산김해공항, 대구 및 울산, 사천공항이 있는 장소 외 제3의 장소에 신규로 건설하는 공항 • 필요 : 사회의 공익과 개인의 이익을 위해서 모두 필요한 경우를 '필요'로 정의.	
배경	• 김해공항의 포화로 필요성 제기 - 2011년 공론화, 가덕도와 밀양이 후보지로 경쟁, 양측 모두 비경제성으로 결론 남(국토부 평점 50점 미만) • 2016년 재쟁점화, 2017년 김해공항 확장으로 결론	
현상	여전히 신공항 건설 필요성 유무 논란 지속 중이다.	
	부정 측	긍정 측
쟁점1	[논점] 국가 정책으로 결론이 난 사안이다. [근거] 1. 국내외 공신력 있는 기관들이 판정하였다. 2. 소모성 논쟁이다. 3. 유령공항의 사례 제시(울진, 양양, 무안)	[논점] 김해공항은 확장이 불가능하다. [근거] 1. 소음피해 대책이 없다. 2. 김해 확장은 정치적 결론이다. 3. 수요충족이 불가하다.

쟁점2	[논점] 경제성이 없다.	[논점] 정책은 공공이익을 위해 변경할 수 있다.
	[근거] 1. 수요예측이 불분명하다. 2. 실제 투자비가 과다하게 소요된다. 3. 해외공항의 사례(간사이, 나리타)	[근거] 1. 지역주의가 국가발전논리를 해친다. 2. 김해공항의 확장 한계성과 안전성 문제 3. 국토균형발전이라는 대전제에 맞지 않는다.
쟁점3	[논점] 내륙교통 연계-Hub 공항 전략이 효과적이다.	[논점] 신공항이 경제를 성장시킨다.
	[근거] 1. KTX와 내륙고속도로망 실태와 계획 2. 인천 Hub화로 인근 국가와 경쟁력 확보된다. 3. 김해, 청주, 양양, 무안 등 기존 공항 활용 방안 모색이 효율적이다.	[근거] 1. 남해안은 천혜의 관광보고다. 2. 해외사례(홍콩, 쿠알라룸푸르, 방콕) 3. 인천공항의 Hub화에도 도움이 된다.

입론

입론立論으로 본격토론이 시작된다. 한자어에서 알 수 있듯 입론은 토론의 대들보이자 구조를 세우는 일이다. 입론에서 말하는 것들이 토론의 방향을 제시하고 전체 골격을 만드는 것이다. 입론이 토론의 꽃이라 불리는 이유다. 입론을 발표했는데 상대측에서 오류를 발견할 수 없으면 토론은 승리한 것이나 다름없다. 입론에서는 토론개요서에 적은 쟁점들을 반드시 다루어야 한다. 논제에서 대립되는 쟁점을 확연히 드러내어야 활기찬 토론이 된다. 쟁점이 모호하거나 논점을 벗어나면 상대 공격의 빌미가 됨은 물론 면접관으로부터 좋은 평가를 기대할 수 없다.

토론개요서의 논리에 맞게 기조연설할 내용을 요약하여 입론서를 작성한다. 시간이 없다면 토론개요서를 기초로 입론발표를 할 수도 있다.

입론은 다음과 같이 4단계로 나누어 구성한다.

주어진 시간을 각 단계별로 적절하게 배분한다. 논제설명에서는 논제가 될 수 있었던 배경, 논제에 대한 의견, 사회적 현상을 사실 위주

항공사 취업을 준비하는 청년들을 위한 안내서

로 발표한다. 시간문제로 면접관이 토론 전에 설명하거나 논제설명이 미리 제시되는 경우에는 논제설명에 시간을 들이지 말고 주장을 말하고 용어 정의 단계로 넘어간다.

4차 산업발전으로 인해 부각되고 있는 '로봇세'에 대한 논제라면 논제설명은,
- 자동화 확산에 따른 로봇 활용 현황, 로봇세가 이슈화된 계기, 주요 국가별 현황을 설명하고
- 로봇, 로봇세금, 세금의 종류, 징수대상 등의 용어가 그 대상이 될 수 있을 것이다.

용어를 정의하는 것은 논제의 중심을 잡고 해석을 명확히 해둠으로써 토론 방향을 잃지 않기 위해서다. 논제에서 핵심이 되는 용어들을 추려 사전적으로 정의하거나 법률을 인용하거나 또는 전문가의견을 가져다 정의한다. 출처를 명확히 할 수 없는 신조어나 속어의 경우 널리 통용되고 일반적으로 용인되는 범위에서 규정한다.

용어 정의는 상대측도 같은 방식으로 하므로 상대가 정의하는 용어를 새롭게 해석할 수 있는지를 확인해 둔다. 상대측에서 입론발표를 먼저 하게 되면 상대측에서 빠뜨린 부분과 보완할 내용을 추가하여 말한다.

용어 정의를 마치면 논제에 대한 주장을 하고 주장의 이유와 근거 또는 쟁점 이유와 근거를 제시한다. 위의 '로봇세 도입' 논제를 예로 들어 찬성과 반대 측의 쟁점을 다음과 같이 제시할 수 있다.

1. 로봇으로 인해 사회 전체 일자리가 감소하느냐. (찬성이면 감소에 중점으로 두고, 반대면 증가하는 일자리를 강조하고 근거로 증명한다)
2. 로봇세 도입이 기술혁신을 가로막느냐. (찬성이면 기술혁신과 무관함을, 반대면 혁신에 장애됨을 강조하고 근거를 들어 증명한다)
3. 로봇세 징수가 현실성이 있느냐. (찬성이면 로봇에 대한 명확한 구분이 가능함을, 반대면 로봇에 대한 개념이 불명확함을 구체적으로 설명한다)
4. 로봇세 자체가 올바른 것이냐. (찬성이면 로봇의 고용과 생활에 미치는 파급효과를, 반대면 로봇의 경제와 산업 기여도를 강조하고 근거와 사례를 들어 증명한다)
5. 로봇세의 효과를 기대할 수 있느냐. (찬성이면 로봇세에 찬성하는 저명인사들의 논리를-예를 들면 빌 게이츠, 반대면 로봇 강국의 저실업률을 사례로 제시하며 강조한다)
6. 로봇세가 이중과세냐. (찬성이면 로봇과 그 생산물은 별개임을, 반대면 로봇의 생산물에 대한 세금과 중복됨을 강조하고 구체적 사례를 제시한다)

각 쟁점을 유리한 방향으로 전개하고 제시해야 한다. 위에서는 6개를 예로 들었으나 실제 토론에서는 중요도에 따라 3개 정도를 언급하는 것이 바람직하다. 나머지는 반론과 반박에 활용하기 위해 아껴둔다.

"○○와 같은 주장의 이유로 세 가지를 제시하겠습니다. 첫째, 둘째, 그리고 마지막으로,"
"다음으로, ○○(이유)의 근거에는 세 개를 제시하겠습니다. 우선, 다음으로, 끝으로,"

3삼, 세 개의 효과

이유와 근거를 세 개로 진행하면 발표내용에 믿음이 가고 설득력이 있다. 상대방은 셋째가 나올 때까지 기다릴 수밖에 없다. 3(삼)이란 수는 내용을 그럴듯하게 들리게 할 뿐 아니라 듣는 사람에게는 안정감을 준다. 세 개의 쟁점, 세 개의 근거, 원 투 쓰리는 설득이란 바람에 돛을 다는 것이다. 세 개가 안 되면 뭔가 부족한 듯하고, 넘으면 지루하고 초점을 흐리며 산만해진다. 둘 다 설득력이 약하다.

동서고금을 막론하고 숫자 3은 완전수*로 여겨져 왔다.

천 · 지 · 인, 삼족오三足烏*, 삼각형, 피라미드, 삼세번, 가위바위보.
세 사람이 하늘을 보면 지나가는 사람들이 모두 같은 방향을 쳐다본다.
만세삼창, 금·은·동, 상·중·하, 하루 세 끼, 과거·현재·미래, 더 빠르게·더 높게·더 멀리, 왔노라·싸웠노라·이겼노라. 국민의·국민에 의한·국민을 위한 정부, 급훈·교훈·사훈은 세 글자나 세 단어나 세 문장이다. '정직, 용기, 열정'
스티브 잡스는 스탠포드 대학 연설*에서 딱 세 가지(Just Three Stories)만 말하겠다고 했다.

숫자 3의 법칙이 괜히 생겨난 게 아니다. 그렇지만 너무 티 나게 사용하면 유치하게 보일 수 있으니 주의가 필요하다.

---

*완전수 : "omne trium perfectum" (everything that comes in threes is perfect. 셋으로 이루어진 모든 것은 완벽하다) 라틴 경구.

*삼족오(三足烏) : 세발까마귀. 고대 동아시아 지역에서 태양 속에 산다고 여겨졌던 전설의 새. 고구려 고분벽화에도 나온다. 위키백과.

*스탠포드 대학 연설 : 2005년 스티브 잡스의 유명한 스탠포드 대학 졸업식 축사 연설 중. 세 가지는 인생의 전환점, 사랑과 상실, 죽음. 'That's it. No big deal. Just Three stories.'

💡 입론서 작성

토론개요서와 별도로 입론서를 만드는 경우 일정한 양식을 사용하여 구조화시켜놓으면 활용하기에 편하다.

입론서 예시〉 논제 : TV의 먹방 규제 – 먹방의 가이드라인이 필요하다.

팀 이름	먹방 물렀거라. 팀원 이름 가나다, 나다마, 다마바	
논의 배경	먹는 방송 프로그램이 시청자 건강을 위협한다. 규제에 가까운 적절한 가이드라인이 필요하다.	
용어 정의	먹방 : 지상파 TV에서 출연자가 오직 음식을 먹는 행위에 포커스를 맞추어 방영하는 프로그램 비만 : (사전적 정의, 사회통념상 정의) 칼로리 : (사전적 정의, 의학적 정의) 가이드라인 : (법률적 정의)	
쟁점 요약	1. 과다한 먹방이 TV 채널 선택권을 좁힌다. 2. 방송 시청 중 불필요하고 과다한 식욕을 자극한다. 3. 일부 프로그램은 식당 광고를 목적으로 방송된다.	
논증	주장1	방송 시청 중 불필요하고 과다한 식욕을 자극한다.
	근거	1. 음식 콘텐츠를 많이 접할수록 식욕 중추가 자극되고 섭취 칼로리도 높다는 연구가 있다(출처 제시). 2. 실제 방송에서 라면을 먹으면 배가 고프지 않은 상태에서도 라면을 먹고 싶은 욕구가 생기고 행동으로 옮긴다. 3. 특히, 먹방의 주 시청자인 청소년의 비만율이 우리나라가 26%로 OECD보다 25% 이상 높다.
	주장2	과다한 먹방이 TV 채널 선택권을 좁힌다.

근거	1. TV의 연예 및 정보 프로그램의 30%가 먹는 것 중심으로 제작된다(근거 자료 제시). 2. 측정 시간대는 그 비율이 50%를 넘는다. 3. 지상파는 케이블 채널이나 인터넷 방송과 달리 공공재이다.
주장3	식당 광고가 주 목적인 방송이 있다.
근거	1. TV 맛집 방송은 가짜라는 사례 제시(찾아보면 의외로 많다) 2. 광고를 공공재로 포장하는 것은 비윤리적이다. 3. 음식의 맛과 질에 비해 리액션이 과장된다.
반박 - 재반박	반박1 : 일부 연구들은 먹방 시청이 바로 음식 섭취로 이어지는 것은 아니라고 분석한다. 재반박 : 유튜브나 케이블 TV와 같이 선택의 자율성이 높은 경우이지, 지상파 방송이 미치는 것이 아니다. 반박2 : 먹방은 식욕보다 심리적 허기를 채워주는 것이다. 재반박 : 심리적 허기를 채우는 순기능보다 비만확대의 역기능이 더 큰 문제가 아닌가? 먹방으로 심리적 박탈감과 혐오감을 느끼는 시청자도 많다. 반박3 : 정부가 먹는 것까지 규제하는 것은 공권력의 과잉 진압이다. 재반박 : 규제가 아니라 가이드라인을 통한 바람직한 방향으로 유도하는 것이다. 흡연, 음주 따위를 모자이크 처리하는 정책과 같다. 　　　 - 프랑스, 멕시코, 미국 일부 주에서는 비만세 운용 중이다.
요약 및 강조	불필요한 식욕을 억지로 자극하여 청소년 비만율을 높이는 먹방, 특히 지상파 TV의 먹방에는 적절한 가이드라인이 필요하다.

🔆 도표와 그림 활용

  주장과 쟁점별 이유를 도표나 그림으로 작성하고 정리하면 말의 흐름을 유지하는 데 도움이 되고 쟁점을 짧은 시간에 논리적으로 이해하고 기억하기 쉽다.

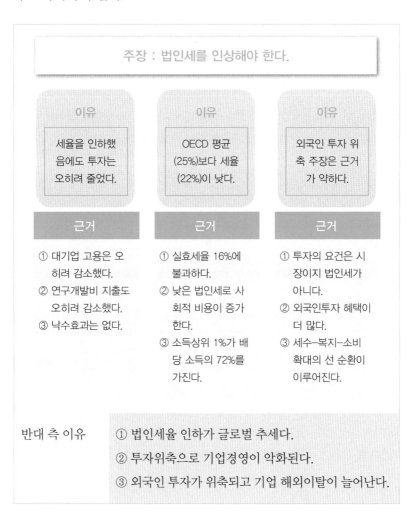

주장 : 법인세를 인상해야 한다.

이유	이유	이유
세율을 인하했음에도 투자는 오히려 줄었다.	OECD 평균 (25%)보다 세율 (22%)이 낮다.	외국인 투자 위축 주장은 근거가 약하다.

근거	근거	근거
① 대기업 고용은 오히려 감소했다. ② 연구개발비 지출도 오히려 감소했다. ③ 낙수효과는 없다.	① 실효세율 16%에 불과하다. ② 낮은 법인세로 사회적 비용이 증가한다. ③ 소득상위 1%가 배당 소득의 72%를 가진다.	① 투자의 요건은 시장이지 법인세가 아니다. ② 외국인투자 혜택이 더 많다. ③ 세수—복지—소비 확대의 선 순환이 이루어진다.

반대 측 이유
① 법인세율 인하가 글로벌 추세다.
② 투자위축으로 기업경영이 악화된다.
③ 외국인 투자가 위축되고 기업 해외이탈이 늘어난다.

항공사 **취업을** 준비하는 청년들을 위한 **안내서**

💡 스토리보드 활용

2부 발표에서 사용했던 스토리보드를 활용하여 논증을 구성하고 활용하면 논리 구조가 시각화되어 실제 토론에서 효과를 기대할 수 있다.

이유1	이유2	이유3
근거1	근거2	근거3
반박1	반박2	반박3
자료1	자료2	자료3

💡 문장으로 서술하라

쟁점이나 이유는 온전한 문장으로 써놓는다. 논제가 '기본소득'이고 찬성 입장이라면, '기본소득이 사회안전망에 미치는 긍정적 영향'이라고 하지 않고 '기본소득 지급으로 사회안전망이 더욱 튼튼해진다.'라고 쓰고 말해야 주제가 힘 있게 제시된다.

입론은 상대를 향해 첫 포문을 여는 것이다. 말할 때는 입론서토론개요서를 보지 말고 상대측을 쳐다보고 자신 있게 하라. 발표할 때와 같이 가슴을 펴고 고개를 들고 턱을 세우고 당신이 이곳의 주인이라는 당당함으로 상대측 사람을 한 명씩 번갈아 쳐다보면서 말하라. 시작부터 시선으로 제압하라.

반박과 주장

반대심문, 반대질문, 교차질문으로 질문과 답변이 오가는 토론으로 돌입한다. 본격적 '디베이트'의 시작이다. Debate는 때리고 싸운다to fight는 뜻의 라틴어 battere가 어원(Oxford Living Dictionaries)이다. 그래서인지 미국과 유럽 국가들의 TV 생중계 토론을 보면 토론자들 간에 육박전까지 불사하는 살벌한 광경이 종종 목격된다. 면접토론에서 그런 사태는 없어야 하지만 토론의 규칙 안에서 논리적으로는 살벌할수록

항공사 **취업**을 준비하는 청년들을 위한 **안내서**

좋다. 반박과 주장 단계는 집단토론에서 실력이 가장 잘 드러나는 과정이다. 면접관들도 여기서 피면접자들의 토론 준비 수준과 논리력, 소통력을 가장 잘 파악할 수 있다. 소위 말발이 가장 잘 먹히는 시간이기도 하지만 논리로 토론을 평정할 수 있는 기회이기도 하다.

토론은 논리로 하는 싸움이며 일정한 규칙이 있는 스포츠경기와 같다고 했는데, 스포츠 중에서도 배구경기와 가장 닮았다. 상대와 오직 공논리만을 주고받으며 싸우지만 선수(토론자)는 상대구역을 넘어가지 않고 상대선수와 몸을 부딪치지 않는다. 공(논리)을 자기구역에 떨어뜨리거나 코트규칙 밖으로 나가게 하면 점수를 잃게 된다. 정해진 시간이 끝나면 승부에 깨끗이 승복해야 하는 것이다.

면접토론에도 규칙이 있다. 이 규칙을 어기면 당신팀은 감점이다. 공논리을 떨어뜨린 것이다.

반박 토론 사례 〉 논제 ; 종교인 과세, 필요한가?

	찬성(긍정) 측	반대(부정) 측
쟁점1	[논점] 납세의무에 종교인만 제외하는 것은 조세평등주의에 반한다. 1) 종교인 소득에 비과세하는 국가는 우리나라뿐이다. 2) 엄밀히 말하면 종교인이 아니라 개신교 목회자들만의 특혜다.	[논점] 종교인의 소득은 근로의 대가가 아니다. 1) 종교인은 근로자가 아니다. 수입을 목적으로 일하는 근로자가 아니라 종교적 사명에 헌신하는 봉사자다.

3) 신도 수가 천 명 이상 되는 중대형 교회의 목회자들의 개인 자산과 생활수준을 보면 봉사의 대가라 할 수 없다 (구체 사례 제시-'억' 소리 나는 목사 수입, 세금은 묻지 마세요. _한겨레. 2015년 08월 27일)

4) 예수께서도 "가이사의 것은 가이사에게 하나님의 것은 하나님에게 내라."고 하셨다.

2) 세금으로 사회에 공헌하는 게 아니라 삶의 현장에서 하나님의 일을 대행한다.

3) 지금도 자진 신고·납부하는 종교인이 많다. 자진 납부 방식을 존중해줘야 한다.

쟁점2

[논점]

종교인 소득 면세는 법적 근거가 없다.

[근거]

1) 근로소득이 아니고 봉사에 대한 일종의 사례금이라고 한다면, 청탁금지법에 저촉되는 것 아닌가?

2) 종교인도 사회와 국가의 혜택을 받고 있다. 이중과세는 논리의 비약이다.

3) 국세청은 이미 교회의 헌금도 수입 처리 후 종교인들에게 임금 명목으로 지급한 것은 근로소득 과세가 가능하다고 결정했다.

[논점]

교회는 세법 이전에 성경에 복종하고 양심에 따른다.

[근거]

1) 종교인 과세는 교인들이 이미 세금을 납부한 후 내는 헌금으로 운영되는 것으로 이중과세다.

2) 법적 근거가 없는 것이 아니라 과세 근거가 없는 것이다.

3) 법 이전에 종교인 과세로 사회와 국가에 어떤 이익이 있는지를 따지는 것이 순서다.

항공사 취업을 준비하는 청년들을 위한 안내서

쟁점3	[논점]	[논점]
	정치 · 종교 분리 원칙에 부합한다.	정치 · 종교 분리 원칙에 어긋난다.

[근거]	[근거]
1) 일제강점기 예수교장로회가 목회자의 열차 할인 혜택의 대가로 일제에 협력한 치욕적 역사를 보라. 특혜는 결탁을 낳는다.	1) 종교인 과세는 사회적 갈등만 일으키고 국가적 차원의 실익이 없다.
2) 개신교(일부)에서만 과세를 반대한다. 타 종교와의 형평성과 교인들의 여론도 과세를 지지한다.	2) 목회자를 직업인의 관점에서만 이해하는 것은 합당하지 않다.
3) 정치 간섭을 받지 않고 종교활동을 하려면 세금을 내는 것이 당당하다.	3) 종교단체는 수익단체가 아닌 봉사하는 비영리단체이다. 회계조사는 세금으로 종교를 압박하는 것으로 정치와 종교계의 갈등만 일으킨다.

'토론은 피 튀기는 경기이며 그 무기는 말이다.'

– 영화 'Great Debaters'

💡 로저리언 논쟁

모든 논쟁이 찬반과 흑백으로 대립되어 결론나는 것은 아니다. 논쟁에 따라 서로의 주장은 달라도 지향하는 가치의 공통점을 기반으로 중재와 협상을 통해 논리를 관철하는 논쟁방식을 로저리언 논쟁

Rogerian Argument 이라 한다. 로저리언 모델은 토론 참여자가 한쪽으로 치우치는 대립적 논쟁을 지양하고 상대의 의견을 객관적이고 보편적 입장에서 보려고 노력하면서 서로의 공통기반Common Ground을 찾아 합의를 이끌어내는 일종의 협상 전략이다.

*로저리언 논쟁(Rogerian Argument) : Rogerian Rethoric, Rogerian Persuasion.이라고도 함. 미국의 심리치료학자 Carl Ransom Rogers의 이름에서 유래된 명칭으로 그의 커뮤니케이션 기법에 기원을 두고 있다.

로저리언 모델의 기본 전개방식은 다음과 같이 4단계로 요약된다.

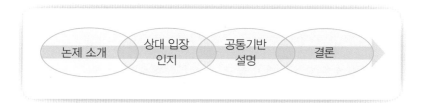

결론을 제시할 때 자신의 주장을 지지하면서 상대가 이를 받아들인다면 상대의 주장도 성립되는 부문이 있음을 설득한다.

전통적 토론과 로저리언 방식의 전개방식을 비교해보면 다음과 같다.

전통적 토론	로저리언 논쟁
내 주장이 옳습니다. 그 이유는, (……………)	당신은 이렇게 보는군요! (……………)
당신이 틀렸습니다. 그 근거로 (……………)	무슨 말인지 알겠군요! 당신의 주장은 이런 맥락에서 타당한 부문이 있다고 봅니다. (……………)

항공사 취업을 준비하는 청년들을 위한 안내서

전통적 토론	로저리언 논쟁
당신은 (··············) 이유로 내가 옳지 않다고 주장하지만, (················)	우리가 공통적으로 지향하는 부문은 (··············)이며, 이를 위한 나의 주장(의견)은 (··············) 입니다.
(··············) 근거로 내가 옳음이 증명됩니다.	나의 주장(의견)을 수용하면 당신 주장(의견)의 취지와도 부합합니다.

교복자율화를 주제로 한 로저리언 논쟁을 예로 들어보자.

● 논제 : 교복 자율화 필요한가?

● 주장 : 교복을 입는 것이 좋다(반대 측).

논제 소개 (상대 입장 인지)	교복을 입느냐, 자유복을 입느냐 하는 것은 궁극적으로 학생들이 입는 옷이 학업증진과 개성 및 창의성 발달에 도움이 되느냐 그렇지 않느냐 하는 문제라고 봅니다. "교복은 자기표현을 억제하고 창의성을 제한한다."라는 상대의 주장을 충분히 이해합니다. 교복은 강제된 통일화로 꿈 많은 학생들의 개성을 억압하고 개인의 능력을 획일화시킨다는 것이지요. 그런 관점에서 교복을 없애고 자유복을 입혀야 한다는 의견은 타당할 수 있다고 생각됩니다.
공통기반 설명	교복이나 자유복이나 학생들의 개성과 창의성을 막아서는 안 된다는 것이 상대측과 일치하는 입장입니다. 그렇지만 한 개인의 특질을 나타내는 것은 그 사람이 입는 옷이 아니라 그 사람의 행동, 말투, 매너, 능력이 아닐까요.
자기 주장 지지	사람들은 노스페이스 점퍼를 입은 학생을 보고 학생을 뛰어난 등반가로 생각하거나 빵모자를 쓰고 있는 학생을 화가로 인정하지는 않습니다. 그냥 집안이 조금 부유하겠구나! 저 친구 패션 감각이 있네! 정도로 판단하는 것과 같습니다.

결론	교복을 입음으로써 학생들 간의 경제적 차등은 사라집니다. 집이 부유하거나 가난하거나에 구애받지 않고 스스로를 표현하고 숨겨진 특질을 드러낼 가능성이 오히려 큽니다. 교복을 입는 것이 학생의 개성을 억압하고 개인을 획일화하는 것이 아니라 오히려 학생들이 어떤 꿈이든 이룰 수 있는 진정한 개성을 발전시킬 수 있는 환경을 만들어 주는 것입니다. 그러나 교복과 신발, 심지어 벨트나 속옷까지 통일시키고 규제하는 것은 역효과를 냅니다. 따라서 교복을 지정하되 최대한 자율성을 높여서 운용하면 학생들의 학업능력은 물론 개성과 창의성 발전에 도움이 됩니다.

로저리언 모델은 이슈의 승패보다 문제해결에 방점을 두며, 감정적 추론을 완화시키는 효과가 있기에 도덕성, 명예, 진실성 등 감정적으로 흐르기 쉬운 논제에 특히 유효한 방식이다.

종교인 과세 문제에서 양측 주장의 공통기반을 보면 ❶ 사회에 이익이 되어야 하고, ❷ 자진 납세를 이미 하고 있고(납세를 반대하는 것은 아니다), ❸ 정교 분리의 원칙 옹호로 요약할 수 있다. 논쟁 중에 나오게 되는 감정적Pathos 논란들을 배제하고 이런 공통기반을 찾아서 자신의 주장을 수용하면 상대 주장도 성립됨을 설득하는 것이다.

'(공무원 시험 및 공기업 취업에) 군필자 가산점 제도'에 반대하는 입장에서 로저리언 모델을 적용하여 논쟁한다면, 다음과 같이 요약할 수 있겠다.

- 군필자 가산 제도에 대해 국민의 80% 이상이 찬성하고 있음을 안다.
- 군필자의 2년 복무에 대한 보상은 필요함을 인정한다. 일반 기업에서는 이미 군 경력으로 보상을 받는 경우가 많다.

항공사 취업을 준비하는 청년들을 위한 안내서

- 채용평가에 가산하는 정책은 군대를 가고 싶어도 갈 수 없는 국민들에게는 박탈감을 주고 또 다른 사회적 갈등이 된다. 또한 경력과 관련 없는 시험 성적에 가점을 주는 것은 헌법의 평등권을 침해한다.
- 입사 후 또는 합격 후 군 경력을 직무, 승진 등에 가점을 주는 것이 효율적인 방안이다.

로저리언 방식은 자칫 논쟁을 적당히 덮으려는 인상을 줄 수 있기 때문에 ❶ 감정적으로 주장대응하지 말고, ❷ 공통기반을 찾고, ❸ 상대의 주장에도 부합하는 근거를 찾는 것이 중요하다.

💡 반박과 주장의 매너

반박하고 주장을 전개할 때 특히 유념해야 한다.

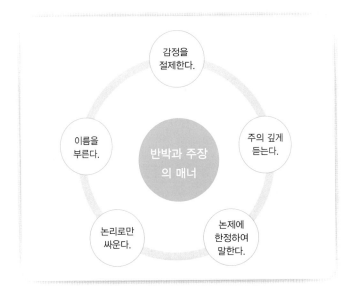

당신이 말할 때 상대가 고개를 가로 저으며 한 숨을 짓거나 말허리를 자르거나 어린아이 대하듯 잘난 척하더라도 흥분하지 마라. 흥분하면 목소리로 표정으로 몸으로 나타나게 된다. 면접관은 당신의 평가표를 먼저 체크한다.

상대의견이나 질문이 논리에 맞지 않거나 맘에 들지 않더라도 "그건 말이 안 됩니다. 논리가 맞지 않죠."라는 부정적이고 단언적 말은 하지 마라. 이런 말투는 당사자는 잘 못 느끼지만 제3자가 듣기에는 매우 공격적이고 실례되는 어투이다. 상대의 반론이나 당신 주장에 대한 질문에는 "좋은 의견입니다, 그럴 수도 있겠습니다, 그렇게 생각할 수도 있겠군요, 적절한 질문입니다."라고 상대를 인정하거나 칭찬부터 한 다음 반론을 편다. 상대의 공격적 질문이 있으면 오히려 당신에겐 좋은 기회다. 같은 방식으로 맞받지 말고 적절한 질문으로 응수하면 더 돋보인다.

'아프리카 시장에 신규 노선 진출'이란 쟁점으로 찬성 측인 당신이 주장한다. "아프리카는 세계에서 가장 젊고 성장성이 크며 미개척 관광자원의 보고입니다. 우리 회사의 유럽노선망과 연계한 효율적 전략을 세워 진출하는 것이 시급 합니다"

상대측에서 반론을 제기한다. "○○항공은 동일한 이유로 진출했다가 2년도 못 돼 철수한 것은 아시죠? 성장성만 보고 생각 없이 무턱대고 들어갔다가 실패하면 회사와 고객에게 큰 상처가 되는데, 성장한다고 다 시장성이 있다면 누군들 못하겠어요? 아직은 시기상조이고 유럽지역을 안정화한 다음 진출하는 것이 바람직합니다.”

당신은 상대의 '생각 없이, 무턱대고, 회사에 큰 상처'란 말에 기분이 좋지 않다. 바로 “무턱대고나 생각 없는 건 아니고요. 제가 분명히 풍부한 관광자원과 유럽노선의 강점을 연계하는 전략을 전제로 말씀드렸는데, 잘 이해를 못하셨군요. 다시 말하자면,”

이렇게 나가면 언쟁이 되기 쉽다. 상대의 무례한 말에는 철저히 무관심해야 한다.

“네! 좋은 지적입니다. 그렇잖아도 그 부분을 말씀드리려고 준비를 했는데요. 그 전에 ○○씨께 질문을 드리겠습니다. ○○항공이 철수한 결정적 원인이 어디에 있다고 보십니까? 스케줄 부족에 따른 마케팅 실패인지 유럽노선과의 연계 판매 실패인지 아니면 정치사회적 환경 때문이라고 분석하신 건가요?”

상대는 당신의 말이 질문인지 공격인지, 반론인지, 헷갈린다. 세 개의 질문 모두에 답변을 하려니 아는 게 별로 없다. 하나만 선택하자니 이미 당신의 논쟁에 주도권을 빼앗기는 형국이다. 다른 관점으로 질문하자니 논쟁을 회피하는 인상을 줄 수도 있어 막막하다. 자기의 반론으로 자기오류에 갇히게 된다. 자료를 조금 찾고 생각을 가다듬으면 괜찮은 반박도 할 수 있겠지만 시간이 그렇게 여유롭지 않다. 질문의 힘은 토론에서도 유효함을 지닌다. 감정은 숨기고 열정은 드러내라.

🔅 주의 깊게 들어라

듣는 것Listening에서 토론은 시작된다. 듣기는 의미를 이해하는 과정이며 '언어활동의 45%'를 차지한다고 한다. 잘 듣는 자세는 상대를 존중하는 최고의 표시다.

🌸
*언어활동의 45% : 사람의 언어활동 4가지 영역비율은 듣기(45%), 말하기(30%), 읽기(16%), 쓰기(9%). 데일 카네기.

들을 때는 귀가 아닌 몸으로 들어야한다.

눈을 쳐다보고 고개로 반응하고 손으로 기록하라. 집중해서 듣고 객관적 근거를 제시하면 긍정의 표시를 해주어라. "아! 그렇군요." "네! 네!" 고개를 끄덕끄덕, 쓰면서도 끄덕끄덕.

들으면서 당신이 할 말을 앞서 생각하지 마라. 잘 들으면 당신팀이 반박할 수 있는 훌륭한 단서가 된다. 위의 사례에서도 당신이 상대의 반론을 '경청'하지 않고 귀로만 들으면서 당신이 할 다음 단계의 말을 생각하고 있었다면 '생각 없이, 무턱대고, 회사에 큰 상처'와 같이 자극적인 말만 들렸을 것이다. 상대가 그 점을 노렸을 수도 있다. 당신이 자극에 걸려들면 상대는 태연히 다른 쟁점으로 넘어가면 그만이다. 면접관의 기억에는 당신의 감정적 말투만 맴돌게 된다.

주의 깊게 듣지 않으면 핵심을 놓치기 쉽다. 핵심을 놓치면 껍데기만 들린다. 껍데기는 다시 당신의 주의력을 분산시킨다. 혼란스런 상황이 순환 반복되다 끝나버리는 수가 있다. 상대편 에이스가 스카이

항공사 **취업을** 준비하는 청년들을 위한 **안내서**

서브를 하는데 공을 주시해야지 바닥을 보고 있을 건가?

상대가 공격한다.   주의력이 분산된다.   대충 듣는다.

껍데기만 듣게 된다.   핵심을 놓친다.

논제에 한정하여 말하라

논점을 벗어나는 언행은 하지 않는다. 토론에서 이런 상황을 논점 일탈의 오류라고 한다. 논점일탈은 비행기가 이륙 중에 활주로를 벗어나는 것과 같다. 배구경기에서 공격하고자 라인 밖으로 나가는 것이다. 상대가 경기장을 벗어나면 손을 내밀어 코트 안으로 이끌어주어라. 그를 따라 장외로 나가지 마라. 장외 육박전은 둘 다 아웃이다. 어떤 논쟁이든 '항상 자기가 옳다고 주장하는 인간'은 있는 법이다.

상대의 일탈을 응징하고 싶어도 참아야 한다. 면접관이 보고 있음을 기억하라.

논점일탈 오류

논점에 관계없는 다른 논점을 제시하여 결론을 내는 오류 또는 논점을 뒷받침하는 전제가 실제로 다른 논점을 뒷받침하는 오류를 말한다. 논리가 부족해서일 수도 있지만 상대를 자극하기 위해 고의로 저지를 수도 있다.

- 비행기가 왜 지연되나요?
- 눈이 많이 와서 항공기 제설 작업 후에 출발 예정입니다.
- 벌써 20분이나 지났는데 도대체 얼마나 기다려야 되는 거지?
- 앞으로 20분쯤 후면 될 것 같습니다. 더 지연되면 다시 안내드리겠습니다.
- 그러면 수하물 추가요금은 깎아줄 수 있는 거죠?
- (엉??)

🔅 논리로 싸워라

말꼬리를 잡거나 상대의 말투를 비판하거나 상대의 논리를 비난하는 발언은 하지 마라. 면접관은 당신 팀이 이기더라도 당신의 말투는 기억한다. 상대의 무례한 공격에도 논리적으로 대응한다. 아프리카 시장 진출 건을 다시 보자. 상대의 '생각 없이, 무턱대고, 회사에 큰 상처'란 말이 정 맘에 걸리면 상대의 표현을 역이용한다.

"네, 좋은 지적입니다. 저도 ○○항공이 왜 '생각 없이 무턱대고 아프리카에 진출하여 회사에 큰 상처를' 주었는지 궁금했습니다. 그래서 ○○○씨께 제가 드리고 싶은 질문이 있는데요. ○○항공이 아프리카 시장 진출을 결정할 때 고려하지 못한 점이 무엇이라고 생각하십니까?"

상대방 주장에 논리의 허점을 파고든다. 근거와 자료의 불완전함, 부족함을 지적하고 논점과 인용, 사례와의 무리한 연결을 끊어준다. 이번에는 아프리카 시장 진출을 반대하는 입장에서 당신이 반박한다.

"훌륭한 접근입니다. ○○씨께서는 진출의 전제로 시장성, 풍부한 관광자원, 그리고 유럽노선과의 연계전략 세 가지를 제시하셨습니다. 그런데 항공노선은 현지국가의 구매력이나 전반적 시장성이 항공사의 수익으로 바로 연결되는 것은 아니라고 봅니다. 수요의 대부분이 내국인이고 비즈니스 여행이 한정적임을 고려하면 시장성에 대한 전제에는 오류가 있다고 보입니다."

상대가 근거로 제시하는 통계나 도표, 수치, 출처에 허점이 있는지, 주장의 전제가 보편적인지, 구체적 쟁점에 적용되는지, 숨어있는 한계가 없는지 찾아내어 반박의 근거로 삼아야 한다.

근거와 전제를 의심하라.
    1) 근거가 충분한가?
    2) 근거가 정확한가?
    3) 근거가 구체적인가?
    4) 근거가 대표적인가?
    5) 근거가 가장 최근에 수집한 것인가?

6) 근거에 권위가 있는가?

7) 전제가 진실인가?

8) 전제의 숨은 한계는 무엇인가?

9) 구체적인 주장과 이유에 전제를 적용할 수 있는가?

10) 전제가 일반적인 관념에 적절한가?

- 「논증의 탄생」

🌀 이름을 불러라

자기측은 물론 상대측의 토론참가자 이름을 기억해두고 상대의 말을 인용하거나 반박할 때 이름을 사용한다. 명찰을 보지 말고 상대의 눈을 보고 부른다. 이름은 누구에게나 소중하며 세상에 가장 아름다운 말은 자기 이름을 듣는 것이다. 이름을 기억하고 부른다는 것은 대단한 힘을 발휘한다. 상대의 존재를 인정하고 기분을 좋게 만들며, 상대로 하여금 대답하도록 긴장하게 한다. 같이 듣는 면접관의 기분도 좋아진다. 이름을 기억하기 힘들면 미리 메모를 해두라.

'내가 그의 이름을 불러주었을 때 그는 나에게로 와서

꽃이 되었다.'

- 김춘수

💡 반박과 주장의 기본기

규칙 내에서 토론의 기술을 최대한 살려라.

반박 토론의 기술

1) 근거자료의 출처와 객관성을 확인한다.

- 분량이 의미를 가질 수 있을 정도유의미성인지 확인한다.
- 통계자료의 출처와 시기를 확인한다.

2) 상대의 논점이 빗나가는 점을 찾는다.

- 상대 주장의 모순점, 일관되지 않은 논리를 찾는다.
- 여객의 편의를 위해 입국장 면세점을 만들어야 한다. ➡ 여객의 편의를 위한다면 입국장 내 면세품 인도장을 설치하는 것이 더 낫지 않은가?

3) 주지周知의 사실이 아니라면 증명을 요구한다.

- 세계 민간항공기 시장 대부분은 보잉과 에어버스가 양분하고 있다. – 널리 알려진 '주지의 사실'

 주지의 사실 : 널리 알려진 사실, 과학적 사실, 손쉽게 확인이 가능한 사실.

- 항공운송시장은 이제 LCC가 대세다. – '항공운송시장'의 개념이 논제와 맞는지 확인한다. '대세'의 객관성에 대해 증명을 요구할 수 있다.

4) 쉬운 말을 쓰고 어려운 말은 간결하게 말한다.

- 어려운 단어, 복잡한 말은 당신조차 잊어버리기 쉽다.

- 세부사항에 대해 해명이나 요구할 점이 있다면 추후 세부내역을 제공하겠습니다. ➡ 곧이어 말씀드리겠습니다.

5) 논리적 오류를 확인한다.

면접토론에서 자주 보이는 논리적 오류에는
- 우연의 오류(우연을 인과관계로 보는 오류)
- 흑백논리 오류
- 성급한 일반화의 오류 등이 있다.
- 흑백논리의 오류 : '고객님! 수하물이 초과되어 추가요금을 내셔야 합니다.' ➡ '낼 돈이 없는데, 나보고 타지 말라는 거야?'
- 우연을 인과관계로 보는 오류 : 식당에 들어가자 뒤이어 사람들이 들어온다. ➡ '하여튼 내가 들어오면 꼭 손님들이 몰린단 말이야!'
- 성급한 일반화의 오류 : '금일 ○○항공 홍콩행 항공기 지연으로 승객 불편 겪어'라는 뉴스 제목을 보고 ➡ '○○항공은 매일 지연이야!'

6) 적는다.기록

- 상대의 말을 듣고 요점과 논지를 그때그때 적는다. 적으면 외우기 쉽고 논점을 이해하여 반박에 활용할 수 있다.
- 적다 보면 자신의 생각을 추가하고 오류를 발견하는 데 도움이 된다.

항공사 취업을 준비하는 청년들을 위한 안내서

7) 전통이나 관습을 근거로 말하는지 확인한다.

- 해외여행을 다녀오면 전통적으로 선물을 사온다. 미처 사지 못했다면 입국장에서라도 살 수 있게 하는 것이 여행객들의 편의를 위하는 것이다(공항 입국장 면세점 설치 찬성 논리).
- 그렇다면(선물이 전통이라면) 가게가 반드시 면세구역에 있어야 하는가? 세금을 내지 않은 선물만이 전통적인 선물인가?

8) 적당히 타협하지 않는다.

- 면접토론에서 논제를 적당히 합의한다고 회사 정책에 반영되지 않는다. 자칫 양측 모두 지는 결과다. 스포츠 경기에서 무승부 전술을 쓰는 것과 다름없다. 시간이 다할 때까지 논리로 치열하게 대립하고 싸우는 모습을 보여라.

최종 발언(결론)

토론 과정에서 새로 발견되거나 입증된 사실과 논리를 추가하여 각자의 입장을 주장하며 면접관들을 설득하는 마지막 단계이다. 면접관들은 토론자들의 주장을 모두 기억하지 못한다. 따라서 최초 입론 때의 주장을 요약하여 말한 다음 쟁점을 중심으로 논증의 우위를 강조해야 한다.

"찬성 측의 주장을 다시 한 번 말씀드립니다.

저희는 '법인세 인상해야 하는가?'의 논제에 대해서 과거 법인세 인하로 인한 효과가 경제발전과 고용증대에 전혀 기여하지 못했음을 실체적 근거와 객관적 사례로 증명하였습니다.

오히려 적정 수준의 법인세 인상이 국가재정을 튼튼하게 하고 소득재분배 효과로 경제성장의 원동력이 될 수 있음을 밝혔습니다.

따라서 법인세는 인상해야 한다는 입장을 다시 한 번 강조합니다."

토론 전 과정에서 나온 핵심 쟁점과 상대적으로 열위였다고 판단되는 쟁점에 반론을 펴고 상대측의 반론이 약했던 쟁점을 언급하여 우위성을 피력하라.

"상대측에서 제기하였던 우리나라 기업들의 사회보장기여금 비율은 매출액 대비가 아니고 노동비용 대비가 정확함을 밝힙니다.

저희 측에서 제기한 우리 기업들의 사회보장기여금 비율이 OECD 평균보다 훨씬 낮다는 주장에 상대측은 OECD 내에서도 높은 편이라는 입장을 보여 사실증명의 쟁점이 형성됐으나 논쟁이 격화되어 다른 쟁점으로 넘어갔습니다.

OECD 평균은 15.2%이고, 우리나라는 9.2%로 평균 대비 61%에 불과함을 확인하였습니다. 이 자료의 출처는 지금 보시다시피 (자료 그래프를 보이면서) ○○년도 OECD 공식통계입니다.

또한 저희 측에서 기업소득이 증가하는 동안 가계소득은 오히려 줄었다

항공사 **취업**을 준비하는 청년들을 위한 **안내서**

는 자료를 근거로 낙수효과는 더 이상 존재하지 않는다는 입장을 나타
냈음에도 상대측은 이에 대해 근거를 가지고 반론하지 않았습니다.

IMF와 OECD에서도 낙수효과에 회의적 견해를 내고 포용적 성장*을 권
고하고 있습니다. 상대측은 증명되지 못한 낙수효과 이론만을 되풀이하
였습니다."

*포용적 성장(Inclusive Growth; IG) : 기존의 경제성장 중심에서 벗어나 사회 구성원의 삶의 질
향상, 사회의 다양한 불평등 문제 해소, 계층 간 형평성 있는 분배를 추구하여 성장의 혜택이 모
든 사회 구성원에게 공정하게 돌아가도록 해야 한다는 주장.

주어진 시간을 백퍼센트 활용하라. 주어진 시간을 초과하여 말하는
것이 감점 요인이 될 수 있지만 시간이 남았는데도 주장을 마치는 것
역시 좋은 모습은 아니다. 준비한 콘텐츠가 부족한 것처럼 여겨지거
나 상대의 논리에 수긍하는 자세로 보인다. 시간을 충분히 활용하지
않고 상황을 쉽게 받아들이는 수동적 패배주의 마인드로 평가될 수도
있다.

시간을 초과하지 않으면서도 백퍼센트 활용하기 위해서는 쟁점의
결론부터 제시하고 남겨진 시간에 근거와 이유를 하나씩 설명하는 방
법이 바람직하다. 시간이 종료되더라도 미처 말하지 못한 근거들은
최종 발언에서 할 기회가 있기 때문이다. 토론 과정에서 새로이 발견
하거나 상대의 논리를 공격할 수 있는 사실이 있으면 최종 발언에서
제시하고 주장의 근거로 강조한다. 추가된 사실의 유무와 상관없이
최종 발언에서 입론 때의 주장을 반복 강조한다.

논제와 연결이 되는 속담, 경구, 위인이나 지명도 높은 전문가의 말

을 인용하면서 논리와 대립에 피로해진 면접관들의 감성을 자극하며 주장을 재인식시키는 방법도 훌륭한 마무리가 될 수 있다. 또는 일상에서 흔히 접하고 공감할 수 있는 친근한 사례를 비교하는 것도 좋은 인상을 남긴다. 토론은 30분 이상 지속되는데 양측이 팽팽하게 겨루다 끝나면 토론 중의 주장이나 이미지보다 면접관들에게는 최종 발언 시간의 표현이 선명하게 기억[*] 될 가능성이 많다.

*기억 : 심리학에서는 이를 최신효과(Recency effect)라 한다. 가장 나중에 습득하게 된 정보가 기억이 더 잘 된다는 이론으로 초두효과에 대립되는 개념이다.

    인용이나 사례의 효과를 노리기 위해서 토론을 준비하면서 주제와 관련 있는 몇 가지 인용문과 사례들을 미리 찾아서 기록해두자.

"불평등은 윤리적 문제를 넘어 국가 경제 전체에 비효율적입니다.

노벨상 수상자인 조지프 스티글리츠는 그의 저서 '불평등의 대가'에서 세계 최고의 나라였던 미국에서 아메리칸 드림은 사라졌고 '1퍼센트의, 1퍼센트를 위한, 1퍼센트에 의한'[*] 평범한 나라가 되었다고 진단하였습니다.

법인세 인상은 우리나라가 지속적인 성장과 참 민주주의 국가로서 나아가기 위해서 필요한 최소한의 걸음임을 주장합니다.

*1퍼센트의, 1퍼센트를 위한, 1퍼센트에 의한 : 스티글리츠는 "2007년을 기준으로 미국 상위 1퍼센트의 부자들이 국부의 3분의 1 이상을 소유하고, 상위 1퍼센트 소득자가 일주일간 올린 소득은 하위 20퍼센트 소득자가 일 년 동안 올린 소득보다 40퍼센트 더 많았다."라고 하며 미국 경제의 불평등구조를 비판하고 있다.

항공사 취업을 준비하는 청년들을 위한 안내서

끝으로 토론 내내 진지하고 최선을 다해 훌륭한 의견을 제시해주신 상대측 피면접자들에게 감사드립니다."

"90년대 이후 선진국에서 유행처럼 번진 기업들의 소위 오프쇼어링 Offshoring이 최근 미국을 중심으로 해외 생산기지를 국내로 이전하는 리쇼어링Reshoring으로 바뀌고 있습니다. 다국적 기업의 대명사인 포드, 인텔 등이 좋은 사례입니다.

이는 나라에서 고용유발효과가 큰 튼튼한 제조업이 받쳐주는 경제구조를 갖추기 위함인데 기업들의 리쇼어링을 유인하는 것은 세제와 투자에 대한 정부의 혜택이 큰 몫을 차지하고 있음을 앞서 증명한 바 있습니다.

따라서 법인세 인상에 따른 국가재정 건전성이 초래할 이익보다 법인세 인하로 인한 고용증대현상이 가져올 국가경제 발전에 더 큰 가치를 두어야 한다는 것을 다시 한 번 주장합니다."

토론에서 지는 것보단 이기는 것이 평가에서 유리하겠으나 논리적 근거와 증명에 의해 상대가 이겼다고 판단되면 결과를 승복하고 패인과 함께 상대의 논리를 칭찬하고 토론 과정에서 유익하였던 점을 강조하는 매너를 보이는 것도 면접관들에게 좋은 인상을 남긴다.

토론 평가

감정과 논점

토론을 시작하기 전에 이것을 기억하라.

면접토론은 감정과 논점이라는 공으로 하는 저글링이다.

하나라도 떨어트리면 면접관의 마음에서 멀어진다.

감정(규칙)을 통제하면서,

논리(논점)를 벗어나지 않는 것

항공사 취업을 준비하는 청년들을 위한 **안내서**

평가표

실제 기업들이 면접토론에서 사용하는 평가표에 나타나 있는 평가 항목을 면접관이 모두 측정하고 평가할 수는 없다. 토론자의 주장, 말투, 태도, 전체적 흐름을 근거로 대체로 다음의 세 부문에서 점수를 매긴다.

다음의 표는 기업들이 사용하고 있는 토론 평가항목을 정리한 내용이다. 평가항목이 다양하고 복잡한 것 같아도 결국 토론하는 사람이 설득력 있는 주장으로, 조직에 이익이 되는 인성을 보유하고 있는지가 핵심이다.

그러나 토론이 시작되면 평가 자체에 신경 쓰지 마라. 면접관을 본다거나 평가점수를 생각하지 않고 토론에만 집중해야 한다. 면접관을 쳐다보는 것은 자신이 없고 눈치를 살핀다는 인상을 준다. 상대가 때린 공이 날아오고 있는데 심판을 쳐다봐서야 되겠는가.

💡 토론 평가항목

역량 분류	기준 문항
설득력 – 준비성 – 전문성 – 소통력	● 논쟁을 끊이지 않게 유지시킨다. ● 논점에 관한 의견을 제시한다. ● <u>논점을 벗어나는 발언과 주장을 한다.</u> ● <u>논제와 상관없는 발언이나 내용으로 비판한다.</u> ● 대화 중에 비언어적 커뮤니케이션을 잘한다. ● 메시지가 간결하고 분명하다. ● 문제해결을 위한 지식이 있다. ● 상대의 논리를 재해석한다. ● 상대의 말을 경청한다. ● 상대의 옳음을 인정하고 수긍한다. ● <u>앞에 나왔던 주장과 의견을 반복한다.</u> ● 이야기에 논리적 흐름이 있다. ● 자신감 있는 자세를 유지한다. ● 쟁점의 요점을 파악하고 논리적으로 설득한다. ● 적극적으로 참여한다. ● 적절한 논점을 제공한다. ● 적절한 용어를 사용한다. ● 적절한 질문을 한다. ● 주장에 근거를 제시한다. ● 주제 지식을 가지고 있다. ● 주제를 파악하고 의견이 주제에 부합한다. ● 친화력을 가지고 긍정적 자세로 표현한다. ● <u>토론 주제를 벗어나는 발언을 한다.</u>

항공사 **취업을** 준비하는 청년들을 위한 **안내서**

역량 분류	기준 문항
팀워크 – 협동성 – 신뢰성 – 목표에 대한 　이해력	● 감정 대립을 자제한다. ● 다른 사람의 기분이나 생각을 신경 쓰지 않는다. ● 문제해결과 무관한 발언이나 주장을 한다. ● 실수나 판단 착오를 인정하고 수정하려고 한다. ● 의견을 수렴하고 대안을 제시한다. ● 팀 목표보다 자기 주장을 고집한다. ● 좋은 의견을 유도한다. ● 토론을 지속하려는 노력을 한다. ● 팀 목표를 파악하고 강조한다. ● 팀원들의 참여를 유도한다. ● 주장과 의견에 팀의 목표를 염두에 두고 있다.
리더십 – 목표지향성 – 창의력 – 순발력 – 팔로워십	● 관점이 다양하다. ● 다른 사람의 의견을 묻지 않는다. ● 다른 사람의 의견을 반복한다. ● 다른 이의 의견을 발전시킨다. ● 독창적 아이디어가 있다. ● 묻기 전에는 발언을 하지 않는다. ● 아이디어를 효과적으로 제시한다. ● 의견을 말할 때 다른 사람의 주의를 끌지 못한다. ● 첫 발언을 한 적이 있다. ● 토론 진행에 도움이 되는 발언을 한 적이 있다. ● 토론 진행에 도움이 되는 발언을 유도한다. ● 토론에 큰 영향을 미치는 의견을 제시한 적이 있다.

자기 역량 평가

 기업들은 직원 인사평가를 할 때 '자기평가'를 포함한다. 평가를 하는 상사나 받는 직원이나 평가 행위가 부담스럽기는 마찬가지지만 특히 자기평가를 꺼려한다. 그러나 자기평가는 직원이 자신의 성과와 역량을 비교 분석할 수 있고, 조직 내에서 자신의 장래 성장 방향을 가늠해 볼 수 있게 제도적으로 지원해주는 제도다. 다면평가제도가 조직 내 Toxic Worker를 발견해내는 도구로 활용되는 장점이 있지만, 상사가 부하의 인사고가를 일방적으로 판단하는 하향식 평가의 독단과 편견에 흐르기 쉬운 단점을 견제하는 장치로서 자기평가제도의 활용도가 높아지고 있다. 또한 자기평가를 해봄으로써 자신이 평가자가 되었을 때 객관적이고 공정하게 평가할 수 있는 안목을 키워준다.

 면접을 준비한 상태를 기업의 자기인사평가라 여기고 자신을 평가해본다. 자신의 스펙, 의지력, 역량, 인성을 평가하는 항목들을 적고 그 수준을 평가하는 과정에서 부족한 부분을 찾아 집중적으로 보완하는 계기로 삼아보자.

 당신이 면접이라는 전람회에 초대되었다는 것은 물리적, 정량적으로는 기본적 자격이 인정되었다는 의미이다. 학벌이나 전공, 외형적 스펙은 더 이상 별 영향을 끼치지 않는다. 당신의 작품이 입체적·물리적 공간에서 동등한 자리에 전시되는 것이다. 이제 작품 자체만으로 승부하게 된다. 예술적 가치만이 관객의 눈길을 잡는 것이다. 전람회 주제에 맞는 새롭고 창의적인 작품을 전시하여 관람객면접관의 기억에 남기는 일만 남았다.

다음과 같은 방식으로 자신을 평가해보라.

☀ 자신의 역량을 5개의 영역으로 분류한다

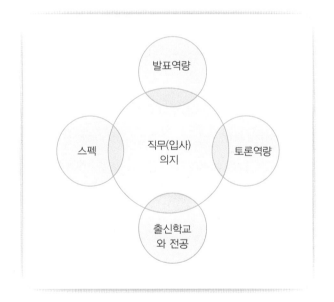

☀ 영역별로 당신의 수준을 우수–보통–부족으로 평가한다

💡 자기평가 항목과 기준

영역	면접비중	평가 기준
출신학교	적음	공식적인 기준과 결과는 내놓지 않지만 많은 회사들이 학벌 (출신대학)에 대해 (묵시적인) 내부적 기준을 가지고 있을 것이다. 명문대를 나왔다고 다 합격하지는 않지만 유리한 건 분명하다. 그러나 서류전형을 통과하였다는 것은 학벌로 인한 추가적 영향은 제한적이라고 보면 된다.
전공과목과 학점	적음	지원 직무와 상관도, 부합 정도를 의미한다. 서류전형에서는 전공과 직무가 직접적으로 연결되면 우수, 간접적으로 연결되면(부전공 포함) 보통, 연결도가 없으면 부족으로 판단한다. 그러나 서류전형을 통과하였기에 면접에서 전공과목에 따른 가감은 거의 없다. 다양한 사람들을 응대해야 하는 서비스 직무는 다양한 전공자로 이루어진 조직이 오히려 바람직하다. 학점이 낮다면 그런 결과에 대한 이유와 낮은 학점에 대한 평가를 보완할 역량을 준비해야 한다. 학점은 직무와 직결되는 항목이므로 단골 질문 대상이다.

*학벌 : • 조사대상 기업의 16.7%는 채용 시 피면접자의 출신대학을 중요하게 고려하며 기업 규모가 클수록 출신대학을 중시하는 것으로 나타났다. '대학서열화와 기업', 오호영, 한국직업능력개발원, 2006.

• 대한상공회의소의 '기업 규모별 신입사원 채용 시 중점 검토항목' 조사 결과 1,000인 이상 기업은 학력과 자격사항 각각 43.8%, 인턴경력 20.8%로 중요시한다고 한다. '한국 인력채용방식의 특성분석 연구', 한국산업인력공단, 2016.

*학점 : '기업 규모별 기업에서의 피면접자 직무 관련 선호 항목'에 따르면, 1,000인 이상 기업은 학벌 91.7%, 학점 85.4%, 어학연수 77.1%, 공모전 50.0%, 인턴경력 68.8%, 사회봉사 41.7% 순으로 선호하는 것으로 나타났다. 위 동일 문서.

영역	면접비중	평가 기준
스펙	보통	(영어, 제2외국어 및 공인자격), 어학연수, 공모전, 인턴 경력, 봉사활동 등이 해당된다. 지원서 내용으로 질문을 받을 수 있다. 면접관이 대답을 듣고 지원서 내용과 비교하여 서류심사 평가점수를 가감한다. 외국어는 토익 공인 점수와 별도 인터뷰를 통해 평가된다. 당신의 점수와 Speaking 수준을 고려하라. 토익점수와 Speaking 인터뷰 결과가 반드시 비례하지는 않는다. 토익점수보다 인터뷰 때의 Listening과 Speaking 실력을 더 중시한다. 영어 외의 외국어능력은 가점된다(중국어, 일본어, 스페인어, 프랑스어 등).
발표력	큼	다음 항목별로 우수, 보통, 부족으로 평가한다. ● 긴장감 조절 정도 ● 발표력 ● 발표 내용 구조화능력 ● 직무상식 ● 표정, 자세, 제스처, 목소리 톤
의지	큼	입사하고자 하는 의지, 이 직무에 대한 애정은 공부하고 준비하면서 키울 수 있다. ● 직무지식 ● 전공과목과의 연결성 및 자신감 ● 서비스 마인드 수준(대면 서비스) ● 입사하고자 하는 의지 수준 ● 회사와 직무의 비전과 가치 이해도 등을 고려하여 평가한다.
토론실력	큼	[우수] 리더형, 조력자형 [보통] 보스형, 추종자형 [부족] 무위도식형, 약취형

토론 Debate

自기평가 결과 현재 당신이 있는 곳은 어디인가? 앞으로 당신은 어디에 있어야 하는가?

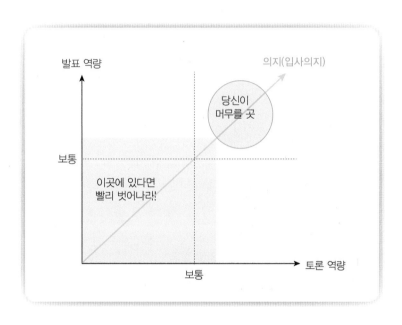

꼭 필요한 기업정보를 효과적으로 얻는 요령

기업의 정보와 여러 가지 동향을 알아보는 수많은 방법이 있지만 정보를 많이 구한다고 반드시 유리한 것은 아니다. 신뢰할 수 있는 정보, 면접관들이 좋아할 정보, 면접에서 활용할 수 있는 정보를 찾을 수 있어야 한다.

뉴스 알림

지원하고자 하는 기업에 대한 최신 정보를 항상 접할 수 있도록 해

항공사 **취업을** 준비하는 청년들을 위한 **안내서**

당 기업을 키워드로 하는 뉴스지원서비스를 휴대폰과 이메일에 설정
해놓는다. 매일 수시로 알림뉴스를 보고 관심을 가진다.

🌐 SNS 활용

기업 홈페이지 외 페이스북, 인스타그램, 트위트 등 SNS 채널 중에
하나는 회원으로 가입하여 수시로 읽고 쓰고 참여하라. 한 달만 꾸준
히 해도 그 회사의 직원처럼 생각할 수 있다. 당신의 마인드가 바뀐다.

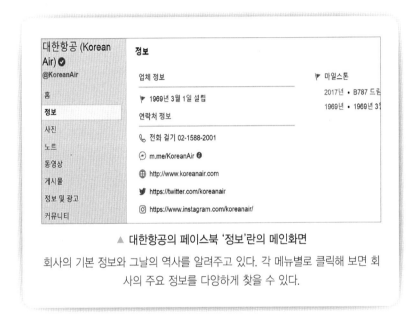

▲ 대한항공의 페이스북 '정보'란의 메인화면

회사의 기본 정보와 그날의 역사를 알려주고 있다. 각 메뉴별로 클릭해 보면 회
사의 주요 정보를 다양하게 찾을 수 있다.

기업과 기업의 상품에 대해 구체적이고 전문적인 정보는 페이스북
이나 인스타그램보다 블로그가 유용하다.

공식 블로그에는 기업과 관련 산업뉴스, 보유기종 정보, 서비스 상

품 등 흥밋거리가 다양하다.

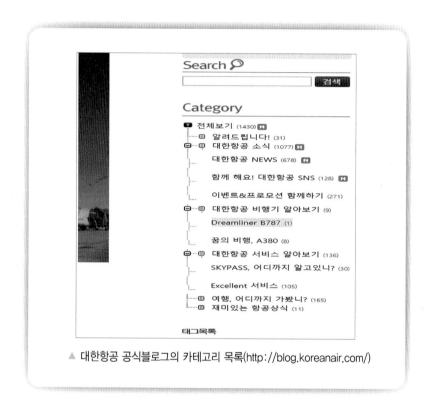

▲ 대한항공 공식블로그의 카테고리 목록(http://blog.koreanair.com/)

DART(http://dart.fss.or.kr/)

DART는 금융감독원에서 운영하는 전자공시시스템(Data Analysis, Retrieval and Transfer System)을 말한다. 기업이 인터넷으로 제출한 공시서류를 인터넷을 통해 조회할 수 있도록 해놓은 종합기업공시 시스템으로 기업의 기본 정보부터 세부 경영 현황까지 알아볼 수 있다. 회원가입을 하지 않고도 누구나 열람할 수 있으니 가장 최근에 제출

항공사 취업을 준비하는 청년들을 위한 안내서

된 보고서에서 필요한 정보를 찾아서 정리해보자.

▲ DART에서 아시아나항공을 검색하는 화면

(주)제주항공에 연결된 자회사로 모두락과 제이에이에스가 있음을 알 수 있다(모두락은 제주항공이 CSR 개념으로 만든 장애인표준사업장 회사).

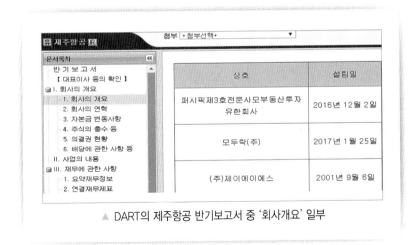

▲ DART의 제주항공 반기보고서 중 '회사개요' 일부

📑 참고한 도서와 자료 목록

「2014 한류의 경제적 효과에 관한 연구」, 한국문화산업교류재단.

「한국 인력채용 방식의 특성분석 연구」, 한국산업인력공단, 2016.

거뒤, 「좋은 습관은 배신하지 않는다.」, 김진아 옮김, 정민미디어.

게리 켈러, 제이 파파산, 「원씽」, 구세희 옮김, 비즈니스북스.

「공자가어」, 이민수 옮김, 을유문화사.

곽윤정 외, 「내 아이의 강점지능」, 21세기북스.

김규회, 「우리가 사랑한 한국소설의 첫 문장」, 끌리는 책.

김옥림, 「책사들의 설득력」, 팬덤북스.

김준, 「씽크체인지: 세상을 혁명적으로 바꾸는 작은 생각의 차이」, 미
　　　다스북.

「대학서열화와 기업」, 오호영, 한국직업능력개발원, 2006.

데루야 하나코, 「로지컬 라이팅. Logical Writing」, 송숙희·박지현 옮
　　　김, 리더스북.

데일 카네기, 「화술 1, 2, 3의 법칙」, 이상각 옮김, 들녘미디어.

_____, 「당신의 말에 생명을 불어 넣어라」, 이은주 옮김, 국일미디어.

랄프 왈도 에머슨, 「세상의 중심에 너 홀로 서라」, 강형심 옮김, 쌩크
　　　뱅크.

레이먼드 버드 조이쉬너 외, 「디베이트 가이드: 아이비리그의 토론 수업
　　　은 어떻게 이루어지는가?」, 서종기 옮김, 길벗.

레프 톨스토이, 「안나 카레리나」, 윤새라 옮김, 펭귄클래식.

로널드 B. 토비아스, 「인간의 마음을 사로잡는 스무 가지 플롯」, 김석만
　　　옮김, 풀빛.

로버트 그린, 「권력의 법칙」, 웅진지식하우스.

로버트 차알디니, 「설득의 심리학」, 이현우 옮김, 21세기 북스.

롤프 도벨리, 「스마트한 생각들」, 두행숙 옮김, 걷는나무.

말콤 글래드웰, 「블링크」, 이무열 옮김, 21세기북스.

_____, 「아웃라이어」, 노정태 옮김, 김영사.

매일경제신문사, 「문재인노믹스」

「면접양식과 면접자/피면접자 행동유형이 면접결과에 미치는 영향에 관한 연구」, 박상진·황규태.

미츠오코다마, 「성공을 부르는 우뇌 트레이닝」, 김영숙 옮김, 현대미디어.

바바라 캘러먼, 「팔로워십」, 김충선 외, 더난 출판사.

바버러 에런라이크, 「노동의 배신」, 최희봉 옮김, 부키.

베르나르 베르베르, 「상상력 사전」, 이세욱·임호경 옮김, 열린책들.

사마천, 「사기열전」, 「사마천사기」, 장개충 편저, 너도밤나무.

새뮤얼 헌팅턴 외, 「문화가 중요하다」, 이종인 옮김, 책과함께.

송재용, 「삼성 웨이」, 21세기북스.

_____, 「스마트경영」, 21세기북스.

스티븐코비, 「성공하는 사람들의 7가지 습관」, 김경섭 옮김, 김영사.

신인철, 「팔로워십, 리더를 만드는 힘」, 한스미디어.

아르투어 쇼펜하우어, 「논쟁에서 이기는 38가지 방법」, 김재혁 옮김, 고려대학교 출판부.

애덤 잭슨, 「책의 힘」, 장연 옮김, 씽크뱅크.

야마다 아키오, 「생각 좀 하고 살아라」, 남혜림 옮김, 처음북스.

에른스트 카시러, 「언어와 신화」, 신응철 역, 지만지.

우에다 마사야, 「덴쓰의 10 성공법칙」, 이위경 옮김, 이지북.

유정식, 「착각하는 CEO」, RHK.

이민규, 「행복도 선택이다」, 더난출판사.

이보연, 「우리 아빠가 달라졌어요.」, 끌레마.

이지성, 「행복한 달인」, 다산라이프.

정주영, 「시련은 있어도 실패는 없다」, 제삼기획.

조셉 윌리엄스, 그레고리 콜럼, 「논증의 탄생」, 윤영삼 옮김, 홍문관.

조지프 스티글리츠, 「불평등의 대가」, 이순희 옮김, 열린책들.

조희전, 「벽을 뛰어넘는 위대한 정신들」, 좋은땅.

존 헤가티, 「ZIG할 때 ZAG하라!」, 장혜영 옮김.

칸트, 「순수이성비판1」, 백종현 옮김, 아카넷.

칼 포퍼, 「열린 사회와 그 적들」, 이한구 옮김, 민음사.

토마스 프레이, 「에피파니」, 이지민 옮김, 구민사.

페리스 야콥, 「지불된 어텐션」, 윤서인 옮김, 참좋은날.

필립 코틀러, 「마켓 3.0.」, 안진환 옮김, 타임비즈.

할 어반, 「긍정적인 말의 힘」, 박정길 옮김, 엘도라도.

호아킴 데 포사다, 데이비드 림, 「난쟁이 피터」, 최승언 옮김, 마시멜로.

▶▶ website

Any Morin. http://amymorinlcsw.com/mentally-strong-people

http://www.bartleboglehegarty.com/

http://www.davegranlund.com/cartoons/2017/04/10/

https://listenlikealawyer.com.

https://www.forbes.com/sites/karstenstrauss/2017/09/13.

John Shields 「Managing Employee Performance and Reward:
        Concepts, Practices, Strategies」

Ten Reasons People Resist Change. Rosabeth Moss Kanter.
        HBR.

The 7 Powers of Question. Dorothy Leeds.

Tony Buzan Website. www.tonybuzan.com/about/mind-map-
        ping/

Uri Simonsohn 「Daily Horizons: Evidence of Narrow Bracketing
        in Judgments from 9,000 MBA Admission Interviews.」

고용노동부 홈페이지. 정책자료실.

미디어SR. http://mediasr.kr/archives/41763

한국표준협회. www.ksa.or.kr/

실전면접 노트

초판 1쇄 인쇄 2019년 2월 20일
초판 1쇄 발행 2019년 2월 25일

저   자 윤 원 호
펴 낸 이 임 순 재
펴 낸 곳 (주)한올출판사
등   록 제11-403호
주   소 서울시 마포구 모래내로 83(성산동, 한올빌딩 3층)
전   화 (02)376-4298(대표)
팩   스 (02)302-8073
홈 페 이 지 www.hanol.co.kr
e - 메 일 hanol@hanol.co.kr
ISBN 979-11-5685-737-2